从司马到司马

——两晋第一家族兴衰路

张传华◎著

中国文史出版社

图书在版编目（CIP）数据

从司马到司马：两晋第一家族兴衰路／张传华著
. —北京：中国文史出版社，2019.7
ISBN 978 - 7 - 5205 - 1184 - 1

Ⅰ. ①从… Ⅱ. ①张… Ⅲ. ①中国历史-晋代-通俗
读物 Ⅳ. ①K237.09

中国版本图书馆 CIP 数据核字（2019）第 149312 号

责任编辑：方云虎
封面设计：武晓强

出版发行：中国文史出版社
社　　址：北京市海淀区西八里庄路 69 号
电　　话：010 - 81136630
印　　装：廊坊市海涛印刷有限公司
经　　销：全国新华书店
开　　本：710 毫米 × 1000 毫米
印　　张：16.5　　1/16
字　　数：220 千字
版　　次：2020 年 1 月北京第 1 版
印　　次：2020 年 1 月第 1 次印刷
定　　价：49.00 元

目 录

第一章 >>>

妇孺惧枭雄　少妇杀婢女

　　建安六年（公元201年），司马懿二十三岁。这一年司马懿被河内郡招为上计掾（负责年终向朝廷汇报政绩的低级官员）。曹操从崔琰口中，得知司马懿也是河内郡温县的一个人才，于是以"司空"的身份抢先派人前去征召他到自己的司空府为官。曹操征召司马懿，当然是为招揽人才，但还有另一因素，即报恩于司马懿的父亲司马防。

　　曹操年少时是个调皮捣蛋的家伙，找工作到处碰壁，是司马防的举荐，他才当上洛阳北部尉的。曹操征召司马懿虽然是好意，但司马懿却不买账。不仅不买账，而且他对他的父兄厚待曹操的态度也不以为然。①他早就听说曹操以匡扶汉室为号召，实际是为他曹家打天下，为他自己揽人才。这种挂羊头卖狗肉的卑鄙小人，他司马懿看不起。他觉得自己犯不着和这样的一个人混在一起，弄得将来是成功还是失败都难以预料；是流芳百世，还是辱没祖宗也说不清。于是假装风瘫，躺在床上不动，而骗过了曹操所派来的人。

---

①　司马懿的父兄与曹操关系甚好。174年其父司马防举荐曹操为洛阳北部尉后，曹操一直没忘这一恩情。196年曹操将其兄司马朗辟为掾属，其兄就一直在曹操手下干至兖州刺史，是建安时期曹操集团的重要人物；曹操为魏王后，还专门将其父请到邺城叙旧。

司马懿胆大，这事在他面前只当是玩了一出老鼠戏猫的把戏。可是他的夫人张春华却说："骗曹操？曹操何等人也？是杀人如麻的挟天子以令诸侯的当世枭雄，连诸侯都不在他的话下，你司马懿一个小小的属掾还没到手，在他面前还不如一只蚂蚁，想整你，不需用一兵一卒，用一个小指头就把你捻碎了！"

司马懿说："他再有本事，我不让他知道，他又奈我何！"

可是事有不巧，他晒在外面的书，忽遇不虞之雨。装病在床的司马懿也是一个爱书如命的书虫，情急之下，不由得一跃而起去抢收，恰巧被他家唯一的一个婢女看到了，其妻张春华"恐事泄致祸"，随手抄起一把铁锤，从后向婢女的头猛然砸去，婢女当即死亡。

此事吓得司马懿瞠目结舌，魂惊魄散。他虽然胆大，但他从未见过脑浆迸流，血流满地，一个大活人咕咚一声倒在自己的眼前。等他从惊吓之中清醒过来，只见张春华不显山不露水地又一步一步地尽灭其迹。

一个年纪轻轻的少妇竟将此血腥之事，干得如此干净利落，真叫他司马懿刮目相看。从此他对张春华"由是重之"。

这是史书上记载的司马懿出山之前的第一桩事——少妇杀婢女。

旧时女子未出嫁时，深居闺阁，大门不出，二门不迈，对外界两眼一抹黑。一旦远行（出嫁），从自小生长的家庭里离开，到一个陌生的地方；从相依为命的父母兄弟姐妹身边离开，到一个举目无亲的生人丛中，想想那对一个柔弱小女子是何等的"残酷"！为减轻这种人性的伤害，但凡够得着的，都会踮起脚让女子带一名婢女陪她出嫁。这名婢女当然是她的心爱，是她的唯一的依靠，其关系胜过同胞姐妹，她拉着抱着百般呵护还嫌不够，怎么还会舍得亲手杀害她呢？是的，张春华是"恐事泄致祸"。如果光是怕"事泄致祸"，那一走不就了之，何必动那样大的干戈呢？看来张春华还有未说出口的深层次的原因：

一、司马氏的来历，《晋书》《帝纪第一》《宣帝》上说："其先出自帝高阳之子重黎。重黎为夏官祝融。历唐、虞、夏、商，世序其职。"

这里"帝高阳"，也称高阳氏，就是颛顼，华夏族的五帝之一。重黎，既是帝高阳的儿子，也是帝高阳的"火正"。在上古时代，人们崇尚火，司火的"火正"的地位比较高。因为重黎在"火正"的任上立有功劳，所以被帝高阳封为"祝融"。"祝融"的意思是说像祝融神一样光照人间。随后重黎的后代一直做这个官。及至周朝，才由"祝融"改为"司马"。"司马"演变成军事长官。其后，在周宣王时（公元前827—前782年），重黎的后代——程伯休父担任司马，攻克了徐方，因功赐以官族，因而姓司马。楚汉间，程伯休父的后代司马卬为赵将，与诸侯伐秦。秦亡，立为殷王，都河内。汉以其地为郡，子孙遂以此为家。自卬八世，生征西将军钧，字叔平。钧生豫章太守量，字公度。量生颍川太守儁，字元异。儁生京兆尹防，字建公。帝（司马懿）即防的第二子。

由此看来，司马氏源远流长，其家一直住在河内，代代出于王族贵胄，非一般氏族可比。

而且司马懿兄弟众多，共计八人，其排行是：老大司马朗，字伯达。老二司马懿，字仲达。老三司马孚，字叔达。老四司马馗，字季达。老五司马恂，字显达。老六司马进，字惠达。老七司马通，字雅达。老八司马敏，字幼达。《晋书》上称："俱知名，故时号为'八达'。"

但这八弟兄除司马懿以外，《晋书》上就只有司马孚有传。司马孚传上说司马孚"汉末丧乱，与兄弟处危亡之中，箪食瓢饮，而披阅不倦"。从这里可以看出，司马氏这一王族贵胄在历史长河的发展过程中遇到汉末丧乱时，就沦落到"箪食瓢饮"的局面，要不然，年已二十三的司马懿怎么还会"藏在楼中"待价而沽呢？

二、待价而沽的司马懿，聪明过人远近闻名。河内老乡杨俊，素来以知人闻名。此人后来官至南阳太守，他初见司马懿的时候，司马懿才十五六岁。他一见司马懿的言谈举止非同凡响，就当面表扬司马懿说："你可是一个非同寻常的人啊！"司马懿的大哥司马朗很有名气，官至兖州刺史；一个叫崔琰的人，后来官至曹魏尚书，与司马朗私交甚厚，也曾对司马朗说："你弟弟司马懿不仅聪明过人，而且刚毅果断，不是你老兄所能比的呀！"因此《晋书》说司马懿"少有奇节，聪明多大略，博学洽闻，伏膺儒教。汉末大乱，常慨然有忧天下心"。

这就是说司马氏出于华夏五帝之一的颛顼之家，司马氏是颛顼的嫡系后代，只是后来沦落了，需要振兴。张春华的父亲看司马懿家有振兴的基础，尤其看到司马懿有振兴的欲望，也有振兴的可能，就将张春华嫁给了司马懿。而张春华也非平平之辈，她知道她作为司马懿的妻子不仅要保护司马懿而且还要激励他鞭策他，她认为她这一责任比天大，所以她才下狠手杀了她心爱的婢女。保护是她能说出口的，也是大家能够接受的，因此，"恐事泄致祸"就见诸史面，而激励，而鞭策，这更深一层的动机则仍藏在张春华心底。

张春华为保护为激励为鞭策司马懿而杀了她婢女的结果，得来的只是司马懿对她"由是重之"。

可是"由是重之"的好景也不长，司马懿娶了柏夫人之后，就把张春华晾到旁边了。

一次司马懿真的害上了病，张春华去探视，司马懿说："老物可憎，何烦来也！"羞得张春华无地自容，怨恨交加。她用她心爱的婢女的命和她纯正的心换来的竟是如此的"忘恩负义"！她心灰意懒，她痛不欲生，于是就走上了"绝食欲死"的绝路。他们的孩子见母亲不吃，他们也不吃。司马懿这才"惊而急"，向张春华道歉，张春华才罢休。

道歉，当然绝不是简单的道歉；罢休，也绝不会一时半会儿就罢休。因为张春华既有度量舍弃她心爱的婢女，又有胆量杀死她的婢女，必然会有办法借机触及不义不忠的丈夫！

外因通过内因才能起作用，张春华终于用她的命激发出了司马懿的内因。

司马懿在妻子诸多的激励和鞭策下，扪心自问：黄巾起义，群雄并起，国家陷入一片混乱；董卓入京，皇权丧尽，天下又出现争权争霸，你攻我打的局面。国家将向何处去？司马家族如何振兴？我难道就这样混天度日，沉湎于酒色之中，不死不活地过一辈子吗？他本来是一个读书人，也是一个有志气的人，他立即醒悟到"淫"是万恶之源，"淫"不仅丧财更丧意志！他从来没有像这样后悔过，当他一想到自己手中一无权二无兵，连一个属掾还没有到手，那种鄙视曹操的一股气，就一泄到底，成了一个窝瘪的皮球，他的精气神一下一落千丈！他这种神态出现一刹那，他就像触电一般不由一振！他觉得他怎么能有这样的病态出现？他的祖宗是皇族贵胄，他的父亲是两千石的高官，他的兄长司马朗也是很有名气的人物，人们都说他比他兄长强，他怎么能出这样的窝囊相！他也清楚地看到，他自从骗走曹操派来的人后，他的家就像罩进一个笼子里，落入到一个深渊中，再也无人问津。他不得不问自己的出路何在？于是他想到学艺，学什么艺呢？学小艺他于心不服，学大艺，学什么大艺呢？这时他想到一个故事，他想到一个什么故事？请看下章。

第二章 >>>

剥笋求真知　研读曹孟德

司马懿将他的两只手，伸开，攥起；攥起，伸开。伸开，是两片空空的巴掌；攥起，也只攥自己的五个指甲。司马懿用此提醒他自己一无所有，一无所能。思来想去，就想到学艺。想到学艺，就想到一个学艺的故事：

说有一个人叫他去学杀猪，他不愿去，说学杀猪太糟蹋人了，于是他就跑到天上去学屠龙。学了十年，他学成而归，准备去杀龙；可是他到处找龙，却找不着龙，身怀绝技却无处可用。

他如此自我嘲弄一番后，忽然想到一句成语：蚊蝇附骥，可行千里。当前，他只能当一个蚊蝇而附骥了。附谁呢？谁是骥？是董卓、公孙瓒、袁绍？还是吕布、袁术……他不想盲从，他想做一番了解再说。这时他又想到曹操。曹操是那样的一个人，但现在好歹手中有权又有兵，他是怎么得来的？他山之石可以攻玉，他决定先从曹操了解起。尽管父兄都在曹营，他不问父兄，他要亲自做一番了解。于是他把曹操当成一本书，细翻细读，细访细问。

他首先查看了见诸纸面的文字，不由得使他出了一身冷汗。那文字说：曹操奸佞狡诈，野心勃勃，目无君上，自封魏公，与王莽是同类的人物。王莽何许人也，是大逆不道，人人喊诛，结果头被割下来，被人当球踢的奸贼！他心内再次吼道：我司马氏怎能和这样的人混在一起！幸亏他还懂得一点"兼听则明，偏听则暗"的思维方法。于是他甩开纸面文字，走向民间，请了解曹操的人介绍曹操的情况。

一位向司马懿介绍情况的人介绍曹操少年时说：

曹操少年时，除喜欢读书外，大约与项羽、刘邦一样爱调皮捣蛋。史书上说，曹操年少时，"好飞鹰走狗，游荡无度"。他叔叔实在看不过，常常禀报他父亲曹嵩，因而常常遭父亲责骂。为了对付叔叔，便想出一个鬼点子：一天远远地看到他叔叔来了，立即作嘴歪眼斜状。叔叔问其故，则答以突然中风倒地。叔叔当即又去报告曹嵩。等曹嵩找着曹操一看，什么事也没有。等曹嵩问他时，曹操便趁机说："您看，我好好的，根本没中什么风；只是因为叔叔不喜欢我，才乱讲我的坏话。"自此叔叔再说曹操什么，曹嵩不信了。

曹操小的时候父母都不怎么管教他，什么"三徙教，过庭语"之类在他身上从没有过，是个没有家教的孩子。所以他"任侠放荡，不治行业"与刘邦年轻时"好酒及色"，"不事家业"是差不多的。曹操与他的哥们袁绍、张邈等人是一路货色，常常聚在一起胡闹。

有一次，人家结婚，曹操和袁绍去看热闹，居然动念要偷人家的新娘。他俩先是躲在人家的园子里，等到天黑了，突然放声大喊"有贼！"参加婚礼的人纷纷从屋里跑出来，曹操、袁绍则趁乱钻进洞房抢走了新娘。匆忙间路没选对，袁绍掉进刺窟笼子里了，动弹不得。曹操为激发袁绍尽快钻出刺窟笼子，急中生智，又大喊："贼在这里！"，袁绍一急，不顾命地从刺窟笼子里奔了出来，手脚脸划出道道血口子。其狼狈之至，令人哭笑不得。

向司马懿介绍情况的人介绍到这里忍俊不禁，竟哈哈大笑地笑开了。司马懿也想笑，但他忍住了。《反经》有言："富贵在于骨法，喜忧在于容颜"，司马懿从小就练就一手能够驾驭自己容颜的本事。平时他可以信马由缰，随自己的感情走，想哭就哭，想笑就笑。但到必要时，他可以立即收敛笑容，让眼泪婆娑而出；也可以忍住心中不快，喜形于色哈哈大笑。这时为了显示他的高贵，他一脸正经，忍住不笑。

司马懿将他了解到的曹操的这段情节向崔琰说了。崔琰，字季珪，是当时最为德高望重的名士，史书上称他清廉忠贞，正派儒雅，既有高风亮节，又有远见卓识，看人看得准，做事做得正，而且仪表堂堂，凛然于世。是司马懿最敬重之人，因此特意去咨询他。崔琰既看好他，更敬重曹操。见司马懿来问，即对他说："曹操儿时的这些鬼点子，有人说他是'恶作剧'，也有些人说他是'少机智，有权数'。你了解到没有，如此恶作剧的孩子，大约并不讨人喜欢，许多人也没把他放在眼里。然而当时的太尉桥玄却认为曹操是'命世之才'，将来平定天下，非曹操莫属。因为曹操虽然调皮捣蛋，不守规则，却并非一般的流氓地痞或纨绔子弟。他'才武绝人，莫之能害；博展群书，特好兵法'，正是乱世需要的人才。所以桥玄十分看好曹操，竟以妻子相托。能以妻子相托的人是什么人？难道不是品德高尚，令人可信的人吗！"崔琰看好曹操，接着又谈了曹操拜谒许劭的一件趣事。

"许劭是当时最有名的鉴赏家和评论家。他常在每个月的初一，发表对当时人物的品评。无论是谁，一经品评，身价百倍，世俗流传，以为美谈。曹操自然希望得到许劭的好评，但不知是不好评，还是不愿评，起初无论曹操怎么请求，许劭就是不发话。

许劭坚定，曹操油滑。许劭坚定，不是不说，而是坚持不乱说，要说的像，要说得准。曹操油滑，不是狡猾，是滑中有定，滑中有理：其中包含着：你评人家有结论，评我为什么不给一个结论？但曹操好言好语，嬉皮笑脸，既不生气，也不放手。最后许劭被曹操缠得没办法，才冒出'治世之能臣，乱世之奸雄'这么一句话。从此'奸雄'这一标签就贴到曹操身上了。猛然听来'奸雄'二字很难听，然而'奸雄'二字，实际就是不忠。人逢乱世，乱世荒淫无道，叫人怎么忠！"

崔琰的一席话，使司马懿茅塞顿开。司马懿又忙去研究曹操当时的历史：

曹操生于东汉桓帝朝，长于灵帝朝。是在桓帝永寿元年（公元155年）出生，灵帝熹平三年（公元174年）入仕的，而桓、灵两朝，算是汉王朝四百年间最黑暗最混乱的年代。所谓"桓、灵之时"，几乎就是君昏臣奸的代名词。外戚擅权、宦官专政、军阀称雄，奸臣害人，贪官拼命捞钱，老百姓则只好去吃观音土。道德的沦丧，更是一塌糊涂。当时的民谣说："举秀才，不识书；举孝廉，父别居。""直如弦，死道边；曲如钩，反封侯。"可见少廉寡耻和口是心非已成为当时的风尚。一个黑白不分，是非颠倒的世道，如果忠反倒是奸了！经过一番了解，曹操的分量在他心里的天平上加重了。

但睡了一觉后，第二天早晨，他又被当时的门阀主义所征服。因为他想起曹操的父亲曹嵩只是宦官曹腾的养子，曹嵩到底姓什么连陈寿也说"莫能审其生出本末"。这就是说，曹操到底姓什么，他自己也说不清。一个来历不明的连自己姓什么都不知道的人，让堂堂司马氏的子孙拜倒到他的膝前？这也太辱没司马氏了！

于是曹操在他心目中又成了瘪三。

这个瘪三，父亲举荐他当洛阳北部尉，兄长甘愿为他当马前卒。只有妻子说他是杀人如麻的枭雄。他到底应当怎样看待曹操？为解除这一谜团，他决定把曹操从他父亲举荐他当洛阳北部尉起，一折一档地继续深入地往下摸，摸他个山清水明。

曹操在二十岁时（公元174年）举为孝廉，其父司马防举荐他为洛阳北部尉。洛阳虽然在天子脚下，但却很不安宁。曹操到任后，修缮四门，张贴禁律，造五色棒，各门左右各悬十余根，明令有犯禁者，不避豪强，皆棒杀之。

二十岁的年纪，很是年轻，一上任即有此举，表明他的开拓精神非凡。数月后，灵帝宠幸小黄门蹇硕之叔父，倚仗侄子是皇帝最宠信的人，公然犯禁夜行，曹操毫不手软，当即以棒杀之。

杀鸡可以把猴镇住，可他杀的是猴，一下子震动全京城，"猛虎恶狼"尽皆镇住；立竿见影，坏人坏事当即"敛鋜"，莫敢再犯！一下子就改变了洛阳的乱象。

俗话说万事开头难，头三脚难踢；可他首战即捷，一炮打响，而且他那时还只二十岁。

司马懿想到自己现在已经二十多岁了，还如一只未出窝的尿鸡！还说人家是瘟三，还瞧不起人家。这一比，叫他羞惭得汗颜！他镇定住自己的情绪，仔细探讨曹操在这件事情上干得出色的实质在哪里。第一，他认为曹操有胆量，有无所畏惧的英雄气概。有这一气概，就能充分发挥自己的聪明才智。第二，言必行，行必果；敢作敢为，处事刚毅果断。能有这样的行为方式会赢来信任。有信任，才有威信。有信任，有威信，下，才有人拥护；上，才有人提携。

洛阳秩序虽然改变了，但近习（皇帝宠爱的人）和宠臣（皇帝最贴心最信任的臣子）那些大尾巴狼都对曹操痛恨得咬牙切齿，但又拿他没办法。明的"敛迹"，暗的却打着灯笼找机会，以求报复。恰遇顿丘县令缺额，近习、宠臣都嫌顿丘县偏远穷困不愿去那里当官，于是大家就举荐曹操去。这样既挡了这门苦差，也可把曹操排除京城洛阳之外。曹操因此当上了顿丘县令。

顿丘县虽然苦，顿丘县令好歹是一个官，以这种办法来惩罚曹操，怎能填平这帮人的恶沟毒壑！于是他们继续高举灯笼，吹毛求疵，寻求可让他们拍手称快的一种惩罚。曹操也是时运不好，他的叔伯妹夫宋奇犯法被诛。《周书》有曰"父子兄弟罪不相及"，何况还是叔伯妹夫！近习、宠臣们不管这些，以"株连"之由向上举报，曹操因而被罢免了顿丘令官，被一撸到底，赶回了家。那时社会贫穷，如曹操那样的读书人，百里无一，时过不久，终因他"能明古学"才又召他为议郎。

曹操任议郎时，阉官当道，朝政混乱，大将军窦武、太傅陈蕃合谋除掉这些阉官。结果令人痛心，不但未除掉，反被阉官所害。他联想到他在顿丘令任上被赶回家，就对大将军、太傅为清君侧反被杀而怒不可遏。于是直接上书灵帝，指出奸邪盈朝，好人被排斥在外。最后一针见血道明陈蕃、窦武正直，不应被害。其言甚切。可灵帝不但不用，还敕令三府：民间举奏州县政理无效，民间用歌谣形式揭露贪官罪行不用理睬。于是三公借机放纵邪恶，致使贪污受贿泛滥公行。社会上，强者为恶，不见举奏；弱者守道，多被谗毁。曹操对此乱象深恶痛绝。当时有以灾异博问得失的风俗，曹操就此复上书切谏，说三公所举奏，专门回避贵戚不举。灵帝见曹操的奏章后，深有感悟，对三府曾示责怪之意，诸以歌谣、传闻征者皆拜议郎。但是渊深垢厚，积重难返，皇鞭莫及，"政教日乱，强横狡猾而不守法度的现象越来越厉害"，曹操知不可匡正，遂不复献言。

光和末年（公元183年），黄巾起义，曹操拜骑都尉，讨颍川贼，迁为济南相。济南有十余县，县里的长官多阿附贵戚，脏污狼藉。曹操利用手中权力继续发挥他敢于向邪恶势力开刀的英雄气概，毁庙斗恶，将贪赃枉法和淫祀者奏免了十之七八。一举将淫祀禁断，奸宄也遁逃他郡。于是济南政教大行，一郡清平。

不久，又将他调为东郡太守。这种调遣给曹操一种感觉：似重用，更似戏弄。把他当成一只咬人的狗，怂恿他往泥坑里冲。东郡，那地方，权臣专朝，贵戚横恣，贪赃枉法的邪恶势力盘根错节。到后，审时度势，他觉得他要不违道取容，去讨好那些人，以求自我安稳；要不就得处处干涉。违道取容，叫他违背道德，去换取个人平安，这与他的秉性相悖，他办不到；但若要处处去干涉，他又怕带来祸患累及家人，也于心不忍。他思前想后，也耍了一把滑头，托病请假休息。后来就干脆离职，卷起背包告归乡里，筑室城外，春夏习读书传，秋冬弋猎山水。

对于曹操的此段经历，司马懿也很理解，"人之情，欲寿而恶夭"嘛，再说黄石公早有教导："畏危者安，畏亡者存"。他并不觉得曹操如此有什么不好，倒觉得曹操很温柔，很正直，读书弋猎很有人情味，不是真正的滑头，更不像什么枭雄。

曹操称疾归乡不久，连发两件事：一件，冀州刺史王芬等谋废灵帝，联络曹操，曹操觉得他们太轻率太莽撞，非成事之辈，当即一口拒绝。果然，王芬之密被视破，朝廷发兵征之，芬惧，自杀。另一件，事更大：金城边章、韩遂杀刺史郡守以叛，聚众十余万，天下骚动。朝廷征曹操为典军校尉。读书弋猎虽然惬意，但他毕竟是一匹志在千里的骏马，在这风高浪涌，国家危难之际，曹操再也坐不住了，为国家计，不顾前嫌，毅然应召上任。

恰这时灵帝崩，太子即位，太后临朝。大将军何进与袁绍谋诛宦官，太后不准，何进乃召董卓，欲以胁迫太后。对于何进所为，曹操一听就笑道："阉竖之官，古今宜有，这是世主不当给予权宠所致。既要治其罪，当诛元恶，一狱吏足够，何需急急召外将？另外，想把宦官一举杀绝，这也太过太急。凡秘事，急而杂必露，吾见其败也。"果然，卓未到而何进被杀。卓到，废帝为弘农王而立献帝，京都因此大乱。董卓上表推荐曹操为骁骑校尉，欲与计事。曹操认为董卓终归必败，乃变易姓名，带数骑秘密东归。夜过成皋，借宿于故人吕伯奢家，伯奢出行，五子在家。五子为招待贵客，起早筹备。曹操夜半听到响动，以为自己违背董卓令，是董卓的人杀来了，于是奋起连杀八人而去。过中牟，中牟已有董卓拘逃布告，疑曹操是逃亡之人，将其拘于县。县上唯功曹知是曹操，功曹以为世方乱，不宜拘天下雄銖，就假言将曹操释放。

对于曹操这一档历程，司马懿没把曹操杀人放到心上，倒觉得曹操很正统，对朝廷很忠心。

卓在京城进一步作乱，杀太后，毙弘农王。曹操至陈留，散家财，聚义兵，准备征讨董卓。在豪绅卫兹等资助下，于中平六年（公元189年）腊月，起兵于己吾，兵众五千。

司马懿颔首暗语："哦！手中之兵，原来是这样来的。"司马懿似乎对曹操越来越感兴趣，更急不可待地往下了解，他要看曹操是如何发展壮大的。

初平元年（公元190年）正月，后将军袁术、冀州牧韩馥、豫州刺史孔伷、兖州刺史刘岱、河内太守王匡、勃海太守袁绍、陈留太守张邈、东郡太守桥瑁、山阳太守袁遗、济北相鲍信，加上曹操共十一人同时聚起兵众各数万，推绍为盟主，曹操为奋武将军。

二月，卓闻兵起，乃徙天子都长安。卓留屯洛阳，遂焚皇宫宫室。

是时绍屯河内，邈、岱、瑁、遗屯酸枣，术屯南阳、颖川，馥在邺。卓兵强，绍等莫敢先进。曹操曰："举义兵以诛暴乱，大觿已合（觿，音西，解结之锥；大觿，引申为可解决社会症结的大众、大军），诸君何疑？假如董卓闻山东兵起，倚王室之重，据二周之险，东向以临天下，虽以无道行之，犹足为患。他今焚烧宫室，劫迁天子，海内震动，不知所归，此天亡之时也，一战而天下定矣，不可失也。"遂引兵西进，将据成皋。邈遣将鲍兹分兵随曹操。曹操到荥阳汴水，遇卓将徐荣，与战不利，士卒死伤甚多。曹操亦为流矢所中，所乘马被创，从弟洪让马给曹操，趁夜遁去。徐荣见曹操所带的兵少，力战尽日，见酸枣兵多不易攻，击败曹操后，遂引兵还。

曹操到酸枣，诸军兵十余万，每日置酒高会，不图进取。曹操甚怒予以责怪，而后出谋道："诸君听吾计，使勃海（袁绍）引河内之众临孟津，酸枣诸将守成皋，据敖仓，塞轩辕、太谷，钳制其险；使袁将军率南阳之军驻丹、析，入武关，以震三辅：皆高垒深壁，勿与战，益为疑兵，示天下形势，以顺诛逆，可立定也。今天我们仗义起兵，迟疑而不进，大失天下之望，窃为诸君耻之！"邈等不听。

曹操当时兵少，乃与夏侯惇等到扬州募兵，刺史陈温、丹扬太守周昕与兵四千余人，回还到龙亢，士卒谋叛，乘曹操熟睡，夜烧曹操帐，曹操冲出幕帐，杀数十人，余皆逃窜，其不叛者余五百余人。至铚、建平，复收兵千余人，进屯河内。

袁绍与韩馥谋立幽州牧刘虞为帝，曹操不同意，他说："董卓之罪，暴于四海，吾等合大众、兴义兵而远近莫不响应，就是因为我们以义为先也。今幼主微弱，虽制于奸臣，但没有亡国之危险，而一旦改易刘虞为帝，天下怎么得安？诸君北面，我自西向"。绍又曾得一玉印，于曹操面前炫耀，曹操大笑曰："吾不听汝也。"绍又使人劝曹操："今袁公势盛兵强，二子已大，天下精英谁能超过他？"曹操不应。由是愈加不理绍，只图尽快消灭董卓。

初平二年（公元191年）春，绍、馥仍立虞为帝，虞终不敢当。

夏四月，卓还长安。

秋七月，袁绍胁韩馥取冀州。

就在这时，黑山贼于毒、白绕、眭固等反。十余万众略魏郡、东郡，王肱不能御，曹操引兵入东郡，击白绕于濮阳，白绕大败而退，袁绍表奏曹操为东郡太守，曹操将郡治定于东武阳。

初平三年（公元192年）春，曹操军屯顿丘，于毒等攻东武阳，曹操乃引兵西入山，攻于毒本屯。诸将皆以为回还自救，曹操曰："孙膑救赵而攻魏，耿弇欲走而攻临淄，使贼闻我西进攻其本屯而还，武阳自解也；不还，我能败其本屯，虏不能拔我武阳必矣。"遂乃行。果然，于毒闻曹要攻他本屯，弃武阳急还。接着曹操腰击眭固，又击于罗夫于内黄，皆大破之。

夏四月，司徒王允与吕布共杀卓。卓将李傕、郭汜杀王允攻吕布，布败东出武关，傕等擅朝政。

青州黄巾携百万大军入兖州，杀任城相郑遂，转入东平。刘岱欲击之，鲍信谏曰："贼军百万，百姓皆震恐，士卒无志，不可战也。观贼携群辈相随，军无辎重，唯以抄掠为资，今不如储蓄军力，先为固守。彼欲战不得，攻又不能，其势必因缺食而离散，后选精锐，据其要害，击之可破也。"岱不从，遂与战，果为所杀。

岱既死，陈宫对别驾、治中说："今天下分裂而州无主；曹东郡（曹操），命世之才也，若迎以牧州，必宁生民。"鲍信等亦十分同意。信乃与州吏万潜等至东郡迎曹操领兖州牧。曹遂进兵击黄巾于寿张东。信力战死，曹操重金求购信丧（鲍信尸首）不得，众乃用木刻成如信形象祭而哭焉！

在乱世之中，乘间兴兵，大多是为争权夺利，尔虞我诈，相互倾轧，最好的关系也只是相互利用而已。曹操心怀匡扶国政之志，几经沉浮，几经心灰意懒之中，遇到陈宫与鲍信的知遇之恩，对此他是多么高兴，多么珍惜，多么感激！可是还未来得及说声谢谢，他的恩公鲍信就力战而死了！这使重感情，崇大义的曹操是多么意外，多么痛心！他想弥补，他想抱着鲍信的尸首说声谢谢，痛哭一场，可是连尸首也找不着！这使曹操更加感到对不起恩人，不得已，他只好依众之计刻木偶而祭！木偶不真，他的感情真，他跪在木偶面前三拜九叩，大哭陈情，大哭诉恩！恩大仇深，报仇心切，他率步骑千余人直冲敌营，由于冲动，考虑不周，战不利，死者数百人，只好退回。黄巾军，为农民起义军，兵皆精悍。曹操旧兵少，新兵未习练，经这一仗，全军皆惧。曹操披甲婴胄，亲巡将士，切劝至理，明定赏罚，众乃复奋，乘隙讨击，力挫黄巾锐气。黄巾移书曹操，曰："昔在济南，毁坏神坛，其道乃与中黄太乙同；但今天我们似乎觉得你更加迷惑了。汉行已尽，黄家当立。天之大运，非君才力所能存也。"曹操见檄书，知黄巾气竭，即采取攻心战，分化瓦解，数示招降之路，诱导他们投降；同时设奇伏，昼夜会战。每战不仅能胜，而且常有擒获，黄巾终因内讧不敌而退。曹操追至济北，黄巾降。初平三年（公元192年）冬，受降卒三十余万，男女百余万口，收其精锐，号为青州兵。

司马懿了解到曹操军兵的壮大，是由战黄巾而来。战黄巾他是先败而后胜。先败他不气馁，后胜是由于他的决心、他的勇敢、他的智谋。由此更增加了他对曹操的敬畏之心。

袁术与隔山兄长袁绍有隙，术求援于公孙瓒，瓒使刘备屯高唐，单经屯平原，陶谦屯发干，以逼绍。曹操与绍会击，皆破之。

初平四年（公元193年）春，曹操军鄄城。荆州牧刘表断术粮道，术引军入陈留，屯封丘，黑山余贼及于夫罗等佐之。

术使将刘详屯匡亭。曹操击详，术救之，与战，大破之。术退保封丘，遂围之，未合，术走襄邑。追到太寿，决渠水灌城。术走宁陵，又追之，术走九江。夏，曹操还定陶。

下邳阙宣聚众数千，自称天子；徐州牧陶谦与共举兵，取泰山华、费，略任城。秋，曹操征陶谦，下十余城，谦守城不敢出。

兴平元年（公元194年）春，曹操自徐州还。当初，曹操父曹嵩任太尉，年迈辞官，回到谯地乡里养老，因董卓之乱，又避难琅琊，后到泰山华县。曹操令泰山太守应劭将他父亲送到兖州。曹嵩搬家，携带辎重百余辆，劭兵未至，陶谦即遣都尉张闿率数千骑掩捕。

曹嵩率家小行至华县、费县间，时夏末秋初，大雨骤至，急避一古寺中。人还未安定好，忽然人喊马嘶，一队大军如风卷来。曹家以为应劭来迎，未作防备。军至，先杀曹操弟曹德于门中。嵩惧，穿后垣，先携其妾出，妾肥，一时不得出；嵩逃于厕，与妾俱被害，阖门皆被杀。应劭来迟，躲过一劫，怕脱不了干系，径投袁绍去了。张闿杀尽曹嵩全家，掳尽所有财物，向淮南逃去。

应劭部下的士兵报以曹操，曹操哭倒于地，故兴兵复仇东伐。使荀彧、程昱守鄄城复征陶谦，到达彭城时，与陶大战，陶败逃至郯县固守，曹不能克，怒不可遏，乃转取虑、睢陵、夏丘三县，所过之处大开杀戒，男女老幼，全遭屠戮，鸡犬不留，旧城废址不再有行人。仅泗水河淹死的就达数十万，尸体阻塞河道，致使水不能流。（《三国志·武帝纪》和《资治通鉴》1718 页）

司马懿听到这里，惊吓得说不出话来。难怪他妻子说他是枭雄，是杀人魔王。讨董卓，伐黄巾，征杀黑山贼与一切叛逆，曹操不仅智谋过人，而且受伤最多，出战最勤，司马懿对曹操的好印象逐渐在增宽加厚，一了解到这里，让他惊呆了，他对曹操再也不想访不想问了。本来，曹操在吕伯奢家杀人，在募兵回来路上杀人，他都觉得情有可原，对他予以谅解；但这一次他杀那么多人，数十万啦，尸横遍野，血流成河！想一想，就令人发指。他再也不原谅曹操了，他对曹操又回到原来的看法。

这时，曹操儿时之友张邈，恩人陈宫叛变，相迎吕布，郡县皆应。其原因史书未明说，但司马懿肯定，都因曹操太残暴，杀人太多之故。吕布到，攻曹操的鄄城，因荀彧、程昱死守，吕布未攻下，西屯濮阳。曹操遂驱军攻濮阳，布出战，先以骑兵攻曹青州兵，青州兵奔，曹操阵乱，驰突火出，坠马，烧伤左手。吕布骑兵擒得曹操，但不知是曹操，吕布骑兵问曹操："曹操何在？"曹操曰："乘黄马走者是也。"吕布骑兵乃弃曹操追黄马。司马楼异急扶曹操上马，门火犹盛，曹操突火而出。

青州兵奔。青州兵为什么奔？司马懿也估计是因曹操滥杀无辜。青州兵一奔，所以曹操遭到厄运。要不是吕布骑兵蠢，曹操命大，曹操就遭到了他应该遭到的报应。

尔后，曹操与布相攻百余日，蝗虫起，百姓大饿，人相食，布粮食亦尽，各引去。

秋九月曹操还鄄城，袁绍使人说曹操，欲连和，曹操新失兖州，军食尽，将许之，军事程昱从外回问道："窃闻将军欲与袁绍联合，诚有之乎？"曹操答："是。"昱曰："莫非将军因一时沮丧，临事而惧，不然何虑之不深也！夫袁绍据燕、赵之地，有并天下之心，而智不能济也。将军自度，能为之下乎？将军以龙虎之威，可行韩、彭之事邪？今兖州虽残，尚有三城，能战之士不下万人。以将军之神威，与文若、昱等，收而用之，霸王之业不愁不可成也。愿将军更虑之。"曹操乃止。自此绍与操关系渐恶。

司马懿了解到这里，逐渐为袁绍所吸引。

袁绍，字本初，家四世三公，势倾天下；貌美容威，能折节下士，士多附之。年二十即以大将军掾为侍御史，稍迁中军校尉，至司隶。接着即在朝中连连干出几件惊天动地的大事：

（一）《续汉书》载：绍使张津向太后兄大将军何进说："朝中阉官秉权日久，一切乱象皆由此生。将军宜整顿天下，为海内除患。"进以为然，遂与绍结盟。

灵帝崩，何进与袁绍谋诛诸阉官，太后不从。进乃召董卓，欲以胁太后。袁绍进一步向何进敬言："今将军以元舅之尊，二府并领劲兵，其部曲将吏，皆英雄名士，乐尽死力，事在掌握，天赞其时也。今为天下诛除贪秽，功勋显著，垂名后世，虽周之申伯，何足道哉！"何进纳其言，后又狐疑不决。绍怕进之改变，胁进曰："今交构已成，形势已露，将军何为不早决之？事留变生，后机祸至。"进仍不即发，仍烦琐部署，密乃泄。中常侍段珪等矫太后命，召进入议，遂杀之，从而引起宫中大乱。术将虎贲烧南宫嘉德殿青琐门，欲以迫出珪等。珪等不出，窃帝及帝弟陈留王走小平津。袁绍即斩宦者所署司隶校尉许相，遂勒兵捕诸阉人，无论少长皆杀之。到后来凡遇无须者即杀，直至胯下裤子，露出形体之后得免。其乱至如此。死者二千余人。急追珪等，珪等赴河而死。

（二）董卓入京后，议欲废帝，立陈留王。是时袁绍叔父袁隗为太傅，绍伪许之。曰："此大事，出当与太傅议。"卓曰："刘氏种不足复遗。"绍不应，引刀长揖而去。绍既出，遂亡奔冀州。侍中周珌、城门校尉伍琼、议郎何颙等，皆名士也，董卓对这些人信之，而这些人暗为绍，乃对卓说："夫废立大事，非常人所及。绍年轻，不达大体，恐惧故出奔，非有他志也。若追之急，势必为变。袁氏树恩四世，门世故吏遍天下，若收豪杰以聚徒觽（xī），英雄因之而起，则山东非公之有也。不如赦之，拜一郡守，则绍喜于免罪，必无患矣。"卓以为然，乃拜绍勃海太守，封邟乡侯。

经此，卓、绍二人关系得缓，但废立之事仍然存在。顷之，卓又对绍说："皇帝冲暗，非万乘之主。陈留王犹胜，今欲立之。"绍曰："汉家君天下四百许年，恩泽深渥，兆民戴之来久。今帝虽幼冲，未有不善宣闻天下，公欲废适立庶，恐觽不从公议也。"卓一听勃然大怒："竖子！天下事岂不决我？我今为之，谁敢不从？尔谓董卓刀为之不利乎！"绍曰："天下健者，岂唯董公？"说着横刀夺路而出，遂于勃海起兵，将以诛卓。在绍影响下十一路英雄并起，十一路英雄结成反卓联盟，大家推绍为盟主。

此二件，给司马懿的印象是：在年少时，特别在反董卓之初，袁绍的英雄气概超过曹操。而且袁绍是豪门，是"四世三公"，起兵之后，绍兵数量一直在曹之上。他看好袁绍，认为袁绍即是骥，欲附之。

196 年曹操迎天子，定都许昌，继续战吕布。公元 198 年战张绣，九月大破吕布，追至下邳城下，布恐，欲降，陈宫沮其计，求救于术，劝布出战，战又败，乃还固守，曹攻之不下。时曹连战，士卒罢战，欲还。荀攸、郭嘉献计，遂决泗、沂水以灌城。月余，布将宋宪、魏续等献城投降。从而于建安十二年（公元 207 年）生擒布、宫，皆杀之，从而兼并徐州。建安十三年（公元 208 年）灭袁术，兼并鲁西南、苏北、皖北。

在迎天子问题上，袁绍本在曹先。《献帝传》曰：沮授说绍："将军累世辅弼，世济忠义。今朝廷流亡，宗庙毁坏，观诸州郡，外托义兵，内图相灭，未有存主恤民者。且今州城粗定，宜迎大驾，安宫邺都，挟天子而令诸侯，畜士马以讨不庭，谁能御之。"绍悦，将从之。郭图、淳于琼曰："汉室衰败，为日久矣，今欲兴之，不亦难乎！且今英雄据有州郡，辄动万计，所谓秦失其鹿，先得者王。若迎天子以自近，动辄表闻，从之则权轻，违之则拒命，非计之善者也。"授曰："今迎朝廷，至义也，又于时宜大计，若不早图，必有先人者也。夫权不失机，功在速捷，将军其图之。"绍不听，改听了郭图、淳于琼的话，未迎天子。结果曹操迎天子，定都许昌，收河南地，关中皆附。绍悔，欲令曹徙天子都鄄城与自密近，曹操拒之。天子封绍为太尉，赐邺侯。绍耻班在曹操下，怒曰："曹操当死数次矣，我辄救存之，今乃背恩，挟天子以令我乎！"曹操闻，以大将军让于绍，绍亦不受。

顷之，绍击破公孙瓒于易京，并其众，出长子谭为青州，又以中子熙为幽州，甥高干为并州。兵众数十万，以审配、逢纪统军事，田丰、荀谌、许攸为谋主，颜良、文丑为将军，挑精卒十万，骑万匹，将攻许。

司马懿了解到这里，他知道将攻许，即将攻曹，准备发动官渡之战。

官渡之战，他以前隐隐地听到一些，现在决心摸清这一大战，以最后决定他将附谁。

于是他往来于官渡至黎阳，民间与书院，听口头传说，看文字登载，寻访知情人，求教于学者。栉风沐雨，夙兴夜寐，不辞辛苦，时达三月，效果却不佳。

一次他败兴地路过一座桥，桥下有清凉的流水，桥上有浓密的树荫。歇凉的人正在听一个人讲官渡之战。

你说巧吗？实际并不怎么巧，就是因为他在那一带寻访官渡之战，搅动了青年人的兴趣，揭开了知者的库存，讲者与听者在桥上树下结成了场子，司马懿路过碰上了。

司马懿看那讲者的形象：容貌清秀，仪表善良，似学富五车，成竹在胸。看他从容的气质，听他有缓有急的似如清泉流淌的声调，知他不仅知多识广，而且胸怀宽广，情感丰富。司马懿忙找了一个坎儿，把雨伞、背包往膝上一放，悄悄地坐下就静静地听起来：

那人说完开场白，即正式开讲道：

官渡之战，是袁绍攻打曹操。

袁绍拥有兵力数十万，挑选精兵十万，战马万匹，陈列在黄河北岸，伺机渡河，同曹操决战。

曹操集结在官渡的主力只有三四万。他的总兵力也不过五六万。

那时曹操杀人的阴影还没有过去，人们都对曹操仇视加蔑视，一听到这样的消息，人们把鼻子一哼，说："袁公主动和你联合，你还不同意，人家是四世三公！你算老几呀？一个宦官养子的儿子，也太自不量力了。你是他的对手吗？"

接着又传来一则消息，说刘备在江苏对曹操也发起了攻击，并且占领了属于曹操的徐州及下邳等地，于是人们劲更大了，把手一拍道："这下曹操死定了！"

结果呢？庞大的袁军大败，曹操大获全胜！

为什么？大家都感到惊奇，我也感到惊奇，我没有事，受兴趣的驱使，我就去钩沉探微，细访细问，看这一战役到底是怎么一回事？袁绍那么多军队，为什么会全军覆灭？

我们先从曹操这一方说起。袁绍率大军要攻许昌，曹操手下的一些部将一时被吓得惊慌失措。但曹操仍是每逢大事心不慌的样子，他心清神定笑悠悠地对他的将士们说：袁绍，我这个哥们，我太了解了。他，野心虽大，但没有什么智谋。表面上气势汹汹，实际上肚内无货。他疑心重，并且忌讳别人的才能。兵虽多，但政令不一，指挥不灵。将帅个个都是老字号，个个都骄傲自满，你不服我，我不服你，形成不了有力的拳头。打败他是不成问题的。

曹操的谋士荀彧也分析了袁军的情况，认为袁军内部不团结，将帅、谋士之间矛盾重重，将帅间、部队间，互不信任，人虽多，却是一盘散沙。这样的部队很容易各个击破。

曹操与荀彧的分析，增强了曹军战胜袁军的信心。

曹操将部队的士气解决后，就决定采取以逸待劳，后发制人的战略方针。他将主力调到袁军要进攻许昌的必经之地——黄河南岸官渡，以阻挡袁军的正面进攻。同时派卫凯镇守关中，以魏种守河内，预防袁绍从西路进攻；又派臧霸率兵从徐州入青州，从东方钳制袁军；派于禁屯守黄河南岸的重要渡口延津，协助扼守白马的东郡太守刘延，阻止袁军渡河南下的进攻。

这个部署倒还是严谨的……

司马懿在心里说："这顶屁用。虽说鸡蛋布局严谨，但经得起一碰吗？曹操的兵力毕竟少于袁公嘛！但袁公怎么就败了呢？"

司马懿不敢往下多想，忙收回思绪继续听：

曹操为了避免两面受敌，公元 200 年正月，亲率精兵东击刘备，刘备败阵。

当司马懿听说刘备轻易被曹操击败，心不由一颤：刘皇叔啊！世人都指望着你呐，你咋这窝囊呢！

当曹操去打刘备时，袁绍的谋士田丰建议袁绍袭击曹操的后方，袁绍没有采纳这一意见。也就在此时，曹操顺利地击败了刘备，及时返回官渡继续抵御袁绍的进攻。

"可惜，袁公！多好的战机，你咋也犯糊涂呢。"司马懿抑制不住差一点叫出了声。

公元 200 年二月袁绍大军开过黎阳，企图渡河寻求曹军主力决战。

为夺取黄河南岸要点，以保障主力渡河，袁绍首先派大将颜良率军渡过黄河，直扑白马与东郡太守刘延交战。刘延军伤亡惨重。

司马懿听到这里不无可惜地在心里说："就是嘛，泰山压顶，他曹操岂有不败之理？但是，怎么最终还是袁公败了呢？"

此刻，曹操的谋士荀攸向曹操献计说：我军兵少，集结在官渡的主力也只有三四万人，要对付袁绍众多的兵力，正面交锋恐难得手，应设法分散袁绍的兵力。他建议曹操引兵先到延津，假装要渡河攻击袁绍的后方，这样袁绍就会向西分兵。然后我军再派轻骑迅速回军袭击进攻白马的袁军。攻其不备，颜良定然败退。曹操采用了荀攸这一声东击西之计，袁绍果然分兵增援延津。

曹操见袁绍中计，立即率领轻骑掉头，派张辽、关羽为前锋，急趋白马。

曹军急趋白马时，分军为一明一暗：明者张辽从北鼓噪而进，人喊马嘶，声如雷震；暗者关羽从南打马飞驰而入，人吞声，马勒口，只有马蹄点地之声，沙沙沙……如疾风袭林，如暴雨凌地！当颜良慌忙整军迎敌张辽时，关羽的赤兔马快，如一道闪电，一飙狂风突进颜良军中，乘其不备，斩颜良于万军丛中。袁军大乱，纷纷溃散。曹操转败为胜。

司马懿轻声叹道：哦，原来如此！

袁绍围攻白马失败且丧失一员大将，非常恼怒。曹操解了白马之围之后，便沿黄河向西撤退，袁绍率军渡河追击曹操。这时沮授谏阻袁绍说：军事上的胜负变化应仔细观察。现在最好的办法还是驻黄河北岸，分兵进攻官渡，如果能攻占官渡，大军再过河也不晚；如果贸然南下，万一失败就有全军覆没的危险。

袁绍仗着他是数十万大军的头儿，当时没有人超过他，他就认为自己是天字第一号了，满得如同一只装油的罐子，已经从嘴上、口上直往外流油了，他哪里还装得进听得进！即以轻蔑的神态一口拒绝。

沮授见袁绍如此固执，便推说有病，要求还乡，袁绍不准还拿掉了他的兵权。

袁绍领军进至延津以南，派大将文丑与刘备率兵追击曹军。曹操命令士卒解鞍放马，又将辎重丢弃道旁。待袁军逼近，争抢辎重时，曹军突然发起进攻，袁军大败，文丑又被关羽斩杀。曹操顺利地退回官渡。

白马、延津两次战斗，是官渡之战的前奏。这两次战斗虽然不大，但曹军因此大受鼓舞；而袁军兵力虽仍占优势，但个个都垂头丧气，像霜打的茄子，士气也一蹶不振。

司马懿自言自语道：两次小败，与大局无大碍，怎么就……

这年七月，袁绍进阳武，准备南下进攻许昌。这时沮授又劝袁绍说：我方士兵虽多，但不及曹操的勇猛。曹操的粮食、物资不如我们的多，速战对曹操有利而对我们不利，我们应用旷日持久的办法消耗曹军的实力。但袁绍仍然不听。

司马懿像老妇人恨孩子不为她争气一样在心里埋怨道："袁公啊，兼听则明，人尽其用，你不听人家的意见，你怎么发挥人家的作用呢！"

袁军于八月逼近官渡，双方在官渡对峙。

九月间，曹军向袁军发起了一次进攻，但未能取胜，曹军便深沟高垒，固守阵地。袁绍见曹操坚壁不出，便命令士兵在曹军营外堆起土山，砌起高楼，用箭射击曹军。曹军士兵来往行走都得用盾牌遮蔽身体或匍匐前进。袁军见曹军狼狈样子，无不哈哈大笑。

司马懿听到这里，也不由得会心地笑了：是呀，应该是这样嘛，怎么就败了呢？

不久曹操发明了一种抛发石头的车子，将袁军的壁楼全部击毁。袁军又挖掘地道准备攻击曹军，曹操则命令士兵在营内挖掘长沟来截断袁军地道。这样双方相持了大约三个月。

在此过程中，曹操产生了动摇，他觉得自己兵少，粮食也不足，士卒极为疲劳，后方也因袁绍派刘备袭击于汝南、颍川一带，这样长期与袁绍周旋极为不利。因此曹操便想退回许昌。

司马懿在心里说：袁曹两军对垒的结局本应这样嘛，难道说以后还有变化？

曹操写信给留守许昌的荀彧，看他意下如何。荀彧回信建议曹操坚持下去，他指出：我军目前处境困难，同样袁军的力量也几乎用尽，这个时候正是战略态势即将发生转折的时刻，也是用奇兵之时，不能失去即将出现的战机，这时谁先退却，谁便会陷入被动。

司马懿想：难道转折就从这开始？兵者，总是以正合，以奇胜。且看他们各用什么奇招！

曹操采纳了荀彧的意见，一方面决心坚持对付危局，加强防守，命令负责后勤供应的官员想办法解决粮草补给问题；另一方面则积极寻求和捕捉战机，给袁军以有力的打击。

恰在这时徐晃部将史涣捕获袁军一细作，徐晃一审，细作便答道："大将韩猛即将运粮来，先令我等探路。"徐晃便将此事报知曹操。荀攸曰："韩猛匹夫之勇耳。若遣一人引轻骑数千，从半路击之，断其粮草，绍军自乱。"操曰："谁人可往？"攸曰："即遣徐晃可也。"曹操遂差徐晃带领史涣并所部先出，后使张辽、许褚引兵救应。

当夜韩猛押粮车数千辆，解赴袁绍营地。正走之间，山谷内徐晃、史涣引军截住去路。韩猛飞马来战，徐晃接住厮杀。史涣便乘机杀散人夫，放火焚烧粮车。当韩猛发现粮车被烧，回身来救时，时已晚矣，粮车已悉数被烧。

时隔不久，袁绍把再次运来的一万多车粮食集中到乌巢，派淳于琼率军守护。沮授鉴于前次粮草被烧，便建议袁绍另派一支部队驻扎到淳于琼的外侧，两军互为犄角，防止曹军再次抄袭。袁绍觉得多余，弃之不用。另一位谋士许攸获得曹军粮食即将告罄的重大机密，向他献策说：

曹操兵少，集中力量与我军相持，许昌一定空虚，我们可以派一支轻骑日夜兼程袭击许都，这样可以一举占据。即使许都拿不下来，也会造成曹操首尾不能相顾、来回奔命的局面，进而可以打败他。袁绍却骄傲地说："没有必要，我一定在此生擒曹操。"他拒绝了这一出奇制胜的建议。

许攸气极，本有机密相告，气一堵，也不再说了。正在这个时候，忽有人从邺郡给袁绍送来一封书信，信中先说运粮事，后言许攸在冀州时，曾滥受民间财物，且纵子侄贪污税款，今已将其子侄逮捕下狱。袁看信后，对许攸厉声斥道："滥行匹夫！还有何面目在吾前献计耶！汝与曹操有旧，想今亦受他财贿，为他作奸细，来赚吾军情耳！本当斩首，今权且寄头在项！可速退出，今后不许相见！"

司马懿听到这里，也忍不住对他敬佩的"四世三公"的子孙袁公骂开了："'桀纣自恃其才，智伯自恃其强，项羽自恃其勇，高莽自恃其智。自恃，则气骄于外而善不入耳。不闻善则孤而无助，及其败，天下争从而亡之！'袁公！这你就不懂吗？你怎么这么混呀！这是什么时候？决战之时，用人之际，你不用他也罢，也不该损他呀！"

许攸受此大辱出来，痛不欲生，仰天叹曰："忠言逆耳。竖子不足与谋！吾子侄已遭人之害，吾有何颜复见冀州之人乎！"遂欲拔剑自刎。左右夺剑劝曰："公何轻生至此？袁绍不听忠言，后必为曹操所擒。公既与曹公有旧，何不弃暗投明？"

只这两句言语，点醒许攸；于是许攸径投曹操而去，被伏路军人拿住。攸曰："我是曹丞相故友，快与我通报，说南阳许攸来见。"军士忙报入营中。时操方解衣歇息，闻说许攸私奔到营，大喜，不及穿鞋，跣足出迎，遥见许攸，抚掌欢笑，携手共入，操先拜于地。攸慌扶起曰："公乃汉相，吾乃布衣，何谦恭如此？"操曰："公乃操故友，岂敢以名爵相上下乎！"攸曰："某不能择主，屈身袁绍，言不听，计不从，今特弃之来见故人。愿赐收录。"操曰："子远肯来，吾事济矣！请即教我破绍之计。"攸曰："吾曾教袁绍以轻骑乘虚袭许都，首尾相攻。"操大惊曰："若袁绍用子言，吾事败矣。"攸曰："公今军粮尚有几何？"操曰："可支一年。"攸笑曰："恐未必。"操曰："有半年耳。"攸拂袖而起，趋步出帐曰："吾以诚相投，而公见欺如是，岂吾所望哉！"操挽留曰："子远勿嗔，尚容实诉：军中粮实可支三月耳。"攸笑曰："世人皆言孟德奸雄，今果然也。"操亦笑曰："岂不闻兵不厌诈！"遂附耳低言曰："军中止有此月之粮。"攸大声曰："休瞒我！粮已尽矣！"操愕然曰："何以知之？"攸乃从袖中取出操与荀彧之书以示之曰："此书何人所写？"操惊问曰："何处得之？"攸即将所获实情相告。操执其手曰："子远既念旧交而来，愿即有以教我。"攸曰："明公以孤军抗大敌，而不求急胜之方，此取死之道也。攸有一策，不过三日，使袁绍百万之众，不战自破。明公还肯听否？"操喜曰："愿闻良策。"攸曰："袁绍军粮辎重，尽积乌巢，今拨淳于琼把守，琼嗜酒无备。公可选精兵诈称袁将蒋奇领兵到彼护粮，乘间烧其粮草辎重，则绍军不三日将自乱矣。"操大喜，重待许攸，留于军中。

次日，操自选马步军五千，准备往乌巢劫粮。张辽曰："袁绍屯粮之所，安得无备？丞相未可轻往，恐许攸有诈。"操曰："不然，许攸此来，天败袁绍。今吾军粮不给，难以久持；若不用许攸之计，是坐而待困也。彼若有诈，安肯留我军中？且吾亦欲劫寨久矣。今劫粮之举，计在必行，君请勿疑。"辽曰："亦须防袁绍乘虚来袭。"操笑曰："吾已筹之熟矣。"便教荀攸、贾诩、曹洪同许攸守大寨，夏侯惇、夏侯渊领一军伏于左，曹仁、李典领一军伏于右，以备不虞。叫张辽、许褚在前，徐晃、于禁在后，操自引诸将居中，共五千人马，打着袁军旗号，穿着袁军服装，黄昏时分，从小道绕行，人衔枚，马勒口，军士皆束草负薪，望乌巢进发。

是夜星光满天，曹操领兵夜行，前经过袁绍别寨，寨兵问是何处军马。操使人应曰："蒋奇奉命往乌巢护粮。"袁军见是自家旗号，遂不疑惑。凡过数处，皆诈称蒋奇之兵，并无阻碍。

及到乌巢，四更已尽。操叫军士取出束草四周放火，鼓噪直入。时淳于琼方与众将饮了酒，醉卧帐中；闻鼓噪之声，连忙跳起问："何故喧闹？"言未已，早被挠钩拖翻。眭元进、赵睿运粮方回，见屯上火起，急来救应。曹军飞报曹操，说："贼兵在后，请分军拒之。"操大喝曰："诸将只顾奋力向前，待贼至背后，方可回战！"于是众军无不争先掩杀。一霎时，火焰四起，烟迷太空。眭、赵二将驱兵来救，操勒马回战。二将抵敌不住，皆被曹军所杀，粮草尽被烧绝。

袁绍在帐中，闻报正北方火光满天，知是乌巢有失，急出帐召文武各官，商议遣兵往救。张郃曰："某与高览同往救之。"郭图曰："不可。曹军劫粮，曹操必然亲往；操既自出，寨必空虚，可纵兵先击曹操之寨；操闻之，必速还：此孙膑围魏救赵之计也。"张郃曰："非也。曹操多谋，外出必为内备，以防不虞。今若攻操营而不拔，琼等又被俘，吾属皆被擒矣。"郭图曰："曹操只顾劫粮，岂留兵在寨耶！"再三请劫曹营。绍乃遣张郃、高览引军五千，往官渡劫击曹营；遣蒋奇领兵一万，往救乌巢。

曹操杀散淳于琼部，尽夺其衣甲旗帜，伪作淳于琼部下收军回寨，至山僻小路，正遇蒋奇军马。奇军问之，曹军称是乌巢败军奔回，奇遂不疑，驱马径过。张辽、许褚忽至，大喝："蒋奇休走！"奇措手不及，被张辽斩于马下，尽杀蒋奇之兵。又使人当先伪报袁绍云："蒋奇已杀散乌巢敌兵了。"袁绍因不复遣人接应乌巢，只添兵往官渡。

却说张郃、高览劫击曹营时，左边夏侯惇，右边曹仁，中路曹洪，一齐冲出，三面同时反攻，张郃、高览不敌而退。比及曹操又率接应军从背后杀来，四下围住掩杀。张郃、高览拼死夺路走脱。

乌巢粮草被烧光的消息传到袁军前线，袁军军心涣散。原来反对张郃用重兵救援乌巢主张的郭图等害怕袁绍追究自己的责任，就在袁绍面前说张郃为袁军失败而高兴。张郃遭到谗言诬陷，既气又怕，便与高览一起焚毁攻战器具，投降曹操。这使得军心已经涣散的袁军如沙堆崩塌，危房散架，顿时瘫痪四散。袁绍见局面已无可收拾，仓皇带领残兵败将退回河北。就此，官渡之战以袁败曹胜而告终。

听完官渡之战，大家如余音绕梁，回味无穷。大家终于明白，袁绍近百万大军原是如此败北的！

讲者讲完官渡之战，欲收摊，又似言犹未尽，见大家未动，接着又讲道：

曹操在官渡打败袁绍以后，袁绍的大量辎重、珍宝、图书都落到曹操手里，其中就包括曹操手下一些人暗地里写给袁绍的书信。白纸黑字，铁证如山，但凡与袁绍有过书信来往的人，无不提心吊胆，惶惶不可终日！然而，曹操却下令将这些书信全都付之一炬。曹操说：袁绍强盛的时候，连我都自身难保，何况大家呢！这话说得多贴心！不说那些心怀鬼胎的人疑窦冰释，便是没有什么瓜葛的人，也会为曹操的宽宏大量和设身处地地为别人着想的高尚情操所感动。

细想起来，这事处理得是多么高明！因为在胜败未决又敌强我弱的情况下，谁不想给自己留条后路呢？那时，这样的人一定不在少数，如果都一一追究，那岂不打击面过大，树敌过多？统统不追究，连证据都予以销毁，大家放心。这样，那些心怀鬼胎的人，就会由仇己变为亲己；而那些原本是自己的人，则更会忠心耿耿！这难道不比正在用人之际的袁绍把谋士许攸推给对方高明百倍吗！

这里曹操表现的是政治家的雄才大略。他深知，无论政治斗争还是军事斗争，最重要的凭据是正义，最重要的资源是人才。要吸引人才，首先要以诚待人，其次要以信取人，最后还要以仁德之心宽容人。这样才能得人心，得人心才能得天下。曹操懂得这个道理，天下势在必得。

而袁绍既目光短浅，又心胸狭窄。官渡之战前，他的谋士田丰再三劝阻他不要贸然出兵，袁绍不但不听，反倒把他关了起来。后来兵败的消息传到邺城，有人到狱中探视田丰，说：这下老兄可要被重用了。田丰却摇了摇头说，我可是死定了。果然，袁绍一回到邺城，立即杀了田丰。

田丰真可谓知人知心料事如神。他太了解袁绍的为人了：志大才疏，表面上宽厚儒雅，心底里猜忌刻薄。如果打了胜仗，心里高兴，还有可能释放田丰出狱，一方面显示他的宽宏大量，另一方面田丰可以当他的反面教材，来证明他的英明伟大。打了败仗，恼羞成怒，便一定会迁怒别人，拿别人的人头来给自己出气。这样的人怎么能得人心，怎么会胜利？

司马懿听到这里，虽然官渡之战的结果出乎他的意料，但对曹操却有了更新的认识，并且心中已隐隐地认为曹操就是骥，应该依附于他；对他的过错也该拿他待人的态度来对待他。

这时又听讲者道：

公元197年，盘踞在宛城的张绣向曹操投降。曹操兵不血刃，就获得了南征的胜利。在推杯换盏、弹冠相庆之中，不免有些飘飘然，行为失控，强纳张绣的婶婶为妾，让张绣感到屈辱；接着又拉拢张绣的贴身部将胡车儿，又使张绣感到威胁。于是，张绣用谋士贾诩之计，突然反叛，在曹操猝不及防的情况下，把他打得落花流水。长子曹昂、最贴心的亲兵队长猛将典韦，还有一个侄子曹安民，均在这次战斗中身亡，曹操自己也在这次战斗中受箭伤。面对这次惨败，曹操并未诿过于人，更没有追究主张接受张绣投降的人，而是自己承担了责任。他对诸将说，我已经知道自己错在哪儿了，我下回再也不会犯这样的错误了。

公元207年，曹操北征乌桓大获全胜。回师的路上，走到冀州时，天寒地冻，荒无人烟，连续行军二百里不见一滴水，军粮也所剩无几，杀马数千匹以为粮，凿地入三十余丈乃得水。回到邺城后，曹操下令彻查当初劝谏他不要征讨乌桓的人，一一给予封赏。曹操说，我这场胜利，完全是侥幸。诸君的劝阻，才是万全之策。因此我要感谢诸位，恳请诸位以后还是有什么说什么，该怎么讲还是怎么讲。也就是在这一年，曹操发布《封功臣令》，说我起义兵，诛暴乱，于今已十九年了，战必胜，攻必克，征必服，难道是我的功劳？不！是全仗各位贤士大夫之力啊！

打了败仗检讨自己，打了胜仗感谢别人，而且感谢那些劝他不要打这一仗的人。这种胸襟与情怀，与袁绍打了胜仗归功于自己，打了败仗杀劝自己不要盲动的人。两相比较，真是天壤之别。正是这种非凡的气度和超人的品质，使他战胜一个又一个敌人和对手，凝聚了一个又一个勇将和谋臣，就连曾经背叛过他的张绣，也于199年再次向他投降。

张绣的第二次投降，也是贾诩的主意。当时袁绍要招纳张绣，张绣鉴于与曹操成仇，只好答应归附于袁绍，贾诩却主张去投靠曹操。张绣说："那怎么行，杀了他的爱子和爱将还去投靠他，那岂不是去送死！"贾诩说："不会的，他会欢迎我们去的。原因有三：首先，曹操奉天子以令诸侯，政治上占优势，投靠他名正言顺，这对天下人来说，此为有理；其次，袁绍人多势众，曹操人少势弱，我们这点人马，在袁绍那里微不足道，对于曹操却是雪中送炭，此为有利；最后，但凡有志于王霸之业者，一定不会斤斤计较个人恩怨，反倒会拿我们作为榜样，向天下人表示他的宽宏大量和以德服人，此为安全。"张绣说："是死是活，就在这一搏。好吧，我们去吧！"

他们去了，正如贾诩所说。张绣一到，曹操就亲亲热热地拉着他的手，引入客厅，为他设宴洗尘，并立即任命张绣为扬武将军，封列侯。为了进一步表示他的诚意，曹操还为自己的儿子曹均娶张绣的女儿为妻，两人成了儿女亲家。从此，张绣成为曹操麾下一员勇武的战将，贾诩则成为曹操身边一个重要的谋臣。

司马懿抚掌，沉思："难怪他的勇将如云，谋士如雨呢！"

讲者意尽言止，收拾东西准备走人。司马懿立即去掉刻板的沉思，换上一副鲜活的略带微笑的面容上去，先鞠躬后与讲者握手，以表达他对讲者的崇敬与感谢之心。

此时，他对曹操已是心仪所向了，但是在仍然纷乱的局势面前，为

"达于去就之理"，他要"审乎治乱之势"。于是他本着儒家"读书可为帝王师"的训导，边读书边观察边作等待。并且继官渡之战之后，仍将曹操所行之大事——访问记录在案：

建安六年（公元 201 年），曹操击败刘备，迫使刘备再次向南逃亡。

建安七年（公元 202 年），曹操再次进军官渡。五月，袁绍病死，袁尚继位。袁尚的大哥袁谭，自称车骑将军，二哥袁熙为幽州刺史。曹操趁袁绍病死，渡过黄河进军河北。袁谭、袁尚连败而逃。为转变败局，袁尚命令高干裹挟河东太守郭援和匈奴南单于从右翼南下河东，河东郡的郡吏贾逵（贾充之父）被捉，被放进土窖，后被侠士祝公道救出。曹操派遣钟繇说动陕西马腾相助，在平阳城下马超的校尉庞德，击杀郭援受降南单于。

建安八年（公元 203 年），曹操再次进军河北，打败袁谭、袁尚之后，曹操听从郭嘉之谋，暂时放弃对二袁的进攻，等待他们之间的内讧，转兵南下荆州进攻刘表。果然在曹操南下之后，袁尚和袁谭就发生了争斗。袁谭派辛毗向曹操求救，曹操随即与袁谭和解，并为儿子曹整聘袁谭之女为妻。

建安九年袁尚再次出兵平原，攻击大哥袁谭。曹操乘虚攻破袁尚老巢邺县，袁尚被迫北上投奔二哥袁熙。高干慑于曹势投降。击败袁尚之后，曹操立马翻脸，指责袁谭背约，并送还了袁谭之女。

建安十年，曹操击杀袁谭。袁熙部将焦触、张南叛归曹操。袁熙、袁尚逃奔辽西乌桓。高干唇亡齿寒，又叛变曹操。

建安十一年（公元 206 年），曹操亲上太行，平定高干。乃兼并河北、山西一带。开始开凿运河，准备消灭乌桓。

建安十二年（公元 207 年），曹操长途奔袭，大破乌桓，斩蹋顿，胡人、汉人投降二十余万人。辽东公孙康杀袁熙、袁尚迎降，便兼并了辽东、辽西及胶东。统一了北方大片土地。

司马懿服了。他对这个在乱世中讨董卓、伐袁术、杀吕布、降张绣、战袁绍、平乌桓、灭刘表、驱孙权、定关中的曹操服了！对这一位统兵率将，跃马横刀，驰骋疆场，好一个空前绝后的大将军曹操彻底地服了。他认为曹操不仅是地上跑的骥，而且还是天上飞的大鹏，跟着他不仅可以驰骋千里，而且可以冲上云天。但该不该附他，他在心中仍时左时右，尽管他做过决定，他要对他的过错也该拿他待人的态度来对待他，但是他毕竟杀人太多。这"太多"二字时时在他心中冒出，影响他决心依附于他。

就在他是依附曹操还是不依附曹操的犹豫不决中，时间以坚定不移的步伐，携风带雨地来到建安十三年（公元208年）。

这一年，对司马懿来说，是不同寻常的一年，是值得纪念的一年，更是值得司马氏子孙顶礼膜拜的一年。

因为在这一年，曹操由"自为司空"又"自为丞相"了。这时他想起了这位架子大的司马懿，于是又派人去辟召。这时候，曹操已经知道他上次并非真瘫，于是吩咐这一次被派去的人："倘若他再不肯来，就将他绑了来。"

司马懿是一个聪明人，他虽然对曹操有顾虑，但他反复比较过，附骥曹操比附骥其他任何人都强。再说上一次耍花招拒绝过一次，这次故技不能重演；人家上门来要你去，不是请也是请，不能敬酒不吃去吃罚酒。于是就了结了犹豫，决定依附于曹操。

犹豫不定的问题，终于确定了。说喜吗？又像不喜；说忧吗？也似像不怎么忧。说他似惴惴不安，倒有点像。这是因为他的期望值不低，但起步却如此不高。他挽了一个不起眼的包包，随来者去了。

他的妻子张春华倚间而望他悠悠远去的样子，想到他要去号称奸雄曾杀过许多人的曹操手下干事，不知他将来是死是活是否还能回来，不禁潸然泪下。要知后事如何，请看下章。

第三章 >>>

好风凭借力　无翅亦腾空

（一）

司马懿来到许昌，曹操却不给他官做，而是把他当作晚辈看待，叫他与他的儿子曹丕在一起玩，一起住；陪王子，侍奉王子。

司马懿不仅没有拒绝，而且非常乐意。他觉得既然铁定依附于他，就让他任意驱使。因为他从他父亲那里懂得：上司最喜欢的是顺从的仆人，最爱提拔的也是顺从的仆人。更何况这陪的、侍奉的不是别人，是他的儿子！这"儿子"即是皇帝坯子，把这"儿子"侍奉好了，儿子喜欢，老子也会高兴，而自己的好处也就在其中了。司马懿不仅态度端正，工作也十分勤勉，夜以继日，甚至连割草牧马刷洗鞋子全都亲自去干。而且还干得很巧，很有办法，很招曹丕欢喜。

一天他和曹丕游玩到一座桥上，司马懿说："这河水好清亮，您这书包脏了，我来给您刷一刷。"曹丕说："夫子成天帮我做事我很感激你，但我希望的是你给我讲点什么。"司马懿说："大公子博览群书，什么都知道，不需要别人讲什么，倒是应该为您多做点什么，让您多出些时间看书。再说我一个茅庐粗人又能讲什么呢。"曹丕说："你就别蒙我了，今天你一定要讲。"其实司马懿早有所准备，见在桥上，他就想到他准备讲的一个故事。于是先问："叫我讲什么呢？""讲对我有益处的。""那好，请问大公子，你将来想做什么？"曹丕当然想做皇帝，现在正在争当太子，但这是不能说的。于是说："我又能做什么？将来能做一个像样的人臣就不错了！"于是司马懿说："要说最好的人臣是张良，我就讲一讲张良的故事。"

韩国少年张良，张良当时就是您这么大，为报灭国之仇，卖尽家庭财产，访求到一名刺客，在博浪沙刺杀秦始皇。不料，刺客误将副车当成秦始皇坐的车，错过了秦始皇，没有杀到秦始皇，反被秦始皇所擒，刺客为殉节触柱而死。刺客虽死，秦始皇的怒气未消，下令通缉刺客的幕后主谋。张良在这生死关头，更姓易名逃到下邳，在下邳结识各方豪杰，以待复仇之机。就在这一段时间里，一次张良在过下邳桥时，偶遇一个怪老头。这老头身穿麻布补丁衣服，趿拉着一双旧布鞋，跷着二郎腿，悠呀闲地坐在桥墩上观风景。待张良从他身边经过时，故意一抖腿，将鞋抖到桥下，并傲慢地喊张良："小子，呃！小子！我的鞋掉下去了，下去给我把鞋捡上来！"

张良一听很生气，但看在老人年迈的分上，还是下桥将鞋捡上来，放到老人的面前。老人又说："给我穿上。"张良想："既已把鞋捡上来了，再给老人穿上有何不可？"于是他又跪下给老人把鞋穿上。

老人看张良不但能忍辱下桥拾鞋，还能谦恭地跪下为他穿鞋，便赞赏其胸志，然后含笑而去。张良深感惊奇，望着老人远去。

一会儿，老人又返回道："孺子可教也！五日后清晨到此与我相会。"

张良觉得此老人举止不凡，便行大礼，跪下，双手作揖，说："是。"

五天后的清早，天刚发亮，张良急忙赶到桥上，谁知老人已站在桥上多时，对张良气愤地说道："与老人相会，为什么迟到？"于是不悦而去。临走时老人又吩咐说："五日后，再到此相会。"

五天后，张良在鸡鸣时即赶到桥上，可是又落在老人后面。老人又不悦地嘱咐说："五日后清晨再会！"

过了五天，张良在半夜之前就赶到桥上，待了一会儿，那老人才到，老人看张良先到，遂高兴地说："应当如此。"接着从袖中掏出一本书授给张良。

张良据此书辅佐汉高祖夺得了天下。成为有口皆碑的最贤良的丞相。

曹丕听得心驰神往，好半天才回过神来。问："这是一本什么书？""不知道。""不知道！你没见过？""没见过。我就只在民间听说过这个故事。""能找着这本书就好了。"

这之后，应曹丕之请，司马懿又讲了一则吕尚辅佐周文王的故事。这看似简单的哄小孩似的讲故事，再加上平时勤勤恳恳地做事，首先博得了曹丕的好感。曹操通过曹丕对司马懿的描绘和歌颂，也对司马懿产生了兴趣。他们父子俩都心照不宣地觉得司马懿不仅知道怎样才能当一个好人臣，而且肯定他将来会当一个好人臣。曹操首先任命司马懿做黄门侍郎，然后升之为议郎、丞相东曹"掾属"。接着就提升为丞相府的"主簿"。曹操这样做，当然是为了给自己培养一个好臣子。同时还有另一层的考虑：司马懿的父兄是他的集团中的可靠成员，吸收提拔了司马懿，不仅司马懿高兴，而且司马懿的父兄也高兴，这不仅增加了新生力量，而且也巩固了原有势力。

而司马懿当时讲那故事的真正目的就是想告诉曹操父子，他希望当一个像样的人臣，通过当一个一人之下万人之上的大臣来为国家效力，为司马家族争光。

通过如此近身接触，司马懿对曹操有了更深的了解，觉得曹操不仅在军事上胜人一筹，而且在治国理政方面也超过当时所有豪杰。

他这一看法首先是从曹操发布的命令中得出的。如：

1. 东汉末年，因豪强大族兼并土地和长期割据混战，农业遭受严重破坏，缺粮成了严重问题。他吸取秦人统一天下和汉武帝平定西域的经验，把"奖励耕战，强兵足食"作为他的"定国之术"。为此在建安元年（公元196年）和建安六年（公元202年）他颁布了"置屯田令"和"褒枣祗令"。在强兵的同时，实行屯田，很快就解决了他的军粮问题。

2. 曹操以前用兵用人，只赏功而不罚罪。后来在实践中他逐渐认识到"拨乱之政"应"以刑为先"。光奖不罚，罪恶难除。为加强赏罚，于是在建安八年颁布了"败军抵罪令"和"论吏士行能令"。在军队内明确规定，将军带兵出征，打了败仗要按律治罪，有严重损失的要撤职和削除封爵；在社会上批判取士不问实际才能，只凭门阀和虚名的"名教"思想；主张"唯才是举"和"食有能禄有功"。强调只有奖励有功劳有才能的人；惩罚有错误有罪恶的人，才能促进建功立业，才能强军强国。

3. 东汉时期各地豪强大族骄横不法，更有一些所谓四世三公的高门大户门生故吏满天下者形成特权集团，一面兼并土地，一面操纵舆论，颠倒黑白，混淆视听。下，盘剥百姓，民不聊生；上，拉帮结派，危及中央。为了打击豪强大族的专横跋扈，加强中央集权，减轻农民负担，促进农业生产的发展，于建安九年发布了"收租调令"。明令规定赋税的额度，不许擅自增加也不许偷税漏税。接着又专为清平社会风气，针对当时一些"名士"操纵舆论，偏袒同党，欺君罔上，攻击异己，矛头直指中央之种种，在建安十年又发布了"整齐风俗令"，有力地打击了豪强大族，清静了社会风气，加强了中央集权。

接着司马懿发现曹操的治国理政能力和打造他的根据地策略，在建安十三年（公元208年）以后更有新的发展和显著的突破。建安十三年以前以攻伐为主，治国理政也主要抓的是上层，其目的也是为军事服务。建安十三年以后才把重点转向防御，转向农村经济建设。

建安十三年，曹操率大军南征，打败刘备，攻破荆州后，又顺长江东下，企图荡平江南。

占据江东的孙权与刘备组成联军（兵力仅五万），与曹操隔江相持于赤壁（曹操兵力二十万，号称八十万）。到了冬季，一个刮着东南风的日子，周瑜使诈降计，好久未吃过亏的曹操中计，突遭火攻，大败而回。

经此失败，曹操明白，暂时不能解决孙、刘，从而改攻伐为防御。孙、刘乘机分别在东南和西南开疆拓土，与他形成三分天下之局面，三国确立。

赤壁之败，使曹操冷静地自视己方：使他看到他所占据的地方，都破坏得较严重。大量的人口死亡、流散，原来烟火相连、禾黍繁茂的情景，变为到处呈现白骨盈野，毛草漫漫的惨象。曹操触景生情，从而写下《蒿里行》诗："铠甲生虮虱，万姓以死亡；白骨露于野，千里无鸡鸣；生民百遗一，念之断人肠。"曹操知道，不努力恢复生产，把这种情况改变过来，他不只没有力量战胜蜀、吴，也害怕这个有农民斗争传统的地区，再生烟冒火，发生暴动。因此，曹操就将战略进攻改为战略防御，把主要精力放在恢复农业生产上，建设和巩固他的根据地。

以任峻为典农中郎将，加强执行他的"置屯田令"的力度，募百姓屯田。其中最大的行动是将湖北荆州的人民北迁至汝南（今河南上蔡）做屯田民。史颂这一措施"数年之中，所在积粟，仓廪皆满"。

在这一时期，司马懿观察到曹操在军事斗争中是你死我活，在政治斗争中是令出法随，残酷无情。但在日常生活工作中，实际是很洒脱很随和的一个人。

一次从外归来，司马懿跟在曹操身后。

曹操有一个老乡叫丁裴，爱贪小便宜，居然利用职权用自家的瘦牛换了公家的一头肥牛，结果被罢了官。曹操见到他，故意问："文侯呀，你的官印到哪里去了？"丁裴也嬉皮笑脸地说："拿去换大饼吃了。"曹操哈哈大笑，回过头来对司马懿说："毛玠多次要我重罚丁裴。我说丁裴就像会抓老鼠又偷东西吃的猫，留着还是有用的。"

曹操的这种爽朗的性格，对他的事业很有帮助。曹操第二次出仕不久，由议郎调去济南任济南相时，还在路上就遇到一个大场面：原山东城阳景王刘章有功于汉，当朝为其立祠，青州诸郡继而效仿。谁知此风一开，愈演愈烈。其中济南尤盛，建祠庙达六百余座；祠庙的建设费用不仅庞大，而且每年的祭祀活动更是热闹非凡：倡优艺人、侏儒小丑敲锣打鼓、鸣笙吹笛，载歌载舞，打逗戏谑在前开道；商贾和有钱有势的达官贵人假借郡守的仪仗，穿着郡守的服饰，骑着高头大马，坐着豪华的车辆，腰挎弓箭，手执大刀长矛，在后押阵。中间则是长长的农民队伍，抬着各种各样的祭品，到庙里祭祀。鬼哭神闹的谣言越传越烈，如此奢靡的祭祀活动，日甚一日。不仅使人民负担加重，而且误时误工，使田地荒芜，粮食减产，农民因此苦不堪言。

他似乎对歌舞很感兴趣也很娴熟一般，一遇到就自然而然地融于其中了。

他到这样一群的庞大队伍中，既不去骑高头大马，也不去坐豪华的车辆，更不化装，而是依然故我地穿着薄绸衣衫，戴着丝绸小帽，腰挂一个小包，投身于倡优艺人之中，和他们一起载歌载舞，打逗戏谑。由于他的洒脱随和，人们对他无话不说，这给他了解情况处理问题带来很大的方便。他虽然逢场作戏，嘻嘻哈哈，但了解到真相后，则不顾任何情面，义正词严，威不可挡，扬正抑邪，毁庙破祠。从而破除了奸邪鬼神之事，杜绝了淫祀，也减轻了农民的经济负担。

曹操在随和中有威严，同时在威严中也不乏情感。

袁绍是曹操儿时的朋友，由于权力斗争的驱使，变成政敌。后来由于斗争的深入，由政敌变成死敌，而且这死敌，先是一人敌，后来扩大到与袁氏一族相敌。当他杀死袁绍之子袁谭后曾下过一道命令，这命令令人不寒而栗：谁敢哭，连他老婆孩子一起杀！然而冀州别驾王修却公然违抗命令，赶到袁谭尸体边号啕大哭，还向曹操要求收葬袁谭的尸首。曹操厉目而视这个公然向他挑战者。王修毫无惧色，擦干眼泪，从容地说："我受袁家厚恩，不能不报。等我收尸后你再杀我，我死而无憾！"曹操大为感动。对部下说："这真是一个义士呀！"不但未杀王修，还任命他为司金中郎将。

他虽然是一个英雄豪杰，他动情时甚至远远超过妇人。他的谋士郭嘉英年早逝，他悲痛得死去活来。他给朝廷上表，给荀彧写信，同荀攸等人议论郭嘉时，每每痛哭流涕，声泪俱下，说："郭嘉生平三十八年，跟着我就有十一年，那些艰难困苦的日子，全都是他和我一起硬挺过来的。那都是千钧一发的艰险呀！我自己都拿不定主意，奉孝却当机立断鼎力玉成。只有他，最知道我的心愿呀！诸位和我都是同辈人，只有奉孝最年轻，我原本是要把后事托付给他的，谁知道他竟先我而去！奉孝其实是知道危险的，他身体不好，南方又多瘟疫，因此常说要是到了南方，只怕就不能活着回来了。可是为了和我共渡难关，他还是硬挺着去了。这样一份情义，如何叫人忘得了！如今，我虽然为他请了功，讨了封，可这对一个死了的人来说，又有什么用，有什么用啊！天下相知的人是这样的少，好容易有了一个又弃我而去。苍天哪，你叫我怎么办，怎么办呀！"这样发自肺腑的真情实意，谁见谁能不感动！

甚至对背叛了自己的朋友，曹操也很看重当年的情谊。陈宫于曹操有知遇之恩，曹操出任兖州牧，即是陈宫鼎力推荐。后来因他报父仇在徐州杀人而离开曹操投奔了吕布，而且死心蹋地地帮吕布杀曹操，被俘以后，也死不投降。曹操便叫着他的字说："公台，你死了不要紧，你的老母亲可怎么办呀！"陈宫长叹一声说："陈某听说以孝治天下者不害人之亲，老母是死是活，全在明公您了。"曹操又问："你的老婆孩子又怎么办呢？"陈宫又说："我听说施仁政于天下者不绝人之后，老婆孩子是死是活也由明公看着办了。"说完头也不回，昂首就刑。曹操流着泪为他送行。陈宫死后，曹操赡养了他的老母，还为他女儿出了聘，对他们家比当初是朋友时还要好。

曹操为人情深意厚，处事平衡灵活，并行兼济。他在发展农业生产，建设根据地时仍不忘边防的巩固和后方的安全。为此，于建安十六年（公元211年）又转而经略西北。在这方面主要做了两件事：一、逐步消灭马超、韩遂等武装集团；二、笼络各部落的首领，修复以往的关系。建安十九年（公元214年），马超投蜀，次年韩遂被杀，便统一了西北。

另一方面对东吴和蜀汉，在贯彻其防御方针中，对几个防守和进攻都必要的战略要地，如南面的襄阳、樊城，东南面的合肥、寿春，西南面的汉中自始至终从未放松过。

建安二十年（公元215年），益州牧刘焉派张鲁驻守汉中。张鲁到达汉中后便宣布脱离刘焉，在那里建立了割据政权。汉中在陕西南部，是曹魏势力的西南边陲，也是进入四川的必经之地，战略位置十分重要。曹操认为，张鲁政权的存在，对他是一个威胁，决定征讨张鲁。

这次征讨张鲁，曹操仍然带着司马懿同行。当曹操大军逼近汉中，张鲁见势不妙，未开战便投降了。曹操带司马懿，是想司马懿为他做些服务，没想到他不仅服务做得好还向他建议："刘备以诈力虏刘璋，蜀人心未附，他却离蜀远去争江陵。此机不可失。今主公已取汉中，益州震动，乘势挥军大举南进攻蜀，一举可得也。圣人不能违时，但也不能失时也。"曹操战前没有这个计划，更没有这个思想准备，现在又沉浸在孙子所说的"不战而胜"的喜悦之中，听到此话于是说："人苦无足，既得陇右，复欲得蜀。"他没有听从司马懿的建议，司马懿也很知趣，也不再说什么。依然如故，勤勤恳恳为曹操服务。

曹操占领了汉中，虽然没有继续南进攻蜀，仍使刘备大为震惊。刘备的部下黄权对刘备说："失去了汉中，等于割去了蜀的四肢。无肢之蜀，非常危险。"刘备也深知汉中是重要的战略位置，决定把汉中从曹操手中夺回来。公元 219 年一战，曹操的一员大将夏侯渊在定军山战死，曹军的军粮因饥荒也发生困难，曹操被迫放弃汉中。讨张鲁的军事行动，曹操以先胜后败而告终。

这一结果，让曹操对司马懿不得不刮目相看。

一次曹操讨伐孙权胜利归还，孙权遣使乞降，上表称臣，陈说天命，劝曹操早日登基当皇帝。曹操则说："这小子想把我放到炉火上烤啊！"司马懿当时就在曹操身边，他也看到孙权的请降信和劝曹操当皇帝的劝进表。曹操不想当皇帝吗？他想当，而且他代汉称帝的条件也日臻成熟，他自己也曾说过："若天命在吾，吾为周文王矣！"他想当，条件也允许，可曹操坚持不当，这表现了曹操顾全大局，具有政治家的胸怀和远见卓识。因为他一旦称帝，就会成为众矢之的。他想当，却以理性控制自己的欲望，这正是他的高明之处。

司马懿深知曹操的矛盾心理，也深知他决定不当，更知道他不当这一决定是正确的，但为博取曹操好感，他还是劝曹操道："汉运垂终，殿下十分天下已有九，登基已水到渠成矣，权之称臣，天人之意也。虞、夏、殷、周不以谦让者，畏天命也！"曹操不会因这句话而去称帝，却因这句话更增加了对司马懿的好感。

这司马懿劝曹操当皇帝分明是拍马屁，但不是一般地拍马屁。一般地拍马屁，是献媚，是阿谀，其心理是虚伪，其态度是卑贱，其行为举止轻佻得会令人齿冷。司马懿这种拍马屁是一种真情实意，是有根有据，根据实在；是准确巧妙，巧妙得使人听后如甘泉入腹，如春风拂面。人，爱听提神的话，更需要别人的鼓舞。司马懿那段话巧妙到使曹操听来感到提神和受到鼓舞。

司马懿在曹操身边，服务曹操，学习曹操。边观察，边学习，边思考。当思考到万无一失时，便挽弓放箭，一矢中的地提出来。当他看到曹操自将攻略转为防御后，战争减少，军队闲置的较多，就由"农垦"

想到"军垦"，即向曹操提出"昔箕子陈谋，以食为首。今天下不耕者（指军队），盖二十余万，非经国远筹也。军队虽戎甲未卷（指仍在服役），自宜且耕且守"。曹操深以为是，当即采纳，让军队一边驻守一边耕种，于是农丰谷积，国用充足。自此，一个勤恳有加，才能过人，对自己忠心耿耿的司马懿，在他心目中树立起来。

而对号称才子的杨修逐渐怨恶，后来竟在抗蜀前线将杨修斩首示众。

在杨修前后被斩首的还有陈留人边让、沛相袁忠、沛人桓邵、老朋友许攸、娄圭和才子孔融、祢衡，甚至还有大名鼎鼎的崔琰等等。这些对曹操都是多多少少有功有恩的人，他们的死都令人唏嘘不已，对社会是一个很大的震动。有的大骂曹操；有的吓得胆战心惊；有的说曹操这人既是兼人，更是达人。武，雄兵百万；文，满腹经纶。心肠好，疑心重；板眼多，变化快；既柔情绵绵，又冷酷无情，叫人捉摸不定。侍候他比侍候虎还危险。

司马懿不惊不惧，冷静沉着：他认为最不该杀的是崔琰，他是老者、前辈、老师、智者、名人，他没犯错更没犯法，他对曹操有知遇之恩；杀而无憾的是祢衡，他虽然年轻，虽然有才，却太狂妄、太自私，他以前对人对社会无益，就是不杀他，以后对人对社会也不会有多少好处！对崔琰他上坟拜了又拜，泪流不止；对于祢衡他也上坟，死者为大嘛，不过只是颔首作了作揖。对于其他人，特别是对杨修、许攸、孔融三人的死因却作了仔细的了解和具体的分析：

杨修这人恃才放旷，数犯曹操之忌：曹操令人造花园，花园造成，曹操去看，看毕，只于门上书一"活"字，人皆不知其意。杨修说："门内添一'活'字，不是一个'阔'字吗？丞相是说门宽了！"众人恍然大悟。修改完，又请曹操来看，操大喜，问："谁知吾意？"左右曰："杨修！"操虽称美，心甚忌之。

又一日，有人送来一盒酥，操自写"一合酥"三字于盒上，置之案头。修见了，竟打开与众人将其全部分吃光了。操问其故，修答曰："盒上明书'一人一口酥'，所以才遵丞相之意分而食之。"操虽喜笑，而心恶之！

曹恐人暗害他，常吩咐左右："吾梦中好杀人，凡吾睡着，汝等切勿近前。"一日，曹操昼寝帐中，被落于地，一近侍忙将被拾起重盖到曹操身上。曹操一跃而起一剑将其杀死，接着又上床睡觉。半晌而起，惊问何人杀我近侍？众以实情相回，操痛哭不止，令厚葬之。人皆以为操果梦中杀人。唯修知其意，临葬时指而叹曰："丞相非在梦中，是君在梦中耳！"操闻而愈恨之。

操第三子曹植爱修之才，常邀修谈论，终夜不息。操与众商议欲立植为世子，曹丕知之，密请朝歌长吴质入内府商议，因恐有人知觉，乃将吴质藏于大簏，只说是绢匹在内，载入府中。修知其事径来告操，操令人于丕府门前伺察，第二日使者搜看，簏中却是绢。回报曹操，操因疑修谮害曹丕，对修愈恶之。

曹欲试曹丕、曹植之才干，令各出邺城门；却密令门吏："无论任何人都不准放出。"曹丕先至，门吏阻而不让出，丕只得退回。而植出前，向修问计，修曰："君奉王命而出，如有阻挡者竟斩之可也。"植然其言，及至门，门吏阻住不让出。植叱曰："吾奉王令，谁敢阻挡！"立将门吏斩之。于是曹操以植为能。后有人告操，说此乃杨修所教也。曹大怒，因此也不喜曹植。修又尝为曹植列作答题，但凡曹操以军国之事问植，植每每对答如流，操心中甚是疑惑。后曹丕暗买曹植左右，将实情告操，操大怒："杨修匹夫竟敢欺我！"此时已有了杀修之心。

曹操屯兵于斜谷界口已久，欲要进兵，被马超所阻；欲要收兵回去，又恐蜀兵耻笑。心中正犹豫不决时，庖官送来鸡汤，操见碗中有鸡肋，因而有感于怀，正沉吟间，夏侯惇入帐问夜间口令，操随口曰：鸡肋！鸡肋，惇传令众官，称鸡肋为口令。当时任行军主簿的杨修见传口令为

"鸡肋"二字，便叫随行军士各收拾行装，准备归程。有人报知夏侯惇，惇大惊！遂请杨修至帐中问曰：公为何收拾行装？修曰：以今夜口令，便知魏王不日将退兵回归。鸡肋者，食之无肉，嚼之有味。扔之可惜，不扔又没意思。今进不能胜，退恐人笑，在此无益，不如早归：来日魏王必班师也，故先收拾行装，免得临行慌乱。夏侯惇曰：公真知魏王肺腑也。遂亦收拾行装，于是寨中诸将无不准备归程。当夜曹操心乱不能稳睡，遂绕寨私行，只见夏侯惇寨内军士都在准备回程行装。操大惊，急回帐召惇问其故，惇曰：主簿杨修先知大王欲归之意。操唤杨修询问。修以鸡肋之意对。操大怒以极，积怨迸发，曰："汝怎敢造言乱我军心！"当即喝令刀斧手推出斩首。并将首级悬于辕门外，以警示他人。

　　杨修胸中并无大计，尽耍一些小聪明；城府浅薄，又爱卖弄。你爱卖弄你卖弄罢了，偏偏又累累针对曹操卖弄，处处想显得比曹操还高明。这既是狂妄，又是找死！在那个时代首领就是果，就是树巅上的日头，就是金光闪闪，光芒四射的居高临下的首领，你想超过他，盖住他的光亮，他不杀你，你叫他怎么立威！他不杀你，你叫他怎么去驾驭他的部下！何况他不是一般的首领，而是无冕之王，不是皇帝的皇帝！

　　相对杨修而言，许攸、孔融之死对他教训更深刻。

　　许攸这人既恃旧，又恃功，一直对曹操不那么恭敬客气，常常当着众人面同曹操开玩笑，甚至直呼曹操的小名说：阿瞒呀，没有我，你就得不到冀州了。曹操表面上笑着说：是呀是呀，你说得对呀；心里却恨得咬牙切齿。许攸恃旧恃功，常常如此；曹操怀恩在心，忍了又忍。后来曹操攻下邺城，许攸又指着邺城城门，对曹操身边的人说：这家伙要不是有了我，他就进不了这个门啦！常常如此，就是块石头，水滴石也穿！曹操再也忍不住了，于是便毫不犹豫地把他杀了。

　　前人早有箴言："忘功不忘过，忘怨不忘恩""伴君如伴虎""老虎屁股摸不得"，他却恃功自傲，越摸越上瘾！这不是把自己往老虎口里送吗？不死又待何时！

孔融，字文举，据说是孔子的第二十世孙。此人很聪明，小时被称为神童。十六岁时为保护受迫害的张俭，与哥哥孔褒争死而名满天下，被世人称为"义士"。三十八岁当了北海相。因他有才，曹操辟他做了建设大臣。谁知此人恃才傲物，谁都瞧不起。197年袁术称帝，曹操便想趁机杀掉与袁术有婚姻关系的太尉杨彪以报私仇。孔融听说后，立即去找曹操说："《周书》有云：'父子兄弟，罪不相及。'何况杨彪与袁术只是亲家！如今天下人敬仰您，只因为您明智仁达，办事公道。如果滥杀无辜，只怕天下人都要寒心。首先第一个，我孔融堂堂鲁国男子汉，明儿个就不来上班了！"曹操想想他说得也有道理，就不杀杨彪了。然而自此孔融就一直不放过曹操了，一有机会就找他的岔子，用讽刺挖苦和故意捣乱的方式来发泄他对曹操的不满。那年粮食奇缺，曹操为了节约粮食，下令禁酒，说酒可以亡国，非禁不可。孔融跳出来唱反调，说："天上有酒星，地上有酒泉，人间有酒德，酒怎么可以禁？再说自古以来就有因女人而亡国的，怎么不禁女人？"（曹操曾强纳张绣的婶婶为妾，曹丕曾把袁熙的妻子甄氏抢来做小老婆。）尖酸刻薄，扎心扎肺，让曹操恨之入骨。不仅如此，他还攻击曹操的政治路线和政治纲领，对曹操的每一重大决策都要反对，这就使曹操忍无可忍了。加上孔融和刘备的关系密切，曹操正好要去荆州对刘备用兵，留着这样的人在朝中如何放心得下，于是便决定在消灭刘备之前，先将孔融消灭。恰在这时孔融又大放厥词，说："父与子有什么恩？论其本意，不过一时情欲发作而已；子与母又有什么爱？就像寄放一件东西在瓦罐里，倒出来后就什么关系也没有了。"这是颠覆父母的狂言，否定父母养育之恩的疯话，是对以孝治天下的反动，不仅是不孝，而是大逆不道！曹操当即发布《宣示孔融罪状令》："融违天反道，败伦乱理，虽肆市朝（处死后虽陈尸荒野），犹恨其晚！"曹操一举将他杀害。不但该杀，而且还杀晚了！

此三人一个共同点：是曹操部下，却对曹操不尊重。三人都是否定上司，轻慢上司；不是把自己摆在上司之上，就是把自己摆在上司的对立面，顶撞上司，与上司作对。

曹操是一个在非常之时行非常之事的非常之人。他要专政，岂容别人天天说他的怪话？他要办事，岂容他的部下不来合作？

人对人都该相互尊重尊敬。昔者尊义章有言：以长幼而言，则齿也；以朝廷而言，则爵也；以贤愚而言，则德也。这就是说对长者、对长官，对德高望重之人要格外尊重！

孔子也有言："君子有三畏：畏天命，畏大人，畏圣人。"这是千百年为人之道沉积下来的铁律！他们不但不遵从，还反其道而行之！高行言微才是君子之道。他们却极尽口舌之能事！舌头是人之利器，也是人之祸害。"祸从口出"，许多是非往往是我们多嘴多舌造成的。恶狗伤人，主人为了管好恶狗，把狗放在院子里，外面用桩密密筑成一圈篱笆把狗圈住；舌头即如恶狗，上天为了帮我们管好舌头，在外也栽了一圈篱笆，这就是牙齿。一圈牙齿把舌头圈得紧紧的。不仅栽了一圈牙齿，还反复教导我们说："好众辱人者殃，慢其所敬者凶""轻上生罪，侮下无亲"！

司马懿本是非凡之辈，为人处世深藏若虚。他分析研究了这些人之后，他给自己定下了一条行为密旨：审时度势，察言观色，谨言慎行。

史上对于一个人物的臧否，没有超过曹操的。对曹操的臧否，大都是贬中有褒，如南宋洪迈。他说："曹操为汉鬼蜮，君子所不道，然知人善任使，实后人所难及。荀彧、荀攸、郭嘉皆腹心谋臣，共济大事，无待赞说。其余智效一官，权分一郡，无小无大，卓然皆称其职……张辽走孙权于合肥，郭淮拒蜀军于阳平，徐广却关羽于樊，皆以少制众，分方面忧。操无敌于建安之时，非幸也！"这里不仅仅说曹操爱才，更主要是歌颂曹操知人善任。这种贬中有褒，不难看出，褒是大于贬的。

中国戏曲舞台上，长期固定地给他一张大灰脸的反面形象，以及唐朝李世民说的"朕常以魏武帝多诡诈，深鄙其为人"的一句话，都有助于我们了解史上是如何臧否曹操和我们应该如何认识曹操。

（二）

建安二十二年（公元217年）四月，曹操称魏王，用天子旌旗，魏国作为一个汉王朝的国中之国，正式建立起来。这时谁为世子提上议事日程。

司马懿当然希望曹丕当世子，但他只默默地为曹丕办事，却不置一言。理由是这是曹家的家事，他不便插言；实际是，他看到这里面的变数很大，曹丕当不当得成世子，他还拿不准，拿不准的事他从不插言。他知道他的身份，更知道他所处的境况，他必须谨慎从事。

曹操有二十五个儿子，长子曹昂在随曹操南征张绣时被射死。曹昂死后曹丕在诸兄弟中就成为长兄了。在曹氏诸兄弟中，除曹丕、曹彰、曹植、曹熊是被立为正室的卞夫人所生外，其他都是庶生。而庶生子，一般是没有资格立为世子的。因此按照嫡长子继承的传统制度曹丕在争立世子的过程中，具有最为优越的条件。

同时曹丕文才武略也为世人瞩目：曹丕四岁就开始学习骑马射箭，自幼跟随父亲，过着一种戎马生活。建安二年（公元197年），那次曹操遭到张绣围攻，曹操的勇将典韦战死，长子曹昂和侄子曹安民均被射死的情况下，而年仅十一岁的曹丕竟能乘马逃脱，可见此时的曹丕就已是一个善于骑射的英俊少年了。曹丕年轻时，不仅时常驰骋射猎狡兽猛禽，使弓不虚弯，而且也擅长剑术，曾拜师于河南人史阿，将剑术学得精熟。邓展擅长搏击，通晓五兵，能空手夺刃。曹丕曾与邓展在酒席间，以甘蔗作兵器，进行演练。数个回合中，曹丕三次击中邓展。邓展仍不服，于是重新交手。曹丕只一击，正中邓展之额。如果是在真的战场上，邓展肯定毙命了。所以在场饮酒观看的，都为曹丕的高超武艺所折服。

曹丕武艺高强，文学也极其精湛。这是受其父亲的直接影响。曹操的文学水平不仅高，也十分爱文学上的人才。只要是出类拔萃的人才，他都爱。陈琳曾替袁绍起草檄文，把曹操的祖父是宦官都挖出来臭骂，当时曹操气愤已极，誓把陈琳捉住千刀万剐。当他剪灭袁谭、袁尚后俘虏了陈琳，亲眼看到了骂他的那篇檄文时，却拍案叫绝，不但未千刀万剐，反而还把陈琳奉为上宾。曹操听说大文学家蔡邕多才多艺的爱女蔡文姬流落匈奴，马上派周近持玉璧将蔡文姬赎回。建安十三年（公元208年）曹操南征刘表又得到了久闻其名的王粲。于是邺城形成了一个以曹氏父子为首的文人集团。

曹丕和弟弟曹植，在爱好文学的父亲的影响下，自青少年时起就有很好的文学造诣。曹丕八岁便能写文章，建安八年（公元203年），年仅十七岁的曹丕，随父攻伐据于黎阳的袁谭、袁尚，途中赋诗记叙出征行军的雄壮场面："千骑随风靡，万骑正龙骧。金鼓震上下，千威纷纵横。"写得很有气势。

后来他又一直生活在当时聚集在邺城的孔融、王粲、陈琳、阮瑀、刘桢、应场、徐干、杨修、邯郸淳等才华横溢的文人之中，如鱼得水，诗文大长。

曹操连年在外征伐，常以曹丕留守邺城。曹丕在公务之余，常与文友饮宴歌舞，赋诗唱和，隐隐领导着邺城文坛。曹丕深知战乱时期男女离别的痛苦，写出了有名的《燕歌行》：

秋风萧瑟天气凉，草木摇落露为霜。

群燕辞归鹄南翔，念君客游多思肠。

慊慊思归恋故乡，君为淹留寄他方。

贱妾茕茕守空房，忧来思君不敢忘。

不觉泪下沾衣裳。

援琴鸣弦发清商，短歌微吟不能长。

明月皎皎照我床，星汉西流夜未央。

牵牛织女遥相望，尔独何辜限河梁。

这首诗属乐府"相和歌"类，"相和歌"多写离别之情，这首诗也是如此。前四句以物候节令起兴，由霜飞木落、燕归鹄飞引出所思不归。次五句写思妇想到丈夫此时在外思家及自己独守空闺的忧伤。后六句先写思妇鸣琴诉哀，夜不能寐，接着极力描绘深秋月夜环境，烘托思妇复杂丰富的内心世界，并借牛女不能相会，表达孤寂与哀怨。诗以音节和谐，委婉曲折；清丽哀婉，如诉如泣见长，表现出了曹丕的笔力不凡。而且这是有史以来的第一首七言诗，其开创之功，不可埋没。他的《黎阳诗》是六言体，也是前无先例。而《大墙上蒿行》则开创长句长篇之首，全诗三百六十四字，句子长者达十三字。

曹丕的诗多很通俗，像《善哉行》："高山有崖，林木有枝。忧来无方，人莫之知。人生如寄，多忧何为？今我不乐，岁月如驰。"这些句子如同口语，代表着一种健康的现实的诗歌创作倾向。

他不仅写诗写赋，还写论文。指出文章是"经国之大业，不朽之盛事。"提出文应"以气为主"的论点。反对文人相轻，贵远贱近，提倡"审己以度人"。为建安七子发展文学铺平了道路，促进了建安文学的兴盛和"建安风骨"的形成。

建安十六年（公元 211 年），曹丕被封为五官中郎将以后的数年间，文学名士间的往来尤其密切。五官中郎将府一时宾客如云，名流如鲫。

除孔融因时与曹操龃龉被曹操所杀，曹丕与建安七子中的其余六子王粲、陈琳、阮瑀、徐干、应场、刘桢经常在一起，赋诗作文，唱和酬答，欣赏奇文，相析异议。

这一时期可说是建安文学的繁盛时期，建安文人的力作，多出于此。王粲的《七哀诗》，阮瑀的《驾出北郭门行》，曹植的《送应氏》《白马篇》，刘桢的《亭亭山上松》，均为传世佳篇。曹丕的抒情散文《与朝歌令吴质书》，也为世人称道。大家都是多次从军征伐的人，满眼看不尽的离乱，因此，下笔多很悲凉。而蔡文姬的《悲愤诗》读来更觉断肠。但这也恰好形成了建安文学的特点：贴近现实，悲凉慷慨，有一种来自生活的军旅雄健之声和清凉豪壮之气。——这即是建安七子创建的建安风骨！在乱世中有这种特点这种成就，毋庸置疑，这与曹氏父子，特别是曹丕的引领是分不开的。

尽管如此，曹丕仍然武不敌兄弟曹彰，文更不敌曹植。而且在他兄弟中最为其父看好的是他异母小弟曹冲。

曹冲聪明过人，五六岁时已经有了成年人的见识和智慧。有一次孙权送来一头大象，曹操想知道象的重量，因当时没有大秤，于是询问群臣如何才能得知，众人都想不出办法，这时年幼的曹冲说："可以把大象牵到船上，然后在船上贴水面处刻上记号。再把象从船上牵下来，往上放石头。石头一块块地往上放，等把船压到刻线与水相平，然后再去称石头。石头的重量，就是大象的重量。"这即是史上曹冲称象的出处。

曹冲不仅聪明过人，而且还有一颗善良的心。当时战乱年代，刑法严峻，不少人因犯了小罪过而被处死。曹冲每见到犯罪受刑的人，就前去探询，了解其中是否有冤情。对于那些平时勤勉而因某一过失触犯刑律的将吏，曹冲经常替他们向曹操陈述，代为请求宽刑。经曹冲辩明冤情而免遭杀戮的有几十人。因此曹操经常对群臣称赞曹冲，说他既才智明达，又有仁爱之心，并且容貌俊美，一表人才，有让曹冲继承事业之心。不过，这位小兄弟的寿命不长，建安十三年（公元208年）曹冲十三岁，便得病死去。曹操十分悲痛。曹丕劝曹操不要过分悲伤，曹操说："这是我的不幸，却是你们兄弟的大幸。"可见曹冲若在，继位问题别人都不需去想。

在立世子的问题上，曹丕绕过了曹冲后，最大的竞争对手，就是三弟曹植了。曹植也是能文能武，胸有大志；且论才思敏捷，比曹丕有过之无不及。建安十五年（公元210年）曹操在邺城（河北临漳县）筑铜雀台。曹操率诸子登台，令他们各自作赋。曹植年仅十九岁，挥笔立成。而且文词隽永耐读。曹操很是惊异他的才华，而且平时每每问他军国大事，他都能对答如流。因此特别受到曹操的宠爱。

曹植不仅在文才方面以绝对优势超过曹丕，而且他的人缘好，帮他出主意的特别多。

曹操为了观察曹丕与曹植的能力，令曹丕与曹植各从邺城一城门出去，同时又密令守门官吏不准放走任何人。曹丕来到城门，没法出去，只得怅然而返。曹植因有杨修帮他出主意，他出城时，遇到门吏阻挡，他一刀将门吏斩了，然后飘然出城。曹操因此认为曹植比曹丕有能力。

实际上曹丕身边也有一批人相帮。曹操一次出征时，曹丕、曹植都在路边送行，曹植称颂曹操的功德，预祝父王克敌制胜。文思敏捷，出口成章。左右的将佐都凝神倾听，曹操也很高兴。曹丕却没有这样的才思，在那里怅然若失，默然不语。这时吴质悄悄告诉曹丕："等魏王开始走时，你流涕哭泣就是。"等到曹操走时，曹丕一边哭着，一边跪拜，祝愿父王与将士平安，曹操及左右将士也都叹息。于是大家都认为曹植只是能说会道，辞语华丽而已，但论心地诚实仁厚却不如曹丕。

面对曹植争立世子的威胁，曹丕问深有谋略的太中大夫贾诩，如何才能巩固他的长子地位。贾诩告诉他要宽厚仁德，奉行仁人志士简约勤勉的精神，朝夕兢兢业业，不要违背做长子的规矩。曹丕听了他的话，时时注意他的修养，深自砥砺，使曹操对他的看法越来越好。而曹植则任性而为，饮酒无度，行为不检点，又不注意掩饰，多次犯了曹操的禁忌，使曹操对他越来越失望，从而动摇了对他"诸子中最可以定大事"的看法。一天，曹操屏退左右就立世子事单独征询贾诩的意见，贾诩只是笑，并不回答。曹操说："问你问题，你不回答，这是为什么？"贾诩说："我现在正思考一件事，因此不能马上回答。"曹操问："你想什么？"贾诩答："我正想着袁本初、刘景升父子的事呢。"曹操大笑，于是立世子的事在他的心中就最后敲定了。贾诩虽然没有明说，实际是提醒曹操：如果像袁绍、刘表那样废长立幼，难免日后诸子纷争，内乱不休。这正好触及到曹操的心事：如何使自己开创的基业传承下去，并且长治久安，这才是曹操最关心的。东汉建安二十二年（公元217年）底，曹丕三十一岁，终于被立为魏王世子。司马懿被曹操任命为世子中庶子，成了曹丕的属官，纳入魏国未来人才库中。他与吴质、陈群、朱铄为曹丕所钟爱，被称为"曹丕四友"。

曹操叫司马懿当正式的"太子中庶子"，和过去当黄门侍郎的内容差不多，都是与曹丕一起生活，侍候曹丕。不过当"太子中庶子"，与曹丕生活在一起更贴切一些，更正式一些。曹丕更把他当成自己人，常常邀他"参与机密"。他每次参与机密，都拿得出"奇策"来。因此越来越被曹丕信任。这就是说司马懿之所以被曹丕信任，是因为司马懿不仅仅有一种诚实诚恳，吃苦耐劳的牛马精神，而且还有过人的才智。才智过人加吃苦耐劳才是最有实力的人，最有用的人，最值得信赖的人。

司马懿做了曹丕的亲信，同时也保持了与曹操的接触。他做了世子中庶子不久，曹操就把他调回，放在自己身边当"军司马"。司马懿在"军司马"任上，常常向曹操有所献策。

公元221年，刘备在军师诸葛亮及大家相劝之下，自立汉中王。曹操闻知大怒："织席鼠辈，竟敢自立为王！吾誓灭之！"说完即传令，尽起倾国之兵，赴两川与汉中王决一雌雄。在左的司马懿谏道："大王不可因一时之怒，亲劳车驾远征。臣有一计，不须张弓搭箭，即令刘备在蜀自受其祸；待其兵衰力竭，只需一将出马，便可成功。"操闻之大喜，即问："仲达有何高见？"懿曰："江东孙权，以妹嫁刘备，而又乘间窃取回去；刘备借荆州，又占据荆州不还：彼此都有切齿之恨。今可差一舌辩之士，赍书往说孙权，使兴兵取荆州；刘备必发两川之兵救荆州。那时大王兴兵去取汉川，令刘备首尾不能相救，势必危矣。"曹大喜，即依计而行。曹魏与孙吴从而捐弃前嫌，言归于好，同时发兵夹击荆州。

西蜀细作探得曹操交结东吴，欲取荆州，即飞报入蜀。刘备忙请孔明商议，孔明曰："某已料曹必有此谋。可令云长先起兵攻樊城，使敌胆寒，自然瓦解。"

云长不辱使命，先轻取襄阳，直逼樊城，后使奇计，水淹曹操七军，斩先锋庞德，擒大将于禁，将樊城团团围定。

曹得消息大惊，慌忙聚文武商议曰："某素知云长智勇盖世，今据荆襄，如虎添翼。于禁被擒，庞德被斩，我军挫锐；倘彼率兵直至许都，如之奈何？孤欲迁都以避之。"司马懿又谏曰："不可。于禁等被水所淹，非战之故；于国家大计，本无所损。今孙、刘失好，云长得志，孙权必不喜；大王可再遣使去东吴陈说利害，令孙权暗暗起兵蹑云长之后，许事平之日，割江南之地以封孙权：则樊城之危自解矣。"

曹操即派使下江东令吴蹑云长后；孙权欣然应允，乘云长围攻樊城之时夺取了荆州。云长回救荆州又遭吴、曹夹击而败走麦城。这时不仅樊城危解，而且云长被吴所擒所害。

这一计多棒啊！想当初关羽在万军丛中斩颜良、文丑，带嫂寻兄过五关斩六将！关羽在他心目中，是至能至圣！当他对关羽千乞百留，没留住后，一听关羽二字，就心惊肉跳。从而关羽在他心中成为难解的一厄，现在被司马懿一计化解，这计是多么之高！

　　曹操对司马懿颂扬之余又猛一惊：想到打张鲁时司马懿劝他趁势进川他没采纳，结果反胜为败。后来司马懿又向曹操提出：荆州刺史胡修粗暴，南乡太守付方骄奢，不宜在边境任职。曹操未看出其中有什么不妥，未予警觉，及至蜀将关羽围曹仁于樊，于禁等七军皆没，胡修、付方果降关羽。使曹操对司马懿这种连连超越他的才干，有了深入的了解，同时对他也生了一种恐惧之心。他细观司马懿，觉得他有一种"狼顾"特征：身子不动，头可以转一百八十度。凡有这种"狼顾"特征的人，曹操认为，不仅瞻前顾后心计多，而且心术一定也很坏，会坏得像狼一样。曹操这个学问，是从看相书上得来的。有了这个看法而且还做过一个梦，梦见有三匹马，同在一个槽里吃草。曹操向来多疑：觉得这梦奇怪，"三马同一槽""三马同吃一槽""槽"即曹，这不是"三马吃一曹"或者说"三马啃一曹"吗，这预言什么？这不是预言司马懿和他的儿子司马师、司马昭，将要把曹家的天下吃掉啃掉吗！想到这里，曹操对司马懿更不放心了。他向儿子曹丕说："司马懿不是一个甘愿给别人当臣子的人；他会干涉到曹家的家事。"曹丕这时候早已被司马懿的"忠心"和"才智"迷住了，说："什么三马啃一槽，他有两个儿子，您有二十五个儿子，怎么只一曹呢！"不仅不遵照父亲的意思，去对司马懿疏远，反而替司马懿说了许多好话。

　　司马懿也觉察到曹操对自己颇不放心，到了他"猜忌和防范"之范围，也就是说司马懿也坠入曹操的危险之境地。但司马懿不怕也不慌，他冷静地客观地仔细地自我检查一番后，又请知心人帮他搜集他人对自己的评价。搜集的结果，否定的没有搜到，倒是搜集到不少的颂扬之词：

　　人们常说侍君如侍虎，尤其曹操这个"君"。他疑心又重，板眼又多，他更让人难于侍候。孔融、许攸、娄圭、杨修，皆是驰名人士，都在不经意之时死在曹操的屠刀之下，而司马懿却是不仅安然无恙，还得到曹操的好感和器重。究其底里：他有本事。经天纬地之事，他举重若轻；勤杂服务之事，他举轻若重。大事小事他都干，大事小事他都干得好。勤勤恳恳，认认真真；他满腹经纶不张扬；有本事有成绩不自诩；曹操本对他不放心，但他做得让他不得不对他放心。

司马懿看到这些颂扬之词，觉得既不能把它当成上马凳往上踩，也不能把它当成嘉冠往头上戴，只能用它提提神，加劲继续往前干。于是就更加在办公之时特别卖力，在服侍曹操上更加尽心。一天到晚办公，一直办到深夜。大家都睡觉了，他仍在灯火之下处理公事。公事处理完了，又去处理曹操的私事。而且真是大事肯做，小事也肯做，奉了命令的事，他一定去做好，不曾奉到命令而似乎不妨一做的事，他也自动去做好。例如喂马、刷马、洒扫庭除一类的活，他就特别干得精心卖力。如此的小忠小信，司马懿不厌其烦，朝朝日日，夙兴夜寐，如仆侍主，莫此为甚。使得曹操渐渐感到自己的看相术可能有问题：这样的一个忠心耿耿、办事踏实的司马懿，也许没有什么不可靠的。结果，曹操也像曹丕那样，对司马懿放了心。

延康元年（公元220年）正月，孙权把关羽的首级送到洛阳，献给曹操。曹操接到以后，很快便旧病复发，头痛难忍，竟一命呜呼。

随着曹操突然丧命，司马懿的命运也一下子变得渺茫起来。

这时一些溢美之词载着讽美之意不胫而至：司马懿心明眼亮，揆理、究事、看人，都洞若观火。既像空谷藏峰那样神奇，又像溪水缓缓流淌那样清明平常。尽管如此，如果说他是一只大象，实质是一只蜡样的大象；如果说他是一只猛虎，不过是一只纸老虎；如果说他是晶莹剔透精明过人的哲人，不过是早晨草尖上一滴露珠！为什么？因为他手中无兵无权，是一只附骥的蚊蝇。

司马懿自己承认自己是一只附骥蚊蝇，是附在曹操、曹丕身上的蚊蝇。他只能靠骥生存。现在曹操驾鹤西去了，他只能靠曹丕而生存了。

但，曹丕虽然成为太子，能不能真正成为骥，其中文章仍玄而又玄。说白了，就是曹丕能不能继承曹操的大位！曹冲的关他已经绕过，曹植的关他也已经越过，问题在哪里呢？现在在他的二弟曹彰那里。

那曹彰更不是平平之辈，他虽然文才稍有逊色，但刚毅威猛的武艺过人。当时外地曾献来一只猛虎，其虎满身锦斑，身高如牛，吼声如雷，异常凶猛。装在铁笼子里谁也不敢走近，曹彰却上去，一把将老虎尾巴拽住缠在臂上，老虎耷拉着耳朵吼也不敢吼一声。众人都佩服曹彰的神勇。南越国献来一头白象，曹彰用手扯住象鼻子，象伏在地上连动都不能动一下。曹丕铸了一口千斤重的大铜钟，十多个壮士都抬不动，曹彰一人搬起来能小跑。他不但力大胆大，威猛过人，而且深谙兵法，连曹操在伐吴、蜀时也要问曹彰如何行军布阵。

曹彰常常领兵在外，曹丕主要留守后方，无论武功和军事指挥曹丕都比曹彰略逊一筹。更为要命的是，曹彰比较赏识他的弟弟曹植，而对兄长曹丕他却不怎么恭敬。曹操病重时，曾召曹彰回洛阳，大概是担心在自己病危时发生动乱，因而召回统率重兵的亲子以防不测。现在曹彰正统率十万大军日夜兼程在长安至洛阳的路上。

曹丕若不能成为骥，那司马懿这个蚊蝇就将成其为无皮之毛了，将首先死于曹丕的对手的屠刀之下。这一结局，他是哲人，他早心知肚明，他是那没帽子的光头，迟早不是晒太阳就得淋雨。因为你既然要在大道上行走，你就不能怕它晒，怕它淋，不然你就只有把你的光头掖到你的裤裆里！司马懿有了这样的心态，所以他就依照他的观察、他的想法从容行事：在曹操诸子明争暗斗，争夺太子中，司马懿始终没有发一言。只是默默地为曹丕做事，从精神上支持曹丕。这样曹丕也不反感，外边也抓不住把柄。现在曹丕当上了世子，曹操又突然死了，他看机会来了，尽管曹彰统率着大军正在回来的路上，他仍然毫不犹豫，立即抓住这一机会。

《晋书帝纪第一》上说司马懿："及魏武薨于洛阳，朝野危惧。帝纲纪丧事，内外肃然。乃奉梓宫还邺。"

这即是说：曹操突然病死于洛阳，王位空缺，世子又远在洛阳之外的邺城，这时是最危险的时刻，因此朝廷上上下下里里外外一片惊慌恐惧。司马懿抓住这一关键时机承办丧事，他沉着冷静地按照朝廷的规矩，把丧事办得合情合理，内外宾服。鉴于曹丕以魏国"王太子"的身份留守在邺城，他不管朝野舆论如何，他连夜把装殓曹操的棺柩运送到邺城，交给曹丕。为曹丕完成了这一关键的一着。这即是向世人宣告：曹丕才是曹操的真正的继承人！

灵枢到邺城，曹丕带领文武百官出城，迎接灵榇进城。文武百官哭作一团。这时兵部尚书陈矫大声说："先王驾崩，天下惶恐，世子应当节哀，先即位，以安民心。否则一旦有变，国家危险。"有人提出，按照规定，诸侯王崩，世子继位，须有皇帝封授的诏书。陈矫厉声说："现在非常时刻，岂能拘泥于常规！"陈矫的意见是对的，当时一听说曹操死，社会上已经有了混乱迹象，军队内部首先开始骚动，曹操赖以起家的青州军先自离散。不赶紧继承王位，使权位虚悬，时间一长，难免不出祸患。恰好这时御史大夫华歆自洛阳赶来。华歆也是拥立曹丕为世子的得力人物，他在洛阳逼着献帝下诏，封曹丕嗣位为丞相、魏王、领冀州牧。有了皇帝诏书，文武百官更加起劲，一天之内就把继位筹备齐全，扶曹丕继承了王位。

这时，曹彰带领十万大军自长安经洛阳亦赶到这里。他首先见曹植，对曹植说："先王让我回来是想让你继位的。"曹植说："不能这样做。你没见袁谭、袁尚兄弟吗？难道你也愿意我们兄弟相残吗？"这话很有分量，这话充分体现了曹植识大体，以国家民族为重的高尚品质。曹丕真应该把这位兄弟供奉起来，三叩九拜，可是曹丕以后对曹植是那样的相待，真叫人气愤，这也表现了曹丕的心胸狭隘。狭隘心胸，当然要以短命相报。

曹丕听说曹彰统率大军赶来，不免着慌。他深知这位黄须老弟的刚烈脾气，弄不好是会动武的，那他手中的魏王玺绶未攥热就有可能丢掉。其他官员也十分忧惧。这时谏议大夫贾逵挺身而出，说："让我出城去说他去。"

曹彰将十万大军在城外扎住，见前来迎接的贾逵，劈头就问："先王的玺绶在哪里？"贾逵沉下脸来严肃地说："国家早有了继大位的人，这难道你不知道？现在太子在城内已经继位，正在料理丧事。先王的玺绶，不是你这样的诸侯应该问的。"曹彰虽然威猛，但也还知道节与止。看来曹彰先是有滋事之意，经曹植识大体的一瓢冷水一泼，滋事之火早已灭去一大半，现在又经贾逵匹马单枪理直气壮豪气冲天的一番话，几乎消泄殆尽。特别听说"太子已经继位"，他知道，已经晚了，如不马上收手，即会落得臭名昭著。于是便不再作声，带领一批亲随跟着贾逵进城。贾逵又直如尖刀地问："你是来吊丧的，还是来争夺王位的？"曹彰说："我当然是来吊丧的。"贾逵说："你既然是来吊丧的，那你带这么多兵将进城干什么？"曹彰随着一声沉重的"吭！"滋事之意，才算彻底泄尽，无可奈何地挥了挥手，将跟在身后的一批亲兵亲将留在城外，自己只身一人进城哭拜父王。曹植、曹熊等兄弟也都赶来哭拜在父亲的灵前。

二月，曹丕兄弟与文武百官为曹操隆重出殡，将一代雄才曹操葬于高陵。

曹丕继承了曹操所遗留下来的魏国的王位与汉朝的丞相之职。司马懿被提升为"丞相府长史"，并且封为河津亭侯。司马懿这只蚊蝇又牢牢地附在曹丕的身上。

曹丕在奖励提拔拥立他登上王位的有功人员的同时，也开始贬抑曾给他带来很大威胁的兄弟。尤其是三弟曹植，所以他上台后，第一招就是杀丁仪、丁廙兄弟，与两家的所有男人。这两丁与曹植的关系，就如同司马懿与曹丕的关系。曹植他不好杀，就杀两丁。杀两丁，既解恨，又削弱了曹植的力量。司马懿为此感叹不已，庆幸自己走了好运，如果不是曹丕战胜了曹植，而是曹植战胜了曹丕，他的命运岂不如两丁了！

曹丕继位后，他对外平定武威、酒泉和张掖的叛乱，从刘备手中收复上庸郡；对内积极调节曹氏与士族之间的矛盾，果断采取陈群的意见，确立九品中正制，成功缓和了曹氏与士族的关系，取得了他们的支持：为称帝打下了基础。到当年十月，即逼迫汉献帝禅位，他终于坐上了他父亲曹操早已为他打造好的皇帝宝座，定国号为大魏，改元黄初，称魏文帝，定都洛阳。

曹丕称帝后，司马懿在曹氏家人的眼中，就是曹家的一位忠臣，立即提为尚书，倾之，转督军、御史中丞，封安国侯。黄初二年，迁侍中、尚书右仆射。

黄初五年（公元224年），曹丕亲征东吴，留司马懿镇守许昌，改封向乡侯，假节，领兵五千，加给事中、录尚书事。实际是总管朝廷政务。但司马懿一直坚持以勤恳做事，低调做人的态度示人。他觉得他还是一个附骥蚊蝇，羽毛还不够丰满，过早地崭露头角，会成为众矢之的。因此固辞不就。曹丕非常诚恳地说："吾于众多国事，以夜继昼，无须臾宁息。这给你的官职，不是给你的荣誉，而是要你为我分忧。"面对如此信任的皇帝，如果拒绝，那就是却之不恭了，只好答应。

曹丕登基后，着重抓的：为完成统一大业，对外灭吴；为巩固自己的皇位，对内继续贬抑削弱自家兄弟。他一直不放心自家兄弟，对他们处处设防，多方限制。黄初三年（公元222年）曹丕立皇子曹叡为平原王，同时也将诸弟晋爵为王。这样看似提携诸弟，实际是将他们撵出京都，赶回自己的封地。每个封地拨百余老兵守卫。封地与京都相隔千里，又不准聚会，就是游猎也不得超出三十里。封地设官监管，诸王在封地形同软禁。

黄初六年，曹丕大兴舟师征吴。复命司马懿在京都据守。以内镇百姓，外供军资。临行，诏曰："吾深以后事为念，故以委卿。曹参虽有战功，而萧何为重。使吾无西顾之忧，不亦可乎！"曹丕自广陵还洛阳，又诏司马懿曰："吾东，抚军（司马懿）当总西事；吾西，抚军当总东事"于是，司马懿留镇许昌，总管朝廷政务。

曹丕信任司马懿很久了，自当初给他讲张良、姜太公的故事起，就相信他是他的一个最忠的忠臣。而司马懿未因曹丕对他的信任而得意，相反他根据曹丕在这一时期的行为特点，而更加少说多干，谨言慎行。因为曹丕经过艰苦的努力，终于击败众兄弟，登上大宝，当上金口玉言的真龙天子，正志得意满之时，他所需的是言听计从，而不是指手画脚。刘晔恃才傲物，看不到这一点，他的境况就不如司马懿。

在黄初年间，刘晔、蒋济、陈群三人在曹魏朝中，最有影响力，最为光彩的谋士。而这三人，刘晔是太阳之光，蒋济是烛火之光，陈群是萤火之光。司马懿和贾诩还算不上有光之谋士。

刘晔颇读了些兵书。骑乘非所长，关弓亦甚弱，但论起军国大事来，他"意略纵横"而又"果决能断"，常常与曹丕争得面红耳赤；曹丕不像曹操那样有度量，虽未治他的罪，但却不欣赏他、不重用他。曹丕在位六年，只干不说的司马懿却步步高升，从督军，到抚军，到假节。而他却不见升迁，即所谓"直木招伐，直人招怨"是也。要知后事如何，请看下章。

第四章 >>>

蚊蝇变苍鹰　得志更勤恳

黄初七年（公元226年），及曹丕病情加重时，司马懿与曹真、陈群等受诏到崇华殿之南堂见病入膏肓的曹丕，并受顾命辅政。曹丕诏太子曹叡曰："若有挑拨离间此三公者，慎勿疑之。"不久，曹丕病死，年仅三十九岁。二十二岁的太子曹叡即位，谓魏明帝。

曹叡上台后，首先任用贤能，罢黜浮华虚伪，定年号为太和，以惊异之举，开启曹魏新纪元；司马懿虽然是外姓，但他却是唯一连续三代辅政的"旧人"，格外受曹家的青睐，世人的瞩目焦点，改封他为舞阳侯。而司马懿更是履义执忠，夙兴夜寐，辅佐曹叡治理国家。

及孙权趁曹丕死围江夏，同时遣其将诸葛瑾、张霸并攻襄阳。司马懿受命立即督军讨权、败瑾、斩霸，歼敌千余，得胜而归时又升迁为骠骑将军。

太和元年（公元227年）六月，曹叡诏司马懿屯于宛，加督荆、豫二州诸军事。

这一年，魏兵累败于蜀。蜀兵渐渐逼近京畿，曹叡设朝问退敌之策。华歆奏曰："须陛下御驾亲征，大会诸侯，人皆用命，方可退也。"太傅钟繇进一步提出："还须司马懿出马相辅，因诸葛亮最惧司马懿。"于是曹叡降诏：御驾亲征；加司马懿为平西都督，起南阳诸路军马，克日到长安与他聚会。

孔明自出师以来，累获全胜，心中甚喜。正在祁山寨中议事时，忽报李奉来见。孔明只当东吴犯境，心甚惊疑，唤入帐中问之。丰曰："特来报喜。"孔明曰："有何喜？"丰据实相报，曰："昔日孟达降魏，是出于不得已。孟达降魏后，曹丕爱其才，时以骏马金珠相赐，常同辇出入，封为散骑常侍，领新城太守，镇守上庸、金城等处，委以西南之任。自丕死后，曹叡即位，朝中多人嫉妒，孟达日夜不安，常对诸将说'我本蜀将，是不得已而降魏。'并累差心腹，持书来见我父，叫早晚代禀丞相：前者五路下川之时，就曾有反魏归蜀之意；今在新城，听知丞相伐魏，欲起金城、新城、上庸三处军马，乘机起事，径取洛阳；而丞相取长安，这样长安、洛阳两京就大定矣！今我引来来人并将累次书信呈上。"孔明大喜，厚赏李丰等。

送走李丰，忽细作来报："魏主曹叡，一面驾幸长安；一面加司马懿为平西都督，令其起本处之兵，于长安聚会。"孔明大惊。参军马谡曰："量曹叡何足道！若来长安，可就而擒之。丞相何故惊讶？"孔明曰："吾岂惧曹叡耶，所患者唯司马懿一人而已。今孟达欲举大事，若遇司马懿，事必败矣。达非司马懿对手，必被所擒。孟达若死，中原不易得也。"马谡曰："何不急修书，令孟达提防？"孔明从之，即修书令来人星夜回报孟达。

孟达在新城，专望心腹人回报。一日，心腹人到来，将孔明回信呈上。孟达拆开视之："近得书，足知公忠义之心，不忘故旧，吾甚喜慰。若成大事，则公汉朝中兴第一功臣也。然极宜谨密，不可轻易托人。慎之！戒之！近闻曹叡下诏司马懿起宛、洛之兵，若闻公举事，必先至矣。须万全提备，勿视为等闲也。"

孟达览毕，笑曰："人言孔明心多，今观此事可知矣。"乃写回信，令心腹人送至孔明。孔明唤入帐中。其人呈上回书。孔明拆封视之。书曰：

"适承钧教，安敢少待。窃谓司马懿之事，不必惧也：宛城离洛阳八百里，至新城一千二百里。若司马懿闻达举事，须表奏魏主：往复一月间事，达城池已固，诸将与三军该在深险之地。司马懿即来，达何惧哉？丞相宽怀，唯听捷报！"

孔明看毕，掷书于地而顿足曰："孟达必死于司马懿之手矣！"马谡问曰："丞相何谓也？"孔明曰："兵书云：'攻其不备，出其不意。'岂容料一月之期？曹叡既委任司马懿，逢寇即除，何待奏闻？若孟达反，不须十日，兵必到矣，安能措手耶？"孔明急令来人回报曰："若未举事，切莫叫同事者知之；知则必败。"其人拜辞，速归新城去了。

司马懿在宛城正与长子司马师、次子司马昭议事，忽报天使持节至，司马懿听诏毕，遂依诏调宛城诸路兵马。

正调兵马往长安之时，忽又报金城太守申仪家人有机密事求见。司马懿唤入密室问之，其人细说孟达欲反之事。司马懿听毕，并无惊慌之色，只是以手加额感叹曰："此乃皇上齐天洪福也！诸葛亮兵在祁山，杀得内外心惊胆落。今天子不得已而幸长安，若旦夕不调吾时，孟达此一举，长安、洛阳两京休矣！此贼必通谋诸葛亮，吾先擒之，诸葛亮定然心寒，自会退兵也。"长子司马师曰："父亲可急写表申奏天子。"懿曰："若等圣旨，往复一月之间，锣罢鼓罢，鸡飞蛋打也！"即决定人马暂不发往长安；传令立即向新城起程，一日要行二日之路，如迟立斩；同时令参军梁畿赍檄星夜先去新城，叫孟达等准备征进，使其不疑。

梁畿先行，懿随后发兵。行了二日，山坡下转出一军，乃是右将军徐晃。晃下马见懿，曰："天子驾到长安，亲拒蜀兵，今都督何往？"懿低言曰："今孟达造反，吾去擒之耳。"晃曰："某愿为先锋。"懿大喜，合兵一处。徐晃为前部，懿在中军，二子押后。又行了二日，前军哨马捉住孟达心腹人，搜出孔明回书，来见司马懿。懿说："吾不杀你，你从头细说。"其人只得将孔明、孟达往复之事，一一告说。懿看了孔明回信，大惊曰："世间能者所见皆同。吾机先被孔明识破。幸得天子有福，让吾截获此消息：孟达今无能而为矣。"遂星夜催军前行。

孟达在新城，约下金城太守申仪、上庸太守申耽，克日举事。耽、仪二人佯许之，每日调练军马，只待魏兵到，便为内应；却对孟达说：军器粮草，俱未完备，不敢约期起事。达信之不疑。忽报参军梁畿来到，孟达迎入城中。畿传司马懿将令曰："司马都督今奉天子诏，起诸路军以退蜀军。太守可集本部军马听候调遣。"达问曰："都督何日起程？"畿曰："此时约离宛城，望长安去了。"达暗喜曰："吾大事成矣！"遂设宴款待梁畿，宴罢送到城外，即报申耽、申仪知道，明日举事，换上大汉旗号，发诸路军马，径至洛阳。正高兴时，忽来人相报："城外尘土冲天，不知何处兵来。"孟达登城视之，只见一彪军，打着"右将军徐晃"旗号，飞奔城下。达大惊，急扯起吊桥。徐晃坐下马收拾不住，直来到壕边，高叫曰："反贼孟达，早早受降！"孟达大怒，急开弓射之，正中徐晃头额，不久即死。徐晃兵退，孟达正待开门追赶，四面旌旗蔽日，司马懿兵到。达仰天长叹曰："果不出孔明所料也！"于是闭门坚守。

次日，孟达登城遍视，只见魏兵四面围得铁桶相似。达行坐不安，惊疑未定，忽见两路兵自外杀来，旗上大书"申耽""申仪"。孟达只道是救兵到，忙引本部兵大开城门杀出。耽、仪大叫曰："反贼休走！早早受死！"达惊惧勒马，见事变，忙拨马回城，刚转身，城上又乱箭射下。李辅、邓贤二人在城上大叫："吾等已献了城也！"达连连叫苦，夺路而逃，申耽赶来，达人困马乏，措手不及，被申耽一枪刺于马下，枭其首级。余军皆降。李辅、邓贤大开城门，迎接司马懿入城。抚民劳军毕，遂遣人奏知魏主曹叡。叡大喜，叫将孟达首级送去洛阳城中示众；加申耽、申仪官职，随司马懿征进；李辅、邓贤守新城、上庸。

新城事毕，司马懿引兵到长安城外下寨，入城见曹叡奏曰："臣闻申仪密告反情，意欲表奏陛下，恐往复迟滞，故不待圣旨，星夜而去。若待奏闻，则中诸葛亮之计也。"言罢将诸葛亮回孟达密信奉上。叡看毕，大喜曰："卿的学识过于孙吴矣！为便宜行事，后遇机密重事，不必奏闻。"遂赐金钺斧一对。

太和四年（公元230年）升司马懿为"大将军，加大都督，假黄钺"，命令他与曹真共同领兵伐蜀。司马懿自西城斫山开道，水陆并进，溯沔而上，至于朐（qù）忍，拔其新丰县，军停丹口时，遇雨班师。

太和五年（公元231年）诸葛亮进行第四次北伐，出斜谷，驻扎于渭水南岸五丈原。这时，曹真已死，曹叡又加两万兵，令司马懿前去阻击诸葛亮。司马懿受命后，针对诸葛亮大军远征，补给困难，急欲速战速决之心理，采取以静制动，闭城坚守，任其多方挑战，只是一概不理。于是孔明乃取巾帼并妇人缟素之服，盛于大盒之内，修书一封，遣人送至魏寨。诸将不敢隐蔽，引来使入见司马懿。懿对众开盒视之，内有巾帼妇人之衣，并书一封。懿拆开观看，其书略曰："仲达既为大将，统领中原之众，不思披坚执锐，以决雌雄，乃甘窟守土巢，谨避刀箭，与妇人又何异哉！今遣人送巾帼素衣至，如不出战，可拜而受之。倘耻心未泯，犹有男子胸襟，早与批回，依期赴战。"司马懿看毕，心中大怒，但外表仍装笑曰："孔明视我为妇人耶！"即受之，重待来使。问曰："孔明寝食及事之烦简若何？"使者曰："丞相夙兴夜寐，罚二十棍以上皆亲览焉。所吃之食，日不过数升。"懿对诸将说："孔明食少事烦，岂能久乎？"

使者辞去，回到五丈原，见了孔明，照实作了具体回报："司马懿受了巾帼女衣，看了书札，并不嗔怒，只问丞相寝食及事之烦简，绝不提军旅之事。我如实作了回答。司马懿言：'食少事烦，岂能长久？'"孔明叹曰："彼深知我也！"在旁的主簿杨颙谏曰："我常见丞相自校簿书，窃以为不必。夫为治有体，上下不可相侵。譬之治家之道，必使仆执耕，婢行炊做饭，私业无旷，所求皆足，其家之主从容自在，高枕饮食而已。若皆身亲其事，将形疲神困，其智也将不如婢仆，其事岂能有成？失为家主之道也。是故古人称：坐而论道，谓之三公；作而行之，谓之士大夫。昔丙吉忧牛喘，而不问横道死人；陈平不知钱谷之数，曰：自有主者。今丞相亲理细事，汗流终日，岂不劳乎？司马懿之言，真至言也。"孔明泣曰："吾非不知。但受先帝托孤之重，唯恐他人不似我尽心也！"众皆垂泪。自此孔明自觉神思不宁。诸将因此未敢进兵。

魏将皆知孔明以巾帼女衣辱司马懿，懿受之不战。众将气不忿，入帐告曰："我等皆大国名将，安忍受蜀人如此之辱！即请出战，以决雌雄。"懿曰："吾非不敢出战而甘心受辱也。奈天子明诏，令坚守勿动。今若轻出，有违君命矣。"众将俱愤怒不平。懿曰："汝等既要出战，待我奏准天子，同力赴敌，何如？"众皆允诺。懿乃写表遣使直至合肥军前，奏闻魏主曹叡。

叡拆表览之。表略曰："臣才薄任重，伏蒙明旨，令臣坚守不战，以待蜀人之自敝；奈今诸葛亮遗臣以巾帼，待臣如妇人，耻辱至甚！臣谨遵先达圣聪：旦夕将效死一战，以报朝廷之恩，以雪三军之耻。臣不胜激切之至！"叡览毕，乃对众官曰："司马懿既坚守不出，以待敌自敝，何故又上表求战？"卫尉辛毗曰："司马懿本固守不战，必因诸葛亮侮辱，众将愤怒之故，特上此表，欲乞'固守不战'明旨，以平诸将之心耳。"曹叡觉得辛毗说的极是，即令辛毗持节至渭北寨传谕，令勿出战。司马懿接诏入帐，辛毗宣谕曰："如再有敢言出战者，即以违旨论。"众将只得按诏行事，各回坚守。懿暗暗对辛毗曰："公真知我心也！"于是令军中广为宣传，说："魏主命辛毗持节，传谕司马懿勿得出战！"

蜀将闻知此事，报与孔明。孔明笑曰："此乃司马懿安三军之法也。"姜维曰："丞相如何知道？"孔明曰："司马懿本来采取的是固城坚守，养精蓄锐，以逸待劳，逐渐地消耗、疲惫我军的战术；他之所以写表请战，是做给他的部将看的。岂不闻：将在外，君命有所不受。安有千里而去请战的？此乃司马懿因将士愤怒，故借曹叡之意，以制众人。今又播传此言，是欲懈怠我军心也。"

正论间，忽报费祎到。孔明请入问之，祎曰："魏主曹叡闻东吴三路进兵，乃自引大军至合肥，令满宠、田豫、刘劭分兵三路迎敌。满宠设计尽烧东吴粮草战具，吴兵多病。陆逊上表于吴王，约会前后夹攻，不意赍表人中途被魏兵所获，因此机关泄露，吴兵无功而退。"

这一信息不报尤可，一报蜀兵将自此一蹶不振。原来诸葛亮这次北伐，是乘东吴伐魏之机而发动的，他认为在这两面夹击之下，他这次北伐一定会尽收全功；谁知他遭遇强敌受阻，正心疲力竭之时，又听到费祎带来的此信，令他完全失去希望，长叹一声，不由得昏倒于地；众将急救，半响方苏。孔明叹曰："吾心昏乱，旧病复发，恐不能生矣！"不久诸葛亮逝世，蜀兵潜逃，司马懿大获全胜。

司马懿因阻击蜀军有功，青龙三年（公元235年）被提升为太尉，从此掌握了曹魏的军事大权。

遥远的东北，陆路关山重重，水路大海滔滔，为稳固这一边陲，曹叡与众官讨论，刘晔说："公孙家的官职，是东汉时所任命，而竟然成了世袭的；他们与我们相隔千山万水，中央鞭长莫及，难以控制；他们一家，当权日久，日久必变；今日如果不加以诛杀，定有后患。"曹叡说："他还没反，杀他于心不忍。"他对公孙渊不仅未杀，反而采取怀柔政策。太和二年（公元228年）任命公孙渊为扬烈将军，兼辽东郡长。太和七年（公元233年）又擢升他为大司马，封乐浪公爵。而他贪心不足，起兵独立，自称燕王，不再听命于魏。

景初二年（公元238年），曹叡把司马懿召回洛阳，问："我们如果发四万兵去征讨公孙渊，公孙渊会有什么反应？"司马懿回答："只有有智慧的人，知己知彼，才可以放弃某些东西，公孙渊的聪明智慧都达不到这种程度。他可能会判断我们孤军远征不可能持久，所以一定会在辽河阻击，然后退守襄平。"曹叡又问："往返需要多少天？"司马懿说："前进一百天，攻击一百天，回程一百天，途中休息六十天，加在一起计算，不会超过一年。"经过这样询问，曹叡心中有了底，便命司马懿率兵四万出征。

是时，曹叡大修宫室，加之军费繁重，百姓饥敝。司马懿将要出征乃向曹叡谏道："昔日周公营洛邑，萧何造未央，今宫室未备，臣之责也。然而自河以北，百姓困穷，加之内外有役，势不并兴，应该停止内务以救时急。"曹叡颔首，曰："对。"

景初二年，司马懿率牛金、胡遵等步骑四万发自京都。曹叡送出西明门，并令其弟孚、其子师送过家乡温县，赐以谷帛牛酒，敕令郡守、典农以下各级官员皆往温县谒见司马懿。司马懿在家乡温县尽兴宴饮数日。司马懿怅然有感，遂歌曰："天地开辟，日月重光，遭遇际会，毕力遐方，将扫群秽，还过故乡，肃清万里，总齐八荒，告成归老，待罪午阳。"歌毕遂挥师前进，经孤竹，越碣石，到达辽水。

公孙渊果然遣步骑数万阻于辽隧，坚壁而守，南北六七十里，以拒司马懿。司马懿却不去攻他准备了很久的工事阵地，而是声东：以小股伪装主力，"盛兵多张旗帜出其南，公孙渊尽锐赴之"；司马懿乃以主力击西："泛舟潜济以出其北"，避开公孙渊的阻击，直奔公孙渊的老巢襄平。公孙渊见司马懿主力直捣他的老巢，不得不急忙抛弃经营很久的工事回援。司马懿即采取围城打援之法，在野外埋伏截击，三战三捷，消灭了公孙渊的大量兵力后，将襄平严密地包围起来。这时诸将问："为何不攻贼而到此包围襄平城？"司马懿曰："公孙渊在辽隧坚营高垒欲以拖垮我军，攻，正中其计。此襄平是贼的老巢，他的兵力集中在辽隧，襄平城空虚，我们避实击虚，即可破也。"

69

此时正逢连日大雨，平地水深三尺，三军恐慌，意欲收兵回朝。司马懿下令：敢言收兵者斩！都督令史张静，犯令被斩，三军乃定。

既而雨止，遂合围，堆土山，挖地道，日夜连攻，矢石雨下，公孙渊抵敌不住，乃派相国王建、御史大夫柳甫出城乞降。司马懿不许，将王建、柳甫皆斩，檄告公孙渊：昔春秋列国，比如郑伯犹以肉袒牵羊而迎之。吾本为王，位列上公，而你竟敢藐视本帅，随随便便派两个人来，就要我解围退舍，岂有此理！二人年老，回去传话必然出错。你若意有未已，再派年轻的来！公孙渊复遣侍中卫演前来乞求以人质换取投降。司马懿对卫演说："军事大要有五：能战当战，不能战当守，不能守当走，余二事唯有降与死！你既不肯面缚，那就等死吧，不须送人质！"

公孙渊乞降不能，乃攻南围突出，司马懿纵兵追击，将公孙渊杀于梁水之上。

司马懿入城后，立两标，以别敌我。凡站到敌标之下的年十五以上男子七千余人皆杀之；并将尸首垒集起来，上面再堆上土，成为高丘，以为京观。又戮其伪公卿以下两千余人。收户四万，人口三十余万。

此役司马懿杀人近万。这是他头一次大加杀伐。究其原因：

一、为曹叡泄恨。刘晔早建议将公孙渊杀掉，曹叡不仅未杀他，反而一再加封于他，他却不知趣，不在那好好当臣子，镇守国家边陲，却在那分裂国家疆土，另立国家，想当皇帝，此不杀，国家边境难得安宁。

二、惩办公开反叛者。立标分敌我，你胆大包天，公开站到与我为敌那一边，我不杀你，你不知道马王爷长三只眼。

三、为自己立威。司马懿官当大了，管事多了，统领曹魏所有兵马，手握生杀大权，不立威，则难于服众。曹操当初杀人，他一直耿耿于怀，他今日手痒，难道不也是从曹操处学来的！

司马懿在辅佐曹叡期间，南挡东吴，西阻蜀汉，此间又扫平了公孙渊，真是千辛万苦！

他平定辽东后，本来按曹叡的诏令要去关中镇守的，当走到百屋（今河北北部），突然又接到曹叡的诏令，而且三天之内，连续接到五封诏令，要他快速直接进宫。司马懿大为惊讶，心中直犯嘀咕：朝廷出了什么大事？这么紧急！一向忠诚的司马懿，于是乘坐追风车，昼夜兼程，急速赶奔首都洛阳。一路上两耳生风，思绪也长上了翅膀，满脑子想的都是这个年轻的皇帝曹叡。

曹叡的生母甄氏，原是袁熙之妇，当曹丕随曹操攻破邺城时，见甄氏之美，便娶之为妻，随后即生曹叡。

曹叡自幼聪明，得到曹丕的喜爱。但是，为时不久，曹丕又纳郭氏为妻。郭氏聪明伶俐，柔情依依，深得曹丕爱怜，甄氏逐渐失宠。特别是曹丕继任为魏王后，郭氏一心想谋正宫，对甄氏大加排挤，甚至说曹叡不是曹丕的儿子，而是甄氏与袁熙之子，曹丕信以为真，将甄氏打入冷宫。随着母亲的失宠，过去对他抚爱有加的人们忽然变得对他冷漠。黄初二年（公元221年）夏天，曹丕患病，昏迷不醒，一心想除掉甄氏的郭氏叫人刻了一个木偶人，上面写上曹丕的出生年月日，然后呈给曹丕，并对他说："这是在甄氏那里找到的，是用来害你的。"曹丕听后极为愤怒，遂下令将甄氏勒死于冷宫，立郭氏为皇后。年少的曹叡虽然不知生母被害的经过，但是生母的死，使他失去了温馨的母爱，失去了少年的活泼和纯真，过早地开始品尝人生的酸甜苦辣，形成了沉毅好断的性格。由于郭氏没有儿子，甄氏死后，便把曹叡当作自己的儿子抚养，曹叡也不得不遵从。自此，每天除请安之外，只潜心读书，很少参与宫廷其他活动。这样的孩子本来与大宝之位无缘，但一次极其偶然的机会，改变了他的命运。

那是曹丕带着他进山打猎，不久即遇到子母二鹿，曹丕射死母鹿，子鹿慌乱之中跑到他面前，曹丕大叫曹叡快射，曹叡却哭着说："陛下已射死母鹿，我怎能忍心再射死子鹿呢！"曹丕听后怦然心动，心想这孩子竟有如此仁慈之心，长大后定能宽厚待人，治好国家。于是封曹叡为平原王，并有了立为太子的打算。五六年后的一个夏天，曹丕得了伤寒，他知道自己将不久于人世，便考虑继承人的问题，又想起五六年前与曹叡围猎的情景，于是下令立曹叡为太子，并嘱咐中军大将军曹真、镇军大将军陈群、抚军大将军司马懿等辅助曹叡。不久，曹丕死，曹叡继位。对于曹叡当皇帝群臣都不放心，一天刘晔受曹叡召见，在宫中谈了一天，刘晔走出宫廷大家忙问对新帝的印象，刘晔回答说："与秦始皇、汉武帝是一个等级，只是才干、风度略逊一筹。"文武百官听后才放下心来。但司马懿听后，只觉得刘晔这话说得机巧，"与秦始皇、汉武帝是一个等级"这句话听起来是很高的评价，实际是打马虎眼的一句话。都是皇帝嘛，当然是一个等级！关键是能力，刘晔说"稍差一些"，这实际是刘晔对曹叡的真正评价。

在司马懿看来，曹叡少年老成，军事指挥能力与秦皇、汉武相比，当然是天壤之别，但和次等皇帝比，也还算不错。

黄初七年（公元226年）八月，东吴孙权听到曹丕死的消息，御驾亲征，进攻曹魏的江夏郡（今湖北安陆北），魏将文聘据城坚守。消息传到洛阳，曹魏政府的一些官员要求出兵援救，曹叡却说："孙权的优势是水上作战，而今竟离开水面，对陆地上的城垣进攻，只不过指望守城将士没有防备。现在，文聘据城坚守，说明孙权的突击没有成功。所以孙权必定不会久留。"几天后，果然传来孙权撤退的消息。文武百官听后，对年轻的新皇帝的判断力极为佩服。

太和元年（公元227年）春，诸葛亮乘曹叡刚上台之机，兴师北伐。曹叡纳孙资防御之策，命令各将分别把守山关险要，使蜀军兵疲粮绝而退。

太和二年（公元228年）春，诸葛亮领兵北上，定下了先取陇右，再取关中，步步为营，稳扎稳打的战略。新任曹魏守将，由于性急悭吝，又无作战经验，结果蜀军所到之处，势如破竹。位于陇右的天水（今甘肃甘谷）、南安（今甘肃陇西）、安定（今甘肃镇原）三郡很快被蜀军占领。关中震动。曹叡召集文武大臣商量对策。他问道："有什么办法可以击退蜀军呢？"太尉华歆说道："必须陛下亲自出征，否则的话，长安将会失去。长安若失，关中就更危险了。"为安定民心，曹叡说道："诸葛亮一向依靠山势保护，今天自投罗网，正跟兵法上逼迫敌人上门的谋略相合，这一次一定可以击退诸葛亮。"于是命令右将军张郃率领五万人马与大将军曹真一起阻击蜀军。自己则御驾亲征，前往长安，鼓舞士气。

右将军张郃率军抵达街亭与蜀军马谡相遇。张郃切断蜀军水源，然后大举进攻，蜀军大败，马谡逃走，街亭失守。街亭之败，使诸葛亮失掉了进攻的据点和有利形势，只好退回汉中。曹叡御驾亲征大获全胜。四月八日，曹叡由长安返回首都洛阳。

司马懿同时也想到，那次五丈原"闭城坚守"拖死了诸葛亮，虽然是他的计谋，但是，若没有曹叡的配合，他也难以完胜。就是这一次他在辽东大战公孙渊，如果他曹叡看得不准，战前不坚持拨四万大军，战中遇连绵大雨，若不相信他，乱下命令把他调回，那也就半途而废了。

他的军事素养，虽有受祖父、父亲的影响，但主要的还是与他书读的多有关。正因为他有较高的军事素养，才使他对外立势，对内立威，坐稳了皇位。

但为时不长，他的致命弱点——贪图享乐就暴露无遗了。

为了享乐的需要，他命马钧制成"水转百戏"，都用水力推动，有木人击鼓、木人吹箫、木人跳绳、木人斗剑、木人捣米、木人推磨、木人斗鸡，非常精巧。他又命马钧将汉武帝在长安所建的柏梁台移至洛阳，因铜柱太重，搬移不动，遂令人将铜柱砸碎，铸成两个铜人，号为"翁仲"，放在洛阳司马门外。

为了出游的方便，他又指使马钧造指南车。他乘车随意游幸，遇到中意的美女，即叫上车，拉至宫中；另外创造了前无古人后无来者之举——夺吏民妻配给戍边的战士，将其中好的纳入后宫。致使宫中的美女有数千人之多。后宫的费用几乎与军费相等。曹叡沉迷在美女阵中，选拔了六个识字的美女担任女尚书，处理呈报上来的奏章；并授权给她们：认为可行的，就代替皇帝批准。在他专宠郭夫人之后，整天与郭夫人在一起取乐。皇后毛氏有怨言，立即被他赐死。毛氏的死和他母亲的死如出一辙，他觉得他母亲死得冤，他为他母亲平反，却自己又亲手制造冤案：不忍心杀小鹿，却忍心杀他的皇后！

由于他肆淫不已，虽到壮年，还未得子。为使王位有人接替，于青龙三年从宗室中领养了两个儿子，一个名芳，被立为齐王；一个名询，被立为秦王。

由于他荒淫无度，虽只有三十多岁，却已骨瘦如柴，疾病缠身。加之毛皇后的死，他于心有愧，疾病加心病，内火重重，使他卧床不起，不由想起曹芳、曹询年纪还小，不能理政，十分为身后之事担忧。认为只有用靠得住的人辅政，才可放心地离去。经过几次反复，最后才定下曹真的儿子曹爽和司马懿共同辅政。

司马懿乘坐追风车，一夜赶了四百里路到达后，方知皇帝曹叡病危，被引入皇帝的寝宫嘉德殿卧室内。司马懿流涕问疾，曹叡执司马懿手，看着齐王曹芳说："我把后事托付给你，你和曹爽一起辅佐太子曹芳！死，原来也是可忍的，吾忍死待君，见到你我就没遗憾了。"因此后世叫这次托付为"忍死之托"。

司马懿辅佐、辅政曹家，这是第四代了。一代接一代地辅佐，这就如关云长过五关斩六将一样的难。侍君如侍虎，在长长的岁月里，如有一刻疏忽，就会招来杀身之祸。由于司马懿的才干、智慧和勤恳、谨慎，都得到代代好评，在上下代交替之际都受到至高的重托。尤其是这一次"忍死之托"，更是绝代佳话。不过这次"忍死之托"最初的人选却没有司马懿。

最初曹叡定的辅政人是曹宇、曹爽、曹肇、夏侯献和秦朗五人。

这五个人的背景是：

曹宇，是燕王，是曹操的儿子，曹叡的叔父。

曹爽，是武卫将军，是前大司马曹贞的儿子，为让他辅政，曹叡拟立即提他为大将军；

曹肇，是骑兵指挥官，是前大司马曹休的儿子，并且人长得帅，是曹叡儿时的玩伴；

夏侯献，是中央禁卫军总司令，三品官。曹操本姓夏侯，此人与曹叡的亲密度由此可知。

秦朗，是四品将军，是曹操的继子，魏国的近臣。

这五个人都是曹叡的嫡系、皇族、近亲。司马懿既不沾亲又不带故，是八杆子打不着的外姓人，曹家哪会要他去辅政！

天道酬勤。司马懿在关键时刻遇到了两个关键人物。

这两人，虽然是外姓人，却身居要位，相当于宰相。一个是中书监刘放，一个是中书令孙资。这两人才学、处事均属超人，深得曹操、曹丕、曹叡的信任和欢心。一直久在中枢，同掌核心机密。但他们也得罪了不少当朝权贵。

这也难怪，这是秘书一类人的通病：秘书，常为帅谋，常为帅行令，这谋与令往往要损害一些人的利益，这些人有怨有气对帅不敢撒，往往撒向秘书，尤其是帅不在了，身居兵位的有职无权的秘书的日子就更不好过。这不，曹叡还未断气，刘放和孙资难过的日子就显现出来了。

那晚，夏侯献和曹肇见刘放和孙资走了过来，就对着皇宫里专供公鸡晚上栖息的树说："公鸡占这棵树也够久了，看他还能再占几天？"这指桑骂槐的话，分明是说给刘放和孙资听的。刘放、孙资听了犹如一股寒气袭来，浑身不由得打了一个寒战！

这寒战无声无形，只在刘放、孙资身上一抖。这一抖不打紧，却带来一场不是宫廷政变，胜似宫廷政变的更易辅政大臣的事变。

景初二年（公元238年）十二月二十七日，病中的曹叡呼吸微弱，大将军曹宇从皇帝躺着的大殿出来找曹肇说个事。这时候皇帝身边只有曹爽伺候着，刘放看到这种情况，赶紧找孙资商量，欲向皇帝联名建议，重新任命辅政大臣。孙资说："现在木已成舟，没有办法挽回了。"刘放说："我们已经是将要进油锅的人了，还有什么不可做的啊？干吧！"说完就拉着孙资冲到命悬一线的曹叡面前哭着说："皇帝你呼吸微弱，一旦有个三长两短，天下你要托付给谁啊？"

曹叡深吸了一口气，挣扎着说："你没有听说已经托付给燕王曹宇几个人了吗！"

刘放说："陛下！你忘记了先帝的规定了吗？藩王不能作为辅政大臣啊！并且，陛下！现在您还在病中，曹肇和秦朗就已经和宫中伺候您的女人们嬉戏起来了，燕王曹宇派兵在宫门外面，不让我们随便出入，这完全是赵高的作为啊！"刘放完全豁出去了，继续向那五人开火，"现在太子幼弱，外有强敌，内有饥民，皇帝您不远虑，全用曹家的人，把祖宗的家业托付给二三个平凡的人，您卧病这两三天，宫内宫外的消息都堵塞了，社稷危殆，作为您的臣子，我们真的好痛心！"

魏明帝曹叡听了刘放一席话，不禁大怒："我托付后事的人，竟然在我还没死的时候，就和我的嫔妃们鬼混起来了！"紧接着问道："那你说托付给谁？"

这时候，只有曹爽在跟前，刘放随口就说："曹爽。"

刘放随口说曹爽，一是曹爽曾为他们说过话，更主要的是他就在眼前，不提他不行。

曹叡看了看曹爽，问："以前我就想问你，你行吗？"

这时的曹爽吓得脸白语塞，说不出话来。刘放不得不在他耳边教他说："我行。我至死不辜负陛下所托。"于是曹爽结结巴巴地学说了一遍。

接着刘放、孙资说："应该把司马懿召来和曹爽一起辅政。"

曹叡同意了，就让刘放、孙资下去写遗诏。

就在这时，曹肇进来了。当他知道是怎么回事时，痛哭流涕地对皇帝曹叡说："坚决不能这样。"

曹叡又犹豫了，就叫曹肇出去终止刚才的命令。等曹肇出门，刘放、孙资又跑着回到殿中，重新劝说皇帝曹叡，病中的曹叡再次被说动。这一次，刘放、孙资接受教训，对皇帝说："您还是把您的最后指令给我们写个字。"皇帝没劲，动不了，刘放就直接跳到御床上，握着曹叡的手，写下了罢免大将军曹宇等的字据。然后，刘放拿着字据，走到殿外，大声说："有手诏免去大将军曹宇、曹肇、夏侯献和秦朗的官。上述四人马上离开皇宫！"

这时才按皇帝的新旨意，召司马懿进宫。因为在这之前，曹叡皇帝还根据曹宇的建议让得胜回朝的司马懿不再回朝述职，直接从轵关陉去长安。后来曹叡生命更加垂危，命悬一线，越来越急，所以才有三天之内，司马懿连续接到五封诏令，要他快速直接进宫。

司马懿进宫之后，接受了曹叡的"忍死之托"。有史记载：司马懿跑着哭着进入皇帝的寝宫嘉德殿。魏明帝曹叡一见司马懿进来，眼睛陡然一亮，强打精神握着司马懿的手，断断续续地说："我把后事托付给你，你和曹爽一起辅佐太子曹芳！原来死亡也是能够忍的。我忍着死等着你。见到你我就没遗憾了。"因此后世叫这次托付为"忍死之托"。

两个养子，曹询比曹芳大（曹芳只八岁），个子也比曹芳高，曹叡特地把自己确定的嗣君曹芳，叫到司马懿跟前，用手狠狠地抓住司马懿，说："就是他了，你要看清楚，不要记错！"还让曹芳走上前紧紧抱住司马懿的脖子。其情其景，生死离别，也是非常感人的。

当天，曹叡去世，曹芳即位。第一辅佐大臣是曹爽，第二是司马懿。

曹魏朝廷给二人加侍中（皇帝的贴身顾问），假节钺（可以暂时代替君主，有生杀予夺的权力），都督全国的部队；每人各带三千甲士，轮流到皇宫值班。

司马懿白手起家，平步青云登上高峰。现在在高峰之巅，又开启新的征程。此时前人往往或祝愿他百尺竿头更进一步；或警示他："皎皎者易污，峣峣者易折"，要多加小心。

高处不胜寒，风骤雪多，司马懿前途如何？请看下章。

第五章 >>>

天道酬勤　种葡萄挖出了金

司马懿接受曹氏第四代辅政之后，仍然忠心耿耿。

正始元年，取消劳民伤财的修筑宫室工程。

正始二年五月，东吴围樊城，司马懿主动请战，议者都说樊城坚不可破，敌人顿兵坚城之下，有自破之势，先不要急于出兵，应从长计议。司马懿说："边城受敌，而我们安坐庙堂；疆场骚动，众心疑惑，是社稷之大忧。"六月乃督军南征，吴军夜遁，追至三州口，斩获万余人，收其舟船军资而还。天子曹芳遣侍中常侍劳军于宛。

七月增封食郾、临颍，并前四县，邑万户，子弟十余人皆为列侯。司马懿勋德日盛，而谦恭愈甚，遇乡邑旧齿每拜不辞，并经常告诫子弟曰："盛满者道家之所忌，四时犹有推移，吾何德以受之，减之又减之，庶可以免乎！"

正始三年兴建广漕渠。引黄河水入汴，使大面积土地变成可耕地。

正始四年击退诸葛恪。

初，曹爽与司马懿相处得还算相得益彰。为时不长，当他看到功德、年龄、辈分及官位不如司马懿，担心司马懿势力增长，会危及他顾命第一的位置时，就与司马懿势不两立了。

曹爽本是一个庸才。自在托孤之时，曹叡问他："你行吗?"刘放、孙资教他说行，把他推上顾命首辅，自坐上了第一把交椅起，加上趋炎附势之人的吹捧怂恿，于是就像窝瘪皮球充满了气一样，一下子硬了起来：心高气傲，常想一展鸿图，超过司马懿；由于才疏学浅，往往一败涂地，令人嗤之以鼻。

他本来是一个心胸狭窄之人，在这种情况下就更变得忌才妒能，容不得比他强的司马懿。于是就利用手中的权力大加排挤，以达到大权独揽的目的。

首先，他根据谋士何晏的计策，将司马懿升为太傅。太傅地位高，位及三公，是皇帝的老师。地位虽高，但却是一个闲职，从而剥夺了司马懿的军权、行政权。

接着罢免异己，大量提拔亲信。以二弟曹羲代替夏侯献为中领军，以三弟曹训为武卫将军，以夏侯玄为中护军，以五弟曹彦为散骑常侍；任命何晏为吏部尚书，任命邓飏、丁谧为尚书。其他亲戚故旧被提拔的，不胜枚举。从而尚书上奏之事不再经过司马懿，直接由曹爽审阅处理，将司马懿排斥在核心权力之外。

本来是二人共同辅政，拱卫皇室，却遭到排挤。这使一贯忠心耿耿的司马懿不仅心寒，而且怒不可遏。于是就萌发了扫除曹爽，进而取代曹魏的念头。

他纵观曹氏家族，除曹孟德还算一等人物之外，其他却是一代不如一代，一代比一代腐化堕落。尤其曹芳、曹爽这一代更是不堪一提。他们不仅腐化堕落，而且无能，于国于民有害无益。不铲除他们有悖天道！

不过，曹爽图谋不轨多年，他的势力膨胀得已经很不小了；稳重而娴于兵法的司马懿，决心聚集力量，"先为不可胜"，以待可胜之机。

正始八年（公元247年）四月，夫人张春华去世。他于是乘机施用韬光养晦之计，以一个老人经不起丧偶的打击，一下子"病"倒了。一倒就是两年。

在这两年里，他虽然一"病"不起，不再上朝；但他并未辞职，仍旧在家当他的太傅。不过，这时他已经在朝中布置了自己的人，与曹爽的势力相对抗。曹爽有一个弟弟曹羲当"中领军"，司马懿也有一个儿子司马师当中领军；曹爽有一个弟弟曹彦当散骑常侍，司马懿也有一个儿子司马昭当散骑常侍。曹爽有三个自己的人：何晏、邓飏、丁谧当尚书，司马懿也有一个自己的人、并且是自己的弟弟司马孚当尚书令。

而且司马懿有一种曹爽所没有的秘密力量。这秘密力量，是大儿子司马师所豢养的，散居在民间的可以以一当十的三千名"死士"。

除此以外，司马懿兼收并蓄，广纳人才，凡是被曹爽排斥的，都投向司马懿，司马懿都予以接纳；同时制造舆论，争取民众支持。于是"何邓丁，烂京城"之语，大人嘴里传，小孩口里唱，人人皆知何邓丁是乱臣贼子。

还有一种力量，更不能小视，这就是司马懿两年的"病"。一般的病会损坏力量，但司马懿这种"病"却能产生力量。比方说，一个勤劳的庄稼汉在这两年里，如果背土，他要背多少土？一个勤于思考的智者如果思考问题，两年里要思考多少问题？司马懿无疑是一位勤于思考的智者，因为诸葛亮是天下公认的勤于思考的智者，司马懿能战胜诸葛亮，岂能不是勤于思考的智者！智者两年的思考，他不仅如一个织网者，会考虑到方方面面，而且更会如庄王出世，不鸣则已，一鸣惊人；不飞则已，一飞冲天！

他博览群书，史上的能人之绩，败将之痛，如镜如鉴，如暮鼓晨钟，他岂能不对照借用？他长期执掌朝政，身经百战，轮人之规，匠人之矩，法人之典，兵家之计，这些都烂熟于心，他岂能让它闲置荒废！加之司马懿跟随曹操、曹丕、曹叡三代帝王，不是耳鬓厮磨，也是形影不离，对于他们的经验教训，耳濡目染，尽收眼底。这些"他山之石"，他岂能不拿来攻"玉"！这些智慧他通过两年的反复的思考聚集于一身心，使他成为超强的力量，这力量不仅使他想好了如何铲除曹爽势力，而且还想定从铲除曹爽势力起，照曹氏葫芦画瓢，两辈三人接力创建司马氏政权的一整套计划。

在正始九年（公元248年）的冬天，曹爽将河南尹李胜改任荆州刺史，年底上任时，叫李胜到司马懿家中去辞行，以此来刺探司马懿的动态。李胜所看到的司马懿完全是一副沉疴难愈的病情：婢女送上稀饭，司马懿喝到嘴里，又从嘴丫里流出来，弄脏了胸前的衣裳。李胜与他说话，他把"本州"听成了"并州"。在回话的时候，他又上气不接下气地含混不清地啰啰，啰了半天，不知啰了些什么。李胜不忍多待，回去就将司马懿神志不清，将不久于人世的情形报告给了曹爽。曹爽听了大为高兴，便不再对司马懿有所戒备。

正始十年（公元249年）正月初六，是一个风沙后的雾日，虽然寒气未减，但阳光明媚，空气清新。新年期间，按照祖制，皇帝要去祭拜先帝陵，曹爽要带小皇帝曹芳到高平陵（今洛阳东南，距洛阳城90里的大石山）去祭拜魏明帝的陵墓。除了应去的朝臣外，曹爽还特意邀上二弟曹羲、三弟曹训、五弟曹彦一同前往。因为这是难得的好日子，兄弟嘛，有祸同当，有福同享！在这难得的好时光里，他要同兄弟们一起好好地畅游一番。他的最大的心愿，就是废弃小皇帝，夺得天下，亲掌神器；夺得天下最难迈的一个坎，就是司马公。但这司马公现在已经病入膏肓，行将就木，他们兄弟的心愿指日可待。这是多么惬意的事情，现在又是新春佳节。新春佳节，新年伊始，推陈出新，万象更新，普天同庆。他们兄弟怎么能不一起同庆呢！他们在先帝陵前拜了拜，走走过场后，就把小皇帝交给侍中陪着，他们兄弟四人一起就去畅游海耍。

时光难系，转眼午阳移西。因回程路长，不得不趁早起程，驭马驰行。当看到洛水在夕阳之下如同一条银链在巍峨的洛阳城外闪闪发光时，想到他们将是这座京都的主宰者，不由得意气风发，打马僭越皇帝的车驾，一起拥到洛水河边，准备高喊："洛阳，我们回来了！"喊声未出口，他们一起傻眼了：

洛阳城门紧闭！

这是怎么一回事？

接着司马懿带兵出城，来到洛水浮桥之上，勒马举鞭，给曹爽送来一表，让他转交给少帝曹芳。

曹爽一接到表，脑子不由得一炸，犹如晴天霹雳击昏了头，不知如何是好。看了一遍又一遍，就是不敢转交给曹芳。

这表是司马懿弹劾曹爽的奏章。表称："我平叛公孙渊，从辽东回军，中途接急诏进宫，先帝让陛下、秦王曹询和我同登御床，握着我的手托孤，当时我对先帝说：'太祖曹操、高祖曹丕也曾经把后事托付给我，陛下都亲眼看到，请不要悲愁，万一有不如意的事，我以死完成旨意。'而今，曹爽违背先帝遗命，败坏国家制度；对内自比皇帝，对外专权；破坏部队序列，控制全部禁军；重要官职，全都委任亲信；宫中卫士，也全部换成他的人；结党营私，盘根错节，越来越为所欲为，无法无天。不仅如此，曹爽又用皇门张当做都监，监视陛下，窥测神器，挑拨陛下母子感情，离间骨肉，天下动荡，人心恐惧。陛下等于傀儡，岂能保持久安！先帝托付我辅佐保护陛下，我虽年老体衰，岂敢忘记从前誓言！'昔赵高极意，秦是以亡；吕霍早断，汉祚永延。'此乃陛下之殷鉴，臣授命之责任。太尉蒋济等一致认为：曹爽心中已无君王，曹爽兄弟不能再统领禁卫部队，已经奏报皇太后批准，命我负责执行。我已下令：免除曹爽、曹羲、曹训的官职，剥夺他们的军权，各以侯爵的身份，返回家宅，不准继续任职。不准阻挠御驾返宫，胆敢阻挠，便交给军法处分！我已率军进住洛水浮桥，监视他们下一步的行动。"

曹爽望着浮桥那一端司马懿严整的军容，心里大叫：完了，全完了；

就是逃，也逃不脱了！

曹爽的肠子已经悔青了，这么长时间怎么就没看出他是装病呢？尤其是大司农桓范，曾劝他不要随意出城，可是他不听。人家可是一位政治斗争经验丰富的老臣，看来人家早就看出司马懿蓄势待发的势头，自己没看出便罢，人家看出了，好意劝你，你怎么又不听呢？他牙咬得嘞嘞响，双拳在腹部连连晃，恨不得朝自己的双眼捅了去。曹爽这样恨着自己，想着桓范，恰好桓范这时打着郭太后的旗号，从大津门出城，来到他的面前。

其实，桓范并不很想出城，是他的儿子想攀高枝，对他说："皇帝在城外，还是出城的好。"桓范假借皇太后的命令，说"太傅谋反"骗过城门，来到曹爽跟前，向他们报告城内发生的一切，并劝曹爽"立即护送皇帝车驾到许昌。到许昌后召集各地兵马勤王护驾，再以叛逆罪讨伐司马懿。那里有兵，有武器库，并且是曹家发迹的地方"！至于说粮食，他更是拍着胸脯说："我是大司农，大司农印章在我身上，粮草供应我完全负责！"桓范言恳意切，慷慨陈辞！曹爽兄弟却冷若冰霜，呆若木鸡，你看看我我看看你，不发一话！桓范激愤地骂道："你们知道你们现在所处的境况吗？你们就是跪着乞求贫贱也不可能了，你们竟然还这样呆滞麻木！纵然是一个平常之人，死到临头，也会挟持人质，以求一生，何况你们手握兵权，又与皇帝在一起，到了许昌通过皇帝召令天下，谁敢不从！你们就这样懦弱无能到底吗？"桓范激愤的唾沫如钉，可是曹爽兄弟仍麻木漠然，毫无反应。

桓范想了想，仍不死心，继续劝道："尽管司马公陈兵桥上，也许路上还有埋伏，但大丈夫争天下，还能怕死！就是死，也要拼着死，不能这样等死；拼，也许会拼出一条活路，甚至会拼出一条康庄大道！像这样等，肯定是死，而且死得窝囊！给后人留下骂名！"

这时他们兄弟四人咕哝了一阵，派侍中许允、尚书陈泰进城见司马

懿以探风向。许、陈进城后，司马懿向二人历数曹爽之罪，重申"事只
免官"。许允、陈泰返还向曹爽回报后，劝其按照司马懿奏章放弃兵权。

　　曹爽等虽已是瓮中之鳖，司马懿为防止夜长梦多，节外生枝，让老
臣蒋济给曹爽写信，转答司马懿的意思，并以老臣的名誉、信誉担保：
你们回洛阳吧，保证你们的安全！

　　接着又遣曹爽的亲信殿中校尉尹大目去劝曹爽，尹大目对曹爽说：
"唯免官而已，以洛水为誓。"

　　曹爽听后，心有所动。桓范一见，心里猛一沉："坏了，踩上屎了！
我冒死出城，好意献策，谁知他们是一摊脓包！我的一腔热血，不仅仅
是付之东流，而是让我卷进一场政治斗争的旋涡，将来回报我的，不是
高官厚禄，而是一场血光之灾！"他双手抓住自己头发，发疯似的高叫：
"我悔呀，我不该来呀！"他又气又急又怕，一会儿拉住曹爽，一会儿又
拉住曹羲，苦口婆心，"援引古今，谏说万端"，绞尽了脑汁，磨破了嘴
皮，曹爽就是不从，说："司马公要夺我的权就让他夺去吧，吾以侯爵还
第，也不失为富家翁。"

　　桓范拊膺顿足骂道："你想得美！治你的罪，灭你的族，你等着吧！"
转而哭道："司马公啊，你是对的，如他们这一群猪，怎能治理好国家，
早该把他们打倒！是我瞎了眼啊！"

　　曹爽不管桓范如何哭叫，派许允、陈泰再次进城向司马懿承认错误，
同时将司马懿奏章转交给少帝曹芳，然后护卫着少帝曹芳进城。他们来
到洛水边，走上浮桥，曹爽向司马懿磕头投降。司马懿好言嘱咐了数句，
就让他们各回各家。

　　过了不久，有司弹劾黄门张当，而发现曹爽等准备于三月中旬发动
政变之确凿证据，即将曹爽兄弟跟何晏、邓飏、丁谧、毕轨、李胜等抓
了起来。同时因桓范诬人谋反也将桓范一同拘留。

　　在审理这些人中，司马懿明知何晏是曹爽集团里的核心人物，他却

让何晏参与审理。

何晏，字平叔。他母亲带着他改嫁给曹操，后来他又娶了曹操的女儿金乡公主，所以何晏既是曹操的养子又是曹操的女婿，毋庸置疑，他是曹魏一派的铁杆人物。何晏还是玄学的创立者，很会谈玄，而且多才多艺，"少以才秀知名"。同时这个人又非常爱打扮，"动静粉白不离手，行步顾影"（《三国志》·《魏书》·《何晏传》）。魏晋时期男人以白为美，一些男人有时候为了让自己的皮肤变得白皙，出门的时候常常带着粉扑，不管是走路还是坐在那儿，趁人不注意就抹两下。何晏长得又很好，所以人们都很关注何晏的一举一动。

何晏还有一种爱好，就是爱吃补药。魏晋流行吃药之风。吃什么药呢？吃"五石散"。"五石散"是由五种石头磨成粉制成的药。据说吃了以后可以健身，让你感觉到一种不可名状的快感。但吃不好，也会把人吃死。何晏很勇敢，带头吃这种药。所以他堪称是服食"五石散"的祖师爷。

何晏是曹爽集团的首要人物，他以为司马懿不了解，他想借此机会洗清自己，讨好司马懿，求得活命；他对曹爽集团的一伙人最清楚不过，为了获得司马懿的好感，办案特别认真卖力。就是因为他，曹爽的亲信党羽一个也没跑掉。等案子审理得差不多时，他向司马懿汇报，说："该抓的都抓了。"

应该抓的有八族，何晏只讲了丁谧、邓飏等七族，于是司马懿说："未也。"何晏一听，心猛一沉，遂脱口而问："岂谓晏乎？"司马懿平静地说："是也。"何晏两腿一软，瘫倒于地。于是，费力不讨好的何晏，和曹爽兄弟、邓飏、丁谧、毕轨、李胜、张当、桓范一样被灭三族。连嫁出去的姑、姐、妹也一律追回来诛杀。但有一人却是例外，没有被杀。那一人就是感天动地的夏侯令女。

曹爽的堂弟曹文叔的妻子夏侯令女早就守寡，膝下又没有子女。老爹夏侯文宁想让她再嫁，夏侯令女用刀割掉自己的两只耳朵，表明拒绝的决心。平常夏侯令女依靠曹爽生活，曹爽被杀以后，她的家人上书称，要跟曹爽家断绝姻亲关系，强行将其接回娘家，继续要她再嫁，以免一死。夏侯令女暗中进入寝室，钻进被窝，用刀割下自己的鼻子，血染被褥，家人惊骇怜惜地对她说："人生在世像一粒轻尘落在小草上，何必这样苟待自己？而且你丈夫家已经全部诛灭，一个人都没有留下，你又为谁守节？"夏侯令女说："有爱的人，不因对方的盛衰而改变态度；有义的人，不因对方的存亡而改变心意。曹家鼎盛时，我要守节，今天衰亡，我怎能忍心抛弃？这种禽兽行径，我不能做。"司马懿听说这件事，顿起敬意，就网开一面，任凭她领养孩子，作曹家的后代生活下去。

至此司马懿杀了八天人，终于将与之作对的头号政敌曹爽集团全部扫灭。人家在葡萄园里翻土寻金没有寻到金，倒获得了葡萄的丰收；司马懿辅佐曹氏三四代，只想附骥在朝中当一个像样的高官以光耀司马氏的门庭，从没想到代魏当皇帝。经曹爽这么一闹，激发了司马懿的勇气，从而登上了曹魏的顶峰，当上了不是皇帝的皇帝。

接着又遍寻其他异己分子，恰这时有人向他密告都督淮南诸军事的太尉王凌企图谋反。高平陵事变以后，王凌看到小皇帝曹芳处处依赖司马懿，大事小事都往司马府跑。这让他意识到曹魏已经快要成为司马氏的天下了，要保住曹魏天下，就必须除掉司马懿，另立新君。密告人说王凌认为现在的皇帝年小懦弱，欲立五十七岁的智勇双全的楚王曹彪。

司马懿知道后装作不知，一面以皇帝名义对王凌进行安抚，一面以迅雷不及掩耳之势，迅速出兵。等王凌发现自己的秘密已经泄露时，司马懿的大军已到百尺。王凌自知无法抗拒，就独自一人乘坐一条小船，西上亲迎，并派亲信王彧晋见，代他向司马懿请罪，交还所有的印信、符节。司马懿大军抵达丘头，王凌在小船上将自己捆绑起来。司马懿代皇帝下诏，派主簿替王凌解绑。

王凌认为皇帝已有赦令，而自己又是司马懿的老友，感到自己已无性命之忧，就打算晋见司马懿。当他走到司马懿门口，却被司马懿拒绝。王凌这时才发现不对，就在门口大声向司马懿说："你写几个字叫我来，我敢不来？为什么还带军队？"司马懿在屋里回答说："正因为你不是写几个字就能叫得来的人，所以我才不得不带军队。"王凌说："那你的信，就是欺骗我啰？""哦，对不起，国家为重。"于是，派步骑兵六百人，将王凌押往洛阳。王凌为试探司马懿对他的真实态度，要求赏他几个钉棺材的铁钉，司马懿同意了，王凌于是就绝望了。走到沈丘县东南，看到贾逵庙，就大喊说："贾梁道，我王凌此心忠于朝廷，只有你的神灵知道。"走到项县，为免受死前的折磨而服毒自杀，时年八十岁。

司马懿为斩草除根将其子王广诛杀，将曹彪赐死。至此，史书上称之为"淮南第一叛"，平叛结束。

司马懿杀完了他认为该杀的人之后，在他寿终正寝之前，他又做了三件事：

第一件，是他想到曹丕，他借鉴曹丕的经验把所有姓曹的王爷、公爷、侯爷，都搬到邺城住，不许互相往来，一切行动由他派人监视。

第二件，是他想到王凌已是八十多岁的人了，还要和他拼搏一番，由此可见，要想完成司马家族的帝业，今后的路不仅长而又长，而且还艰而又艰，于是他咬破中指，血写了一句话嘱咐后人。这一句话是：你想立大事，超世之才与坚忍不拔之志，这二者必兼！

第三件，是他做了一个梦，根据这个梦他做了第三件事。梦是什么梦，第三件事是什么事，请等待慎重告诉。

司马懿一生跟随曹氏，学习曹操，以曹氏之法夺得曹氏之位；司马懿没有曹操风光，但他为儿孙铺下一条通天的路，比曹操做得到位。他将这些做完之后，把一切交给他的长子司马师，又过了一个月，才安详地撒手去了。

　　在他去之前，他又立下遗书四条：第一，葬于京城东北八十里之首阳山，不坟不树，保持原地形不变；第二，下葬时穿平常衣服，不放器物与之合葬；第三，以后死者不得与其合葬；第四，日后子孙不得祭陵。

　　司马懿是在曹爽祭陵时发动"高平陵事变"夺得的政权，司马懿立这四条是出于这一原因吗？不得而知。但这四条却开创了两晋王朝皇室的薄葬之风。

　　司马懿，以他特殊的一生，给后人留下难忘的记忆。他为司马家族的帝业打下坚实的基础，他的后人能在这一基础上把帝业的大厦，成功建立起来吗？请看下章。

第六章 >>>

斩将搴旗　司马师不负父望

司马师，字子元。《晋书》上说他："雅有风采，沉毅多大略。少留美誉，与夏侯玄、何晏齐名。"何晏常称："天下能人不少，能成天下之务的又有几个呢？我看司马子元将来很有可能！"魏景初元年（公元237年），拜散骑常侍，接着又升为中护军。母逝居丧以至孝闻。其父司马懿将诛曹爽时，独与司马师暗暗筹划，司马昭纹丝不知，即将行动的前夕，才让司马昭知道。既而使人观测时，司马师鼾声如常，司马昭不能安席。晨会兵司马门，司马师布阵遣将内外既威严齐整，又镇静肃然。司马懿看后高兴地说："此子甚可也！"这些威武的部队从哪来的？是当初司马师所暗养的散在民间的三千死士，所以一朝而出，大家惊奇，都不知这些天兵天将是出自何处。事平，以功封长平乡侯，食邑千户，不久加卫将军。及司马懿去世，议者都说："应由司马师嗣事"，天子说："有了子元，朕则有恃无恐也。"堂堂正正被天子封为抚军大将军辅政。

魏嘉平四年，司马师年四十五岁，升为大将军，加侍中，持节，都督中外诸军，录尚书事。命百官举贤才，明少长，恤穷独，理废滞。分配诸葛诞、毌丘俭、王昶、陈泰、胡遵都督四方，王基、周泰、邓艾、石苞主管州郡，卢毓、李丰掌选举，傅嘏、虞松参与计谋，钟会、夏侯

90

玄、王肃、陈本、孟康、赵酆、张缉参与朝议。四海倾注，朝野肃然。

当时天下，三国仍然鼎立，东吴依然一片祥和。但孙权也日暮西山，鉴于太子孙亮年纪很小，亦想到辅政的问题，于是孙峻就推荐了大将军诸葛恪。

诸葛恪，是诸葛瑾的长子。据说，诸葛恪小时很聪明，他的父亲的脸比较长。孙权爱开玩笑，一次在他大会群臣时，叫人在一头驴的头上贴上一张纸条，纸条上写着"诸葛瑾"三字，意思是取笑诸葛瑾脸长得像驴。等群臣到齐，孙权暗暗叫人把驴拉上堂来，好让大家一笑。

驴，生性的犟。它不知上朝的荣耀。它傻，它不愿意上那世人都想上而难得一上的金銮宝殿。于是前面着人拉，后面着人推，驴好不容易就要被"请"来了，孙权埋着头，装着不看，等着大家笑。在这等的过程中，他想到大臣们看到驴后，哄然大笑的情景，即忍俊不禁，几次掩口，先暗暗地笑了。等着等着不见大家笑，而是纷纷议论开了。这是怎么回事？抬头一看，驴头上的字，不是笑话"诸葛瑾"，而是"诸葛瑾的驴"，诸葛瑾为什么叫人费这么大的劲把他的驴拉上殿来？难怪大家议论纷纷。一打听"的驴"二字是娃娃诸葛恪加的。这一加把笑诸葛瑾的笑话化解了，制造笑话的孙权反而成了笑话。这小子真不简单！

另一次，孙权请大臣喝酒，为了验证诸葛恪是否真聪明，特叫诸葛恪来斟酒。三巡过后，又轮到给张昭斟酒，张昭喝得脸红了，不想再喝，诸葛恪一再劝他再喝，张昭说："这不是尊敬老人之道。"孙权说："娃娃，你要是说得他老人家理屈，那他就得喝。"于是诸葛恪说："姜太公九十岁还与武王一起拿着节钺，带领着军队打仗冲锋都没有言老，而您老也是英雄一辈子，打仗也从不言老，今天晚辈好不容易有这机会劝您喝两杯酒，怎么就言老了呢？"这一推一拉，不仅说得张昭理屈，还说得张昭心里暖滋滋的，只好喝酒。

尽管诸葛恪聪明，当孙峻提出由诸葛恪做辅政大臣的时候，孙权还是不大同意，说"这小子太刚愎自用了"。叫另选，可是另外选去选来，没有比他更好的，不得已还是定了他。

诸葛恪当政以后，与司马师一样，也想有些作为。也想扩大东吴地盘，为东吴的统一大业做点成绩。于嘉平五年三月，率大军向曹魏"合肥新城"袭来。无独有偶，这时蜀国的姜维与吴国的诸葛恪相配合，也率领数万人马出石营（礼县西北），在西线（今甘肃省临洮县）包围曹魏所属的狄道。曹魏朝廷召开紧急会议，讨论如何御敌。

当讨论东线如何抵御诸葛恪时，众臣担心诸葛恪会分兵攻打淮河泗水，欲分兵把守诸水口。司马师则说："诸葛恪新得政于吴，欲求一时之利，更希冀万无一失，很快取得成功，哪有闲功夫又去攻打淮河泗水呢！而且淮河泗水水口很多，多守则用兵众，少守又不足以御敌。"时不多久，恪果然集中全力进攻合肥新城，全如司马师所料。于是，司马师命令镇东将军毌丘俭与扬州刺史文钦前去抵御。临行时俭、钦二将前来请示战法：司马师说："恪卷甲深入，投兵死地，疯狂至极，其锋不可挡；但新城小而固，攻之而难拔。"司马师命令俭、钦二将隐于距新城一日路程的深山里监视诸葛恪。俭、钦领命而去。半个时辰后司马师打马追上文钦。亲执钦手曰："此役全仗将军你了。不过吾还有一句话和三封信相嘱。这一句话是：以静待变，不变不动。一旦有变，请照此三封信办。"

显然司马师在东线的策略是采取守势，用新城作为消耗诸葛恪大军的一枚棋子先绊住诸葛恪；而在西线则采取有力措施，迅速带领关中所有军队全力展开救援，很快打退姜维的进攻。

东线，当时新城的守将是魏国的张特。他的士兵只有三千。

以三千对二十万，结果会如何？

张特率军死死地守着新城。诸葛恪在城外垒砌土山连续攻了三个多月，竟然没有攻下。最后，等到城垣破损，城池即将沦陷的千钧一发的关头，张特对吴国人说："今天我不想再打下去了，停战。根据魏国法律，如果将领坚守城池超过一百天，而救兵不来的话，就是投降，家里的老小也不被连坐。到现在你们已经攻击了九十多天了，城中本来有四千士兵，也已经死了多半，但现在剩下不到一半的人还是不想投降，等我回头好好劝劝他们，这是我的印信，给你们做凭证。"

吴国人相信了张特的话，也没有要他的印信，就停止了进攻。

而张特回身却命令连夜把城内的居民房屋拆掉，用拆下的木材作栅栏，堵住了城墙被打坏的缺口。

等第二天天亮，吴国人发现城墙的缺口都被堵上了，同时，也传来了张特的声音："我只有战斗而死，绝不投降！"把吴国人气了个半死。气归气，但是城还没攻下来还得去攻，可是无论他们怎么攻，还是攻不下来。

诸葛恪出兵是在三月，本来已经长驱直入魏国腹地，却不知道谁出的计策，说什么"如果深入敌境，可能民众会逃散，劳而无功（当时地旷人稀，劳力缺乏：东吴常常以掳人为目的而出征。这里的劳而无功，就是说费劲很大，却掳不到人)，倒不如包围新城，引诱魏军前来救援，我们围城打援，可以取得大的收获"。正如司马师所说，诸葛恪急功近利，更希冀万无一失，很快取得成功，就同意了，于是就回军围了新城。自五月围到七月，天气入暑变热，不少士兵得了传染病，士气低落，成批成批地减员，现在面对张特加固的城池一筹莫展，魏国的救兵也快要到了，东吴军不得不退兵。在归途中被司马师所埋伏在合榆镇的文钦兵马杀得惨败，万余尸首布满荒野。

诸葛恪这次出兵失利，名声大损。过了没多久，吴国孙峻借着众人的怨气，就在孙亮的宫中设计将诸葛恪杀了。

东线西线全都取得胜利，这无疑为魏国立下了功劳，也充分显示出了司马师的才能。但结果怎么样呢？结果带来大麻烦——引起了淮南第二叛。

在胜利面前会得到许多人的夸奖、欢呼和捧场。但还必须冷静地看到，不希望你成功，不希望你有成绩的也大有人在！你一旦有了成绩，一旦超过了他，他的肚子就像长了蛆一样不舒服！甚至会同敌人一样阻挡你破坏你。这样的人往往在你身边，甚至隐藏在你的朋友中，你要特别小心！这样的人是什么人呢？那就是你的政敌和那些小肚鸡肠爱妒忌人的人。

司马师在他取得这一成绩后不久，在他的内部就有这两种人联合着向他袭来。

就在次年正月，少帝曹芳与中书令李丰、皇后之父光禄大夫张缉、黄门监苏铄、永宁署令乐敦、冗从仆射刘宝贤等联合到一起，拟将夏侯玄由九卿之一的"太常"升为"大将军"，代替司马师"辅政"，剥夺司马师的军政大权。

幸亏司马师跟着他父亲转战南北，受到许多历练；耳濡目染，潜移默化，受到他父亲的许多熏陶；在胜利面前一直慧眼圆睁，保持着高度警惕。就在他们准备就绪，即将动手时，他得到消息。《三国志》上说"大将军密闻其谋"，立即以迅雷不及掩耳之势发动反击。

擒贼先擒王，疾使舍人王羡以车追丰。王羡如周仓，力可伏牛，丰见羡犹如狐狸见老虎，知道小命无路可逃，只好嬉笑奉承，摇尾讨好，随羡去见师。在司马师斥问之下，丰知祸及难免，破罐子破摔，肆意恶言，触怒司马师。司马师遂令王羡以刀环筑杀之。

紧接着以企图"废易大臣"的罪名，一网将张缉、苏铄、乐敦、刘宝贤等人连同夏侯玄一起逮捕、诛杀，灭三族。

但对少帝曹芳却未问未动。

曹芳不仅与这些人混在一起密谋废立，而且"长期不理万机，沉溺内宠，藐视女德，日近倡优，纵其丑虐，迎六宫家人留止内房，毁人伦之叙，乱男女之节"。荒淫无度，腐朽至极，已经失去做皇帝的资格，再"不可以承天绪，奉宗庙"（《三国志·魏书·三少帝纪》），应该将其废黜。为打有把握之仗，司马师思前想后，采取渐进的办法，逐步为之。

张缉的女儿是曹芳的皇后，张缉被处死以后，这张缉的女儿自然当不成皇后了。三月司马师规劝曹芳废了皇后张氏。为正视听，朝廷在废张氏后又以曹芳名义下诏谴责奸臣李丰等：指出他们"语言善巧，而行动乖违；口是心非，暗造邪恶。"接着执问："大将军司马师为纠歪驳正，惩处邪恶，而杀了他们，这一举措过了吗？周勃之克吕氏，霍光之擒上官，曷以过之！"

三月废黜了张皇后，四月立了王皇后。在立王皇后时，郭太后不同意，曹芳很恼火，与郭太后大吵，最后甩出狠话，说："曹家天子从来就是拣自己喜欢的女人立皇后，立王氏，我愿意，谁也别想管！"自此，曹芳就不再理郭太后。这时郭太后的母亲去世，郭太后很伤心，身为"儿子"的曹芳也不去安慰。就这样母子间的矛盾进一步加深，最后导致郭太后找了一个理由，把曹芳最宠爱的两个妃子一下全杀了。曹芳痛心欲绝，几乎要疯掉。母子关系从而彻底决裂。

这时司马师觉得收拾曹芳的机会到了。恰好这时又遇一事，废黜曹芳的帝位更是水到渠成。

蜀汉大将姜维北伐曹魏，朝廷决定司马师之弟司马昭到长安指挥抗击姜维的进攻。司马昭时任征西将军，在许昌驻扎。为了鼓舞士气，朝廷决定司马昭先带军队到洛阳，在城西平乐关接受皇帝的检阅。这时曹芳身边的郭怀、袁信等几个亲信给曹芳出了一个主意：趁检阅军队时，司马昭向皇帝辞行，当司马昭走近皇帝的时候，左右人冲上去，先将司马昭杀死，再派军队拿下司马师，然后向全国宣布：经过激烈斗争，胜利粉碎了司马氏专权独裁集团！大权不就可以回到曹芳手里了吗？他们精心策划了事件的各个环节，甚至还替曹芳起草了诛杀司马氏兄弟的诏书。

谁知，当他们把诏书送到曹芳面前时，曹芳却胆怯了，他双眼直勾勾地盯着诏书，浑身冒汗，两腿打颤，似乎司马师的刀已经架到他脖子上了，嗓音失声，连话也说不出来了。左右一看，这不又是当年那个胆小如鼠，贪生怕死的曹爽再现吗？于是无言而散。

这事很快传到了司马师那里。司马师更加惊愕、恼怒！冷静考虑后，觉得就此机会先行废黜皇帝，次而再处理其他。于是立即召开了朝廷全体大臣会议，当众历数曹芳的种种不端行为，最后流涕曰："皇室今如是，诸君看如何？"大家一致说："伊尹放太甲以宁殷，霍光废昌邑以安汉，权定社稷，以清四海。尹、霍行之于古，明公当之于今，今日之事，唯命是从。"

于是司马师乃邀群臣共奏太后，曰："臣闻天子者所以济群生，永安万国。可皇帝春秋已长，却不亲理万机，常使小优郭怀、袁信裸袒淫戏。又于广望观下戏耍辽东妖妇，道路行人莫不掩目。清商令令狐景谏帝，帝烧铁炙之。太后遭合阳君丧，帝喜乐自若，清商丞庞熙谏帝，帝弗听。太后还北宫，杀张美人，帝甚恚恨。熙谏，帝怒，复以弹熙。每文书人，帝不省视，太后令帝在式乾殿讲学，帝又不从。帝实不可以承天序。臣请依霍光故事，收皇帝玺绶，以齐王归藩。"太后听奏以后，当即应可，于是有司以牛、羊、猪三牲祭告宗庙后，扶曹芳乘上舆副车，群臣送至西掖门。司马师对曹芳泣曰："先臣受历世殊遇，先帝临崩，托以遗诏。臣复忝重任，未能尽到替代责任。群公卿士，只好根据旧典，为社稷深计，宁负圣躬你，以使宗庙能够正常祭祀。"于是使使者持节卫送。曹芳十五年的皇帝生涯，从而告终。这年，曹芳二十三岁。

废黜曹芳后，才又去处理郭怀、袁信等人。

废掉了曹芳，立谁为皇帝呢？司马师与群臣讨论时说："方今宇宙未清，二虎争雄，四海之主，惟在贤哲。彭城王据，太祖之子。论贤，则仁圣明允；论辈，则皇室之长。天位至重，不得其才，不足以宁济六合。"意即立曹据。但郭太后不同意，说："彭城王曹据是我的小叔子，你叫他当皇帝，你把我往哪里摆？我们明皇帝曹叡是没有儿子，但不等于是绝户，他的弟弟有儿子。按照礼制弟弟的儿子也能承接大统。"司马师问是谁，郭太后说："高贵乡公曹髦。东海王霖的儿子，今年十四岁。"司马师力争曹据当皇帝，郭太后固执不让，司马师想，以后有事也许还得要她郭太后出面呢，也就让步同意了。

于是，司马师就召集群臣大会，宣布郭太后的懿旨，大家见司马师同意，当然就一致通过了。接着就派车去接曹髦。曹髦还在家里玩，司马师为了显示自己的特殊身份，找郭太后要皇帝的玉玺，他准备把玉玺亲自授给曹髦；但郭太后不给，说："我可认识曹髦，小时候我还抱过他呢，等他登基的时候，我要亲自把玉玺授给他。"她也要亲自授，司马师照样依了她，让她亲自去授。

魏文帝本立有规矩：后妃不得干预朝政。但专权的司马氏，为了给自己的行为找依据，找借口，找有力的支持者，往往把儿皇帝的妈，或者奶奶——皇后、皇太后搬出来当挡箭牌，当傀儡，为他们发号施令。而当妈的当奶奶的，也乐此不疲，这可以满足她们的虚荣心，张扬一下她们的意志，因为她们知道，当傀儡比自找苦吃要好得多。因此魏文帝的规矩也就一风吹了。

这十四岁的娃娃，司马师没有见过，问钟会，钟会说："才同陈思，武类太祖。"司马师一听心内咯噔一动，言不由衷地说："果如卿言，社稷之福也！"他嘴里这样说，心里不免有些失悔，曹魏皇室腐朽不堪，一代不如一代，他与他父亲早已心照不宣，要以司马氏取代曹氏。他为了独专曹魏大权，希望的是小皇帝听话，而不是聪明，更不是文武超群。

钟会是司马师属下之心腹，为了拍司马师的马屁，说他选皇帝选的对，才说了这么一句话。但这句话却让司马师很费了一番思索：一个十四岁的娃子，又读了多少书，写了多少东西呢，就才同曹植了？这还在其次，他从未带过兵上过阵，怎么就看出他武类曹操了呢？钟会这样说了，他倒要看一看，这个曹髦到底是一个什么样的娃娃！

那天他带领全朝文武官员迎接于西掖门南，他第一眼看曹髦，觉得曹髦长得很清亮，红嘟嘟的脸庞，一绺头发搭在宽阔的前额上。司马师想到，曹髦名字的那个"髦"字可能就从这一绺头发来的。紧接着后面的两件事更使司马师看到这个少年还是有一套，不仅很谦虚很有礼貌还很有主见：当接他的车来到洛阳城下，见群臣迎拜于西掖门南，他即在门口下车，要向众位官员回拜还礼。礼宾官员阻拦说："礼，君不拜臣。"他回答说："我并未登基，现在还是平民一个。"说完在城门口向群臣恭敬还礼。进城来到皇宫，他将车停于门前，下车步行。礼宾官员又说："天子有资格驾车入宫。"他又说："我受皇太后征召而来，还不知所为何事。天子之称我不敢当。"曹髦步行到太极东堂，拜见太后。百官见曹髦如此谦逊谨慎莫不称赞。司马师这才觉得钟会的话虽然不准，但却很沾边。甚至还使他觉得，他们司马氏帝业的路，因曹髦而变得长了。

这一年的金秋十月，即正元元年（公元254年）十月，十四岁的娃娃曹髦登基。

曹髦登基后，处处都在郭太后的指点下行事。他接受前任曹芳的教训，尽量地谨慎加小心，千方百计地笼络司马师。

曹髦登基不久就下诏，用最美好的词语赞美司马师。说历代君主，无论是创业的还是守成的都要仰仗大臣的辅佐。说司马师大将军"世载明德，应期作辅"，朝廷"遭天降险，帝室多难"其原因是齐王不遵循常法而导致的。是司马师公你"履义执忠，安定华夏。带领百官，总领庶事，内摧寇虐，外镇奸宄，废寝忘食，日以继夜，不辞辛劳，才使朝廷焕然一新"。"德声光于上下，勋烈施于四方。首建明策，权定社稷，援立朕躬，宗庙获安，亿兆同庆。伊挚之保义殷邦，公旦之绥宁周室，朕甚嘉之。"接着指出："夫德茂者位尊，庸大者禄厚，古今之通义也。"因此令司马师"登位相国，增邑九千，并前四万户，进号大都督、假黄钺，入朝不趋，奏事不名，剑履上殿，赐钱五百万，帛五千匹，以彰元勋"。

　　司马师知道这一切是郭太后的主意，为了搞好关系，除相位"固辞"以外，其他一切照收。

　　接着司马师以辅政大臣和长辈的身份上书训于天子曰："荆山之璞虽美，不琢不成其宝；颜、冉之才虽茂，不学不宏其量。仲尼有云'予非生而知之者，好古敏以求之者也'。仰观黄轩五代之主，莫不有所禀性规则，颛顼受学于绿图，高辛（即帝王喾）问道于柏招（柏招，即高辛的老师），及至周成王，旦望作辅（旦望：周公旦与太公望的并称，两人均为周代之贤辅），固能离经辩志安道乐业。夫然，故君道明于上，兆庶（百姓）顺从于下。刑厝之隆，（刑厝：刑，刑法；厝，放置。由于世道清明，刑法置而不须用）实由于此。宜遵先王下问之义，使讲诵之业屡闻于听，经典之言日陈于侧也。"

　　自此，曹髦于深宫之中接受教育。

　　曹髦与曹芳很不相同，他是一个爱学习，勤思考，善钻研，而且胆量过人的青年。他入宫头一年就学完《尚书》。接着又深入太学，对《易经》《礼记》等进行了学习和探讨。据《魏氏春秋》记载，到甘露元年（公元256年）二月，曹髦在太极殿东堂与群臣探讨学问，他向当时的太学博士淳于俊请教，问《易经》这部书的来源。淳于俊说："包羲因燧皇之图而制八卦，神农演之为六十四卦。"曹髦再问，为什么孔子不说"燧人氏没，包羲氏作"？淳于俊答不出来。他对《书经》里的许多字句，也有疑问。他觉得尧有四凶而不能去，用舜还要等待"四岳"来推荐，似乎并不是圣明得如一般儒生所说的那样。他这样"惑经""疑古"，比唐朝刘知幾早了几百年。

　　接着又提出中兴夏朝的太康与创业之主的刘邦，谁优谁劣的问题，这是站在国之高度在思考问题。虽然年纪小小，却胸怀宏旨，并欲远图。远图什么？看来他已联系到实际，知道创业难，守成亦难。更可能他已看到曹氏王朝已岌岌可危，正图拯救之方。

据史记载，曹髦还是一个画家。唐朝人张彦远在《历代名画记》中对曹髦的画评价说"曹髦之迹，独高魏代"，也就是说，在曹魏时期，他的画是最好的。隔朝隔代，隔了几百年还有人在《历代名画记》中说他的画好，可见这个年轻人的才学、画工实在是不凡！

此时的曹髦颇爱修饰打扮，司马师又谏曰："你才登基即位，应该崇尚朴实纯真。"曹髦也很有礼貌地接受并改正。这种如鱼得水，波澜不惊的状态很快又被打破。

文钦与曹爽是老乡，关系甚笃。文钦这人，才武超群，在当时当地都称他为"壮勇高人"，颇有名气。但他刚暴无礼，目中无人，不听上司的话，魏明帝曹叡不喜欢他。太尉王凌曾上奏朝廷，说他不宜镇守边境，要求免他的官治他的罪，而当权者曹爽不仅没治他的罪，免他的官，还升了他的官。这样曹爽就成了他的至亲至上的恩人。自从曹爽被杀以后，他痛惜万分，一直心怀不满，但是他与自己的顶头上司诸葛诞不和，在司马氏高压政策面前，他连一口大气也不敢出。后来诸葛诞与毌丘俭对调，毌丘俭成了他的顶头上司。而毌丘俭与李丰、夏侯玄关系甚密，李丰、夏侯玄接连被杀，他的心情与文钦一样，不仅兔死狐悲，而且对司马氏的大肆杀伐心怀不满。两人一拍即合，结谋反叛。为了使出兵名正言顺，他们"矫太后诏"，发布檄文，声讨司马师。为了稳妥，毌、文各把四个儿子当成人质送到东吴，以求东吴支持；同时他们知道，一旦失败必遭灭族，这样把儿子送到东吴既可为自己保留血脉，更为相互表示决心，去掉后顾之忧，好与司马师作背水一战！一切准备好后，为鼓舞士气，他们在寿春歃血为盟，搭台誓师。正元二年（公元255年）正月，毌、文率六万兵马，从寿春北上，渡淮河，占领项县（今河南项城）。以项县为跳板，文钦在前面进攻，毌丘俭在后面助阵。人喊马嘶，手舞足蹈，趾高气扬，气势汹汹，如洪水翻滚，如惊涛拍岸。消息传开，洛阳市民惊悸，朝廷官员惊慌。司马师不失大将风范，虽脚步加快，但神情自若，仍如履平常公务一般召开朝廷会议，讨论如何对敌。

在大事、紧急事面前，快是必要的，而镇静更为主要。镇静来自胆大。胆大来自洞察一切的正确思想和不怕死的精神。只有胆大才不会慌乱。只有胆大不慌乱，才会有思想缜密，行动果断敏捷。这种每逢大事心不惊的品质，有助于创业者在前进的道路上克服一切困难和风险。

司马师召开的朝廷会议上，大多数人说派将出征，也有人说大将军应亲自挂帅出马。司马师要不要亲自出马？当时司马师正好"目有瘤疾"，发作时视物不清，疼痛难忍，刚做完切除手术，正处于保养的关键时期。司马师想保住这只眼睛，拟让其叔司马孚代他出征，但王肃、傅嘏、钟会等人不知司马师眼上瘤子的严重性，他们说："此关键时刻，大势一失，则公事败矣！"司马师一听这话，不顾眼疾，"蹶然而起"登上车，亲率步骑十余万，倍道兼行，同时召三方兵，大会于陈、许之郊。气势如虹，先声夺人，其效果立竿见影。当司马师大军迫近隐桥时，俭将史招、李续，在泰山压卵之势面前，急忙相继投降。俭、钦亦移入项城避锋。

这一步的确是关键。如没有"不顾眼疾，蹶然登车，亲自出马"之举，历史也许就真是另一个样了！这说明认识出关键一步，迈出关键一步，在创业道路上是多么重要！认识关键需要智慧，迈出关键一步则需要勇气，需要有牺牲精神。

怕牺牲休息，怕牺牲安逸，怕出汗，怕劳累，怕流血牺牲，你就会前功尽弃，鸡飞蛋打，不会成功！尤其是改变命运的创业，往往需要前赴后继，几代人接连不断地努力，你没有牺牲自己为下一代打基础的精神，你这个家族，将永远寄人篱下，不得翻身。一个人是这样，一个家庭是这样，一个民族更是这样。"为有牺牲多壮志，敢教日月换新天"的精神，才是至尊至贵的精神！

司马师不顾眼疾危及生命，毅然决然跳上车，亲率大军，倍道而行，召三方兵马，大会于陈郡、许昌，抓住关键这一着，造成"不可胜的形势"（孙子兵法语）后，乃遣荆州刺史王基进据南顿以逼俭；而他深壁高垒，隐于隐水城中，以待东军之集。"诸将请进军攻其项城。"司马师曰："诸君知其一，未知其二。淮南将士本无反意，是俭、钦蹈纵横之计，习仪、秦之说，说什么：'一地起兵，远近必应'。结果恰恰相反，事起之日，淮北不从，史招、李续前后瓦解，内乖外叛，自知必败，才遁于城中。困兽思斗，速战更合其志。我们如果硬攻，当然也攻得下，但伤人必多。而且，俭等欺诈蒙骗将士，诡变万端，只要我们小与持久，诈情自露，他的将士必会觉悟，此不战可克也。"于是遣诸葛诞督豫州诸军自安风向寿春，征东将军胡遵督青、徐诸军出谯、宋之间，绝其归路。

接着司马师进屯汝阳，遣兖州刺史邓艾督太山诸军进屯项城附近的乐嘉，示弱以诱之。司马师趁夜黑风高，人衔枚，马勒口，亦径造乐嘉。文钦叛军得报，钦子鸯，年十八，勇冠三军，对钦说："乘其立足未稳，我登城鼓噪呐喊，您带兵骤然出击可破也！"于是按鸯计而行。结果鸯带兵在城上三噪而钦带不出兵，其原因，果如司马师所言：常期蒙骗，终会导致号令不灵。鸯在城上三噪，钦在城内三次发号施令，就是没有将士响应，"鸯无奈引兵东去。"司马师曰："钦逃了，追！"诸将皆曰："钦是有名的老将军，鸯又是少而勇，必然是引军入城内去了，未有失利，必不逃也！"司马师曰："一鼓作气，再而衰，三而竭。鸯三鼓，钦不应，其势已屈，不走何待？"稍顷，钦果然逃遁，司马师遣左长史司马琏督骁骑八千翼而追之，使将军乐綝等督步兵继其后，追至沙阳，频陷钦阵，弩矢雨下，钦蒙盾而驰，司马师大破其军，众皆投戈而降。而文钦之子文鸯却带十几骑突入司马师大营，一下冲到司马师眼前，司马师猝不及防，惊得眼珠暴出眶外，顿时痛得满地打滚，文鸯虽被部下击退，但司马师却得了一场大病。

毌丘俭得知文钦父子吃了败仗，顿时感到前景不妙，自己的军队根本不是司马师的对手，与其等到被消灭，不如一跑了之。他想回寿春根据地，他听部下说寿春早被司马师拿下，他感到大势已去，即扔下部队只身逃逸。他一逃跑，手下的将领也四散而去。士兵亦顿作鸟兽散。

文钦于此时也感到无路可退，带着文鸯投降了吴国。

毌丘俭只身逃跑，他没有目标，一路瞎跑，跑到一个叫慎县的地方，精疲力竭，怕被人发现，就躲到一条河边水草中休息，他的狼狈相，早就被人盯上了，一个叫张属的人，一看这人披头散发，魂不守舍，惊慌失色，一路狂奔，他想这人一定不是好人，冲上去拔刀就砍，并把头割了下来，带到洛阳请功，一验证是叛乱首恶分子毌丘俭，此人因此立了大功，后被封为侯。

此役，史书称为淮南第二叛。司马师大获全胜。那司马师的病如何呢？请看下章。

第七章 >>>

前赴后继　司马昭哭拜受命

司马师大破文钦军，众皆投戈而降。而文钦之子文鸯却带十几骑突入司马师大营，一下冲到司马师眼前，司马师猝不及防，惊得眼珠暴出眶外，顿时痛得满地打滚，从而得了一场大病。

身染重病的司马师，自乐嘉班师回到许昌，心神恍惚，自料难保。这时他觉得自己的命事小，父亲拿命换来的司马氏基业事大！司马氏为了发展自己的家族，动辄灭人三族，如果司马氏家族一旦失败，岂不也要被灭三族？！想到这里他不由得出了一身冷汗，他怕一口气上不来，到那时就什么也晚了，遂急召其弟司马昭到许昌来交代后事！

司马昭从洛阳赶往许昌时，少帝曹髦曾升他为卫将军，算是壮壮他的行色。司马昭赶到许昌后，见兄长司马师病入沉疴，生命危殆，急哭拜于床前。师遗言曰："父为司马氏家族的振兴殚精竭虑，我们不要辜负他一生的心血！吾今权重，虽早欲卸肩，不可得也。汝继我为之，大事切不可轻托他人，不然自取灭族之祸也！"言罢而亡，时年四十八岁。

司马师肩上的重担——司马家族的帝业，不容分说，一下扔给了司马昭。

司马师壮哉，悲哉！

说他壮，他以他的智慧和生命诠释出他在创建司马氏的家业中百折不挠，威武不屈，所向披靡；说他悲，他的小家庭是不尽如人意的。他的第一任妻子夏侯徽是曹氏之甥，而他们父子皆有"雄才大略"，在她进门时，必欲取代曹氏而完成帝业的思想已充盈司马家。对这一曹氏之甥"深忌之"，于青龙二年，夏侯徽二十四岁时"遂以鸩崩"。夏侯徽死后，更娶镇北将军濮阳吴质女，不久即被废黜，才又娶羊徽瑜。三任妻子未给他生一男，唯最前的夏侯徽给他留下五女。

司马师的死讯传到洛阳，少帝曹髦却觉得机会来了，立即下诏给司马昭，叫他留守许昌，不必返回京城洛阳。意思很明显：不愿意给他以相同于司马懿、司马师的"辅政"大权。

司马昭不理会曹髦的圣旨，仍旧带了大军，浩浩荡荡，由许昌开向洛阳。曹髦没有能力挡住这位目无君上的权臣，只好逆来顺受，升他为大将军，加官"侍中、都督中外诸军、录尚书事"，让他像他父亲与兄长一样"辅政"！

大将无言！司马昭用他的行动，充分显示了他的威力！

魏政之变，传到西蜀，西蜀即乘司马师新亡，司马昭初握神器，凡事生疏之机，遂兴兵五万来犯。幸当初他和他兄长司马师在与蜀的边界上安排的守将邓艾将军早有所备，西蜀才未得逞。

甘露元年（公元256年）司马昭为自壮其威，自封天下兵马大都督，出入常令三千铁甲骁将前簇后拥，一应事务，不奏朝廷，皆由他自己独断专行。有一心腹，姓贾，名充，字公闾，平阳襄陵人。其父名逵，曹魏时期的豫州刺史、阳里亭侯，曹丕手下的名臣。逵很晚才生充，大概充在很小的时候逵就死了，所以《晋书》上说充"少孤，居丧以孝闻名"。袭父爵为侯。后拜尚书郎，主持勘定法律条文，规划计算，辨明文字章句，甚至检查收成，考核官吏，样样都干。接着就升为黄门侍郎，汲郡典农中郎将，参大将军军事。跟从司马师于乐嘉讨伐毌丘俭、文钦。

司马师因病还许昌，留充在乐嘉监督军事，以劳增邑三百五十户。司马昭上台后提为大将军司马、府中长史。他这位心腹，既揣度出他的心事，也看出其中问题。向他提醒道："今主公初秉大政，四方人心必然未安；为防出事，且当暗访，然后徐图之。"司马昭即命他东行，以慰劳出征军士为名去探听消息。

贾充领命，径到淮南，入见镇东大将军诸葛诞。诸葛诞，琅琊南阳人，诸葛亮族弟。因亮在蜀为相，因此一直不得重用；后武侯亡，诞才任上重职，被曹氏封为高平侯，总摄两淮兵马，诞从而感激涕零。当日，贾充见到诸葛诞后，诸葛诞设宴待之。酒至半酣，充以言挑诞曰："近来洛阳诸贤，皆以主上懦弱，不堪为君。司马大将军三辈辅国，功德弥天，可以禅代魏统。不知钧意若何？"诞一听大怒，曰："汝乃贾豫州之子，世食魏禄，安敢出此乱言！"充谢曰："吾以他人之言告公耳。"诞曰："朝廷有难，吾当以死报之。"充以点头应之。

诸葛诞，曹魏老臣，心属曹魏久矣！但对司马氏也同样效忠。文钦、毌丘俭平白无故造司马氏的反，破坏了和平安宁，他反对，所以他帮司马氏平乱；但司马氏杀文钦和毌丘俭并灭其三族，这种动辄灭其三族，把人命当粪土的高压政策他不仅更反对，而且也产生了兔死狐悲的思想，因此一听要夺曹魏的权，他反司马氏的思想就更坚定了。

贾充归，细言告与司马昭。昭大怒："鼠辈安敢如此！"充曰："诞在淮南，深得人心，久必为患，应速除之。"司马昭问："如此应该如何除之？"贾充说："水不紧鱼不跳。趁他羽毛还不够丰满，征调他到京都来。他如果来，他是一条鱼就成了一条无水之鱼，他是一只鸟就成了一只无毛之鸟。那时他就如面托在手，想捏成扁的就捏成扁的，想捏成圆的就捏成圆的。他若不来，就说明他有反意，这样我们就可趁早收拾他。"

昭深以为是，遂一面暗发密书与扬州刺史乐綝，一面遣史赍诏征诞为司空。诞得了诏书，已知是贾充告变，即捉住来使拷问。使者曰："此事乐綝知之。"诞曰："此事他如何得知？"使者曰："司马将军已令人到扬州送密书与乐綝了。"诞大怒，叱左右斩了来使，遂起部下兵千人，杀奔扬州来。将至南门，城门已闭，吊桥拽起。诞在城下叫门，城上并无一人应。诞大怒曰："乐綝匹夫，安敢如此！"遂令将士打城。手下十余骁骑，下马渡壕，飞身上城，杀散军士，大开城门。于是诸葛诞引兵入城，乘风放火，杀至綝家。綝慌上楼避之。诞提剑上楼，大喝曰："汝父乐进，昔日受魏国大恩，不思报本，反欲顺司马昭耶！"綝未及回言，诞一刀捅去，綝一命呜呼！接着诞一面具表数司马昭之罪，使人申奏洛阳；一面大聚两淮屯田户口十余万，并扬州新降兵四万余人，积草囤粮，准备进军；又令长史吴纲，送子诸葛靓入吴为质求援，务要合兵诛讨司马昭。

此时吴主孙亮尚幼，由孙綝辅政。綝为人强暴，杀大司马滕胤、将军吕据、王惇等，因此吴国权柄尽归于綝。于是吴纲将诸葛靓置于石头城，入拜孙綝。綝问其故，纲曰："诸葛诞乃蜀汉诸葛武侯族弟，向事魏国，今见司马昭欺君罔上，废主弄权，欲兴师讨之，而力不及，故特来归降。诚恐无凭，专送亲子诸葛靓为质。伏望发兵相助。"綝从其请，便遣大将全怿、全端为主将，于诠为合后，朱异、唐咨为先锋，文钦为向导，起兵七万，分三路而进。吴纲回寿春报知诸葛诞。诞大喜，遂陈兵准备。

司马昭在洛阳接到诸葛诞表文大怒，欲亲往讨之。贾充谏道："主公乘父兄之基业，恩德未及四海，今弃天子而去，若一旦有变，悔之何及？不如奏请太后及天子一同出征，可保无虞。"昭喜曰："此言正合吾意。"次日，司马昭遂挟太后及天子曹髦一同出征，尽起两都之兵二十六万，命镇南将军王基为正先锋，安东将军陈骞为副将军，监军石苞为左军，兖州刺史周泰为右军，保护车驾，浩浩荡荡，杀奔淮南而去。

东吴先锋朱异，引兵迎敌。两军对阵，魏军中王基出马，朱异来迎。

战不三合，朱异败走；唐咨出马，战不三合，亦大败而去。王基驱兵掩杀，吴兵大败，退五十里下寨，报入寿春城中。诸葛诞自引本部锐兵，会合文钦并二子文鸯、文虎，雄兵数万来敌司马昭。

司马昭见诸葛诞会合吴兵前来决战，乃召集诸将商议破敌之策。鉴于助诸葛诞的吴兵实为利来，大家决定以利诱之：石苞、周泰先引两军于石头城埋伏，王基、陈骞领精兵在后，却令偏将成倅引兵数万先去诱敌；又令陈俊引车仗牛马驴骡，装载赏军之物，四面聚集于阵中，如敌来则弃之。

是日，诸葛诞令吴将朱异在左，文钦在右——见魏阵中人马不整，诞乃大驱兵马径进。成倅退走，诞驱兵掩杀，见牛马驴骡，遍满郊野；吴兵争抢，无心恋战。忽然一声炮响，两路兵杀来：左有石苞，右有周泰。诞大惊，急于退时，王基、陈骞精兵杀到，诞兵大败。司马昭又引兵接应。诞则引败兵奔入寿春，闭门坚守。昭令兵四面将寿春围困，并力攻城。

时吴兵退屯安丰。魏主车驾及司马昭驻项城。钟会曰："今诸葛诞虽败，寿春城中粮草尚多，更有吴兵屯安丰以为掎角之势；今吾兵四面围攻寿春，彼缓则坚守，急则死战；吴兵如果乘势夹攻，我军将会不利。不如三面攻之，留南门大路，容贼自走；走而击之，可获全胜也。而吴兵，他是远来，日久粮必不继；我引轻骑抄在其后，乘其退时可大破矣。"昭抚会背曰："君真吾之子房也！"遂令王基撤退南门之兵。

吴兵退屯安丰后，孙綝唤朱异责之："量一寿春城不能救，安可并吞中原？如再不胜必斩！"朱异乃回本寨商议。于诠曰："今寿春南门不围，吾愿领一军进去，助诸葛诞守城。将军与魏兵挑战，我即从城中杀出：两路夹攻，魏兵可破矣！"异认为可行。于是全怿、全端、文钦等，皆愿入城。遂同于诠引兵一万，从南门入城。魏兵不得将令，未敢轻敌，任吴兵入城，乃报知司马昭。昭曰："此欲与朱异内外夹攻，以破我军也。"

乃召王基、陈骞吩咐曰："你们二人各引五千兵截断朱异来路，从背后击之。"二人领命而去。

朱异正引兵而来，未等城中兵出，忽背后喊声大震：左有王基，右有陈骞，两路军杀来。吴兵大败。朱异回见孙綝，綝大怒曰："累败之将，要你何用！"即叱武士推出斩之。又责全端子全祎曰："若退不得魏兵，汝父子休来见我！"于是孙綝抛下全祎自回建业去了。

钟会对昭曰："今孙綝退去，外无救兵，城可全围矣。"昭从之，遂催军重新围住南门。全祎引兵欲入寿春，见魏兵势大，寻思进不能入寿春，退又无路，遂降司马昭。昭加祎为偏将军。祎感司马昭恩德，乃修书与父全端、叔全怿，言孙綝不仁，不若降魏，将书射入城中。怿得祎书，遂与端引数千人开门出降。

诸葛诞一方一降再降，诸葛诞在城中忧闷，谋士蒋班、焦彝进言曰："城中粮少兵多，不能久守，可率吴、楚之众，与魏兵决一死战。"诞大怒曰："吾欲守，汝欲战，莫非有异心乎！再言必斩！"二人仰天长叹曰："诞将亡矣！我等不如早降，免至一死！"是夜二更时分，蒋、焦二人逾城降魏，司马昭重用之。因此城中虽有敢战之士，而不敢言战也。

诞在城中，见魏兵四下筑起土城以防淮水；于是指望水泛，冲倒魏兵土城，好驱兵击之。不想自秋至冬，并无霖雨，淮水不泛。城中看看粮尽，文钦在小城内与二子坚守，见军士渐渐饿倒，只得来告诞曰："粮皆尽绝，军士饿损，不如将北方之兵尽放出城，以省其食。"诞大怒曰："汝叫我尽去北军，欲谋我耶？"亦即叱左右推出斩之。文鸯、文虎见父被杀，各拔短刀，立杀数十人，飞身上城，一跃而下，越壕赴魏寨投降。司马昭一听文鸯，立即想起他昔日单骑闯营，致使兄亡之惨；今自送上门，正好将他大卸八块，以解胸中之恨。于是命令卫士道："给我将他绑了！"钟会急谏曰："文鸯之罪在其父。其父已死，二子势穷来降，若杀降将，是坚城内人之心也。"昭从之，遂召文鸯、文虎入帐，用好言抚慰，赐骏马锦衣，加为偏将军，封关内侯。二子拜谢，上马绕城大叫曰："我二人蒙大将军赦罪赐爵，汝等何不早降！"城内人闻言皆计议曰："文鸯乃司马氏仇人，尚且重用，何况我等乎？"于是皆欲投降。诸葛诞闻知大怒，日夜亲自巡城，诸事以杀为威！

钟会知城中人心已变，乃入帐告昭曰："可乘此时攻城矣。"昭大喜，遂激三军，四面云集，一齐攻打。守将曾宣献了北门，放魏兵入城。诞知魏军已入城，慌引麾下数百人，自城中小路突出；至吊桥边，正撞着胡奋；胡奋手起刀落，斩诞于马下，数百人皆被缚。王基引兵杀到西门，正遇吴将于诠。基大喝曰："何不早降！"诠大怒曰："受命而出，为人救难，既不能救，又降他人，义所不为也！"乃掷盔于地，大呼曰："人生在世，得死于战场者，幸耳！"急挥刀死战三十余合，人困马乏，为乱军所杀。

于诠为人救难，该不该尚且不提，但此行为不失为壮士也！

司马昭入寿春，将诸葛诞老小尽皆枭首，灭其三族。

司马昭平了诸葛诞，他叫曹髦封他爵位为"晋公"，以并州六个郡，司州两个郡为封地；封他的官为"相国"，宠他以"九锡"之命。曹髦照他要的给了他，他却又谦辞不要。曹髦知道司马昭这样做的目的是为了造势。造势，是为了提高他的声望。

曹髦知道，他自己虽然是魏主，但处处却要听司马昭的。而司马昭专擅着魏政，专横跋扈地挟持着他，把他当傀儡玩来耍去，他心痛欲绝。当时传出井中见到黄龙的祥瑞，人们议论纷纷，似乎预示着什么，曹髦百思不得其解。甘露四年（公元259年）又传出宁陵井中出现两条黄龙的时候，群臣又议论纷纷，有的向曹髦道贺，有的则摇头摆手示意不祥。左著作郎孙楚上书曰："顷闻宁陵井中有二龙，群臣或谓之祥而道贺，或谓之非祥而无所贺。可谓'楚既失之，而齐亦未为得也'。而龙，本应潜于深水重泉，或仰攀云汉游于苍天，而今却盘曲于坎井，如同蛙虾一般，岂独管库之士或有隐伏，厮役之贤没于行伍？故龙现光景，有所感悟。愿陛下赦小过，举贤才，垂梦于隐于付岩之士，望想如垂钓于渭滨者，修学馆，起用埋没之人。申令公卿，举独行君子可惇风厉俗者，举亮拔秀异之才可拨烦理难矫世抗言者，无系世族，必先逸贱。夫战胜攻取之势，并兼混一之威，五伯之事，韩白之功耳；至于制礼作乐，阐扬道化，甫是士人出筋力之秋也。伏愿陛下择狂夫之言。"

曹髦渴望着有人为他排忧解难，见孙楚书来，急拆阅之。当他看到孙楚要他"赦小过，举贤才"之语，心中的无名火更高八丈，觉得孙楚这人太不明事理了。他被司马昭挟持着，如同被缚，不为他设法解缚，却要他"赦过举贤才"，他能吗？他气愤不已，于是提笔作了《潜龙诗》：

"伤哉龙受困，不能跃深渊。上不飞天汉，下不见于田。盘踞于井底，鳅鳝舞其前。藏牙伏爪甲，嗟我亦同然。"于魏甘露五年（公元260年）四月，曹髦决定与司马昭作最后一拼。他对近臣侍中王沈、尚书王经、散骑常侍王业说："司马昭之心，路人皆知。我已忍无可忍，不能坐等他来废黜！今日我要亲自带你们和他拼个你死我活！"尚书王经忙劝道："今权在司马，为日久矣，朝中四方皆为之至死，不顾逆顺之理，非一日也。且宿卫空缺，兵甲寡弱，陛下无力所用呀？此步一旦迈出，无乃欲除，疾而更深邪！"曹髦多年的怒火，早已充塞七窍，尚书王经的话本想熄灭曹髦的怒火，但这话却像一瓢油不但未熄减怒火，反而使火暴得更高！曹髦把讨伐诏书从怀中一把掏出掷于地上，说："行之决矣。正使死，何所惧！"说完跑进宫中向太后禀告了一声，转来遂即拔剑登车，率领殿中几百名宿卫、僮仆去讨伐司马昭。王沈、王经、王业三人都惊呆了，王沈、王业知道这意味着什么，邀王经同去报告司马昭，王经拒绝不去，他说："主忧臣辱，主辱臣死。你们去吧，我不去。"曹髦带着队伍，杀气腾腾，向司马昭奔去。路上先遇着司马昭的弟弟屯骑校尉司马伷。司马伷的士兵见是皇帝，不敢犯驾，一哄而散。接着就遇到司马昭的士兵，司马昭的士兵见魏帝挥剑亲战，同样谁也不敢上前。眼看旗靡辙乱，兵士就要如同司马伷的士兵一样弃戈四散，太子舍人成济问当时任中护军的贾充："形势危急，怎么办？"贾充毫不迟疑地道："司马公畜养尔等，就是为了今日，不管是谁，动手就是！"成济得令，挥戈冲上去，向曹髦猛力刺去，戈透于背，曹髦当即毙命，时年二十岁。

此事的实际幕后者是司马昭，真正的凶手是贾充。贾充却推诿罪责，说是成济。司马昭为掩人耳目，不仅杀了成济，并灭其全族。而对贾充则大封大奖：封贾充为安阳乡侯，增邑一千二百户；加官为"散骑常侍"，扩大他的兵权为"统城外诸军"。

皇帝，名位，职权，独一无二，至高无上。汉武帝时，董仲舒又发展了儒家的君权神授说，给君权披上了一层神秘的外衣。君权和神权的结合，更加强了君权不可侵犯的神圣性，当时社会意识，莫不认为皇帝就是天子，是秉承天命统治人民的。所以当时中国的愚情，哪怕是少数随意而为之，一旦冠于"皇帝"二字，就成真龙天子。亦如民间所说"一个棒槌剜两只眼"，这两只眼如安上"皇帝"二字，这棒槌立即就神了。曹髦因郭太后一句话，成了皇帝。杀死皇帝，就是弑君，这弑君就是违犯天条，这违犯天条还了得！惊天动地，大逆不道！消息传开，洛阳沸腾，天下轰动。首先太傅司马孚趴在曹髦身上拍天打地地痛哭，口口声声说是他的罪过。因为他是司马昭的叔父，司马昭弑君他要负主要责任；尚书右仆射陈泰由于悲伤过度，竟当场哭死！这一弄，朝廷一下就乱套了。

为了补救此事，司马昭召集他的智囊团出主意。于是就有人说最有力的办法是说曹髦该死，说曹髦该死最有力的人是皇太后。于是司马昭就找到郭太后。郭太后很快就下懿旨，称高贵乡公的皇位虽然是她封任的，却如何如何对她不好，她早就想废黜他，可是大将军如何如何仁爱，一直不忍把他废黜掉。皇太后这话说得未免太空洞，为了说得实在有力，她又举例道："曹髦这孩子还用弓箭遥射我的宫殿，箭就落在我的脚下。我给大将军说过几十次，把他废黜掉；我这话终于传到他耳里，他就怀恨在心，就想用毒药毒死我，没有成功，他就变本加厉，直接带人来杀我和大将军，幸亏王沈给信，他没杀到我们，反被保卫我们的前锋士兵所杀，这不是他应得的吗！"

这话就像一瓢冷水兑进开水锅，使沸腾的朝廷，一下平静了许多。最后皇太后还建议以平民的礼仪将他埋了算了。

司马昭为了平息此事，迅速按照皇太后的懿旨埋葬了曹髦，另立十四岁的曹奂为帝，更改年号为景元元年。司马昭依然挟持着"少帝"，专擅着魏政。

先前立曹髦时，司马师本另有人选，为了争取皇太后日后的支持，才放弃自己的意见，依从了皇太后，今日看来司马师兄是多么的有远见。从另一方面说，先前郭太后执意要立曹髦当皇帝，现在又说曹髦该死，可见这个太后是多么的轻薄。若不是她多事，让他凭他的心性去当一名画家，不当这狗屁皇帝，不说长命百岁，至少不会如此早死！

皇帝早当，皇帝早死，这是中国皇帝一大特色。

自公元前 221 年秦朝始皇始，到公元 1925 年清朝溥仪被冯玉祥赶出皇宫，在这长达两千多年的历史长河中，我们国家共产生出 392 位皇帝。

在这 392 位皇帝中，有 92 位在未成年（18 岁前）就当上了皇帝。

这 92 位中，18 岁以下 10 岁以上的 54 位；10 岁以下 3 岁以上的 30 位；3 岁以下的 8 位。

3 岁以下的 8 位中，1 岁的有两位。

1 岁的两位中，有一位在出生 100 天即位，在第六个月就当完了一生的皇帝。

这样年龄的皇帝，给中国带来什么？曹魏和晋朝的历史可见一斑。

司马昭于少帝曹奂即位以后，又叫曹奂封他为"晋公"，任命他为"相国"，封了任了，他又坚辞不受。又演了一场一个硬要封，一个硬不受的戏。司马昭在创造帝业中，比其兄长花样更多。

蜀之细作将上述情况报入蜀中，姜维闻司马昭弑了曹髦，立了曹奂，喜曰："为完成诸葛武侯未竟之业，吾今日伐魏，又有名矣。"遂奏准后主起兵十五万杀奔而来。邓艾带兵挡住，两军在祁山又大战起来，结果仍然互有胜败，各收兵回朝。

景耀五年（公元262年）姜维再次兴兵，廖化曰："连年征伐，军民不宁；将军强行为难之事，此化所以未敢专也。"维勃然大怒曰："昔丞相六出祁山，亦为国也。吾今八次伐魏，岂为一己之私哉？今当先取洮阳。如有逆吾者必斩！"遂驱兵与邓艾又鏖战于祁山。

时右将军阎宇，身无寸功，只因阿附宦官黄皓，遂得重爵；闻姜维统兵在祁山，乃求皓奏后主曰："姜维屡战无功，可命阎宇代之。"后主沉溺酒色，浑噩麻木，听皓言后，即遣使赍诏，召回姜维。维正在祁山攻打魏军寨栅，忽一日三道诏至，宣维班师。维只得遵命回成都见后主。可是后主一连十日不朝。乃问秘书郎郤正："天子诏维班师，公知其故否？"正笑曰："大将军何尝不知？黄皓欲使阎宇立功，奏闻朝廷，发诏调回将军。今闻邓艾善能用兵，又不敢去了。"维大怒曰："我必杀此宦贼！"郤正急止道："大将军继武侯之事，任大职重，岂可造次？倘若天子不容，反为不美。"维谢曰："先生之言是也。"次日，后主与黄皓在后园宴饮，维引数人径自闯入。早有人报知黄皓，皓急避于湖山之侧。维至亭下，拜了后主，泣奏曰："臣困邓艾于祁山，陛下连降三诏，召臣回朝，未知圣意若何？"后主默然不语。维又奏曰："黄皓奸巧专权，犹如当年十常侍，恶如张让、赵高，早杀此人，朝廷自然清平，中原方可恢复。"后主笑曰："黄皓乃趋走小臣，纵使专权，亦无能为。昔者董允每切齿恨皓，朕甚怪之。卿何必介意？"维叩头奏曰："陛下今日不杀黄皓，祸不远矣。"后主曰："'爱之欲其生，恶之欲其死'，卿何不容一宦官？"令近侍于湖山之侧，唤出黄皓于亭下，命拜姜维伏罪。皓哭拜维曰："某早晚趋侍圣上而已，并不干预国政。将军休听外人之言，欲杀某也。某命系于将军，惟将军怜之。"言罢叩头流涕。

维忿忿而出，即往见郤正，将此事一一告之。正曰："将军祸不远矣。将军若危，国家随灭！"维曰："先生幸教我以保身安国之策。"正曰："陇西有一去处，名曰沓中，此地极其肥壮。将军何不效武侯屯田之事，奏知天子，前去沓中屯田？一者，得麦熟以助军实；二者，可近图陇右诸郡；三者，魏人不敢正视汉中；四者，将军在外掌握兵权，人不能图，可以避祸；此乃保国安身之策也，宜早行之。"维大喜，谢曰："先生金玉之言也。"次日，姜维表奏后主，求沓中屯田，效武侯之事。后主从之。维遂还汉中，聚诸将曰："某累出师，因粮不足，未能成功。今吾提兵八万，往沓中种麦屯田，徐图进取。汝等久战劳苦，今且敛兵聚谷，退守汉中；魏兵千里运粮，跋山涉水，自然疲乏，疲乏必退：那时乘虚追袭，无不胜矣。"遂分兵把守，自引兵八万到沓中种麦，以为久计。

姜维在沓中屯田，于路连营四十余座，如长蛇阵一般。邓艾遂令细作画成图本上奏。

司马昭东征消灭了诸葛诞，诛杀了曹髦，新立了曹奂，稳住了内政，站稳了脚跟。正在思考着如何完成父兄的遗命——创建司马家族的帝业。他知道，要想完成司马家族的帝业，必须树立司马家族的威望。要想树立司马家族的威望，最好莫过于征服吴与蜀，完成统一大业。

吴与蜀相比较，伐蜀易于吴。诸葛亮在世时，曾六次北伐中原，诸葛亮死后姜维又九伐中原，使曹魏疲于应付，军民伤痛累累，恨结于心，除蜀志在必得。孙子曰："令民与上同意也，故可以与之死，可以与之生，而不畏危。"伐蜀是民心所向，容易取得成功。再者诸葛亮去世后，

115

蜀国就只剩下姜维。

姜维是一个人才，但大厦将倾，独木难支。他继承诸葛亮遗愿，一心伐魏，但顾前难于顾后，耗费了大量的人力财力，使蜀汉更加贫弱。吴国使者薛珝访蜀后说蜀："入朝不闻正言，经野民皆菜色。尽管如此，蜀汉的君臣仍沉浸在醉生梦死之中，他们就像燕雀把窝建在屋梁上，而不知这屋就要坍塌！"

虽说，蜀国国力日衰，但蜀国也有优势所在，这就是蜀道极其艰险，易守难攻。尤其是剑阁。

剑阁，位于嘉陵江和龙斤山之间，有大小剑山相连，系由汉中入蜀必经的关隘。由于它处于丛山环绕、千仞壁立之中，其势峥嵘而崔嵬；其险实为"一夫当关，万夫莫开"！

对于此，司马昭胸中亦有成竹："一夫当关，万夫莫开"，如果叫他无夫当关呢，那路能不能开呢？

一天司马昭正在后厅与贾充、荀勖等进一步议论伐蜀之事，邓艾奏折到。当大家看了奏折后，贾充道："每每都是那个姜维作祟，派一勇士将其翦除，一了百了。"从事中郎荀勖曰："不然。今蜀主刘禅溺于酒色，信用黄皓，大臣皆有避祸之心。姜维在沓中屯田也是为了避祸。若令大将伐之，无有不胜，何必用刺客！"贾充不服曰："正因为蜀主溺于酒色，大臣避祸，无人用事，惟姜一人专，我才说刺姜，一了百了。"司马昭曰："行刺易枉。弄巧不成，反失良机。用兵伐之，倒甚合吾意。"转对荀勖道，"只是该如何用兵？"荀勖曰："邓艾乃世之良才，更得钟会为副将，大事成矣。"

司马昭一听乃召钟会入而问曰："卿与邓艾合兵取蜀，如何？"会曰："蜀者，川多，非一路可进；与邓艾分兵各进，可也。"昭一听会语，抚掌颔首，想了一想，遂拜钟会为镇西将军，假节钺，都督关中人马，调遣青、徐、兖、豫、荆、扬等处为后应。同时差人持节令邓艾亦为镇西将军，都督关外陇上，约期伐蜀。

次日，司马昭于朝中重新计议一番后，即决定先定西蜀，后乘顺流之势，水陆并进，再吞东吴。

他料西蜀将士，守成都者八九万，守边境者不过四五万，姜维屯田者不过六七万。于是即令邓艾引关外陇右之兵三万，绊住姜维于沓中，使不得东顾；蜀，就只姜维，只要绊住姜维，此灭蜀之功十成，即完七成矣！因绊住姜维十分重要，又派诸葛绪带兵三万协助邓艾。遣钟会引关中精兵十二万，从斜谷、骆谷和子午谷，分三路奔袭汉中。

魏景元四年七月三日，钟会出师，司马昭送至城外十里方回。西曹掾邵悌悄悄对司马昭曰："今主公遣钟会领十多万兵伐蜀，愚料会志大心高，不可使独掌大权。"昭笑曰："吾岂不知之？"悌曰："既知，何不使人同领其职？"昭近悌耳曰："朝臣皆言蜀不可伐。其原因是其心怯；若强使这些人出战，一定会败。今钟会独建伐蜀之策，是其心不怯；心不怯，则破蜀必得。蜀既破，则蜀人心胆已裂；'败军之将，不可以言勇；亡国之大夫，不可图存。'会即有异志，蜀人安能助？而我魏人得胜思归，必不从会反。此言说之与汝知，切不可泄露。"邵悌拜服。

钟会是员干将，司马昭也用得得心应手，但同时也知他早晚会反。因为他的妻子早就警示过他。他的妻子是真正的贤妻良母。

他的妻子名元姬，东海郯人。父肃，魏中领军兰陵侯。

元姬儿时即很聪慧，年八岁即能诵诗及论，缝纫刺绣等针黹女红样样都会，对于文章义理，目所一见，必贯于心。

年九岁，遇母疾，服侍不舍左右，衣不解带逾月近年。母亲所想要做的事情，不等母亲开口就先去做了，并且做得很合母亲的心思。由此父母就令她去掌管家务，她把家务每一件事都做得合情合理。因此祖父甚爱异之，曰："兴吾家者，必此女也，可惜不是男矣！"年十二岁，祖父病逝，哀戚哭泣，发于自然，其父益加敬怜。十五岁即嫁于司马昭。

元姬到夫家后，侍奉夫家父母亦尽妇道。洒扫庭除，洗涮浣涤，茶水饮食尽善尽美，及时周到。处事干练，待人和谐谦逊，尊上爱下，嫔妃有序。及居父丧，喂药喂汤，擦身洗衣，日夜不停不息。由于劳累过度，身体消瘦到连原来穿的衣服也变得宽大不合身了。每每谈及父病总是言与泪俱下。时钟会虽以才能见任，但她一眼即见其弊，常警示于司马昭曰："会见利忘义，好为事端，宠过必乱，不可大任。任大必反。"所以司马昭早有防备。

三路大军如期向蜀发起了进攻。

钟会领命，斩关夺隘，很快占领了汉中。邓艾在陇右阻击姜维也很得力，唯诸葛绪见姜维率大兵进攻雍州（今陕西凤翔），雍州告急，诸葛绪率兵急救，阴平桥头（今甘肃文县东南）因而出现空虚。谁知这正是姜维"声东击西"调离诸葛绪守桥部队之计。守桥部队一撤，姜维迅速率全军通过阴平桥头回到剑阁。等钟会大军赶到，蜀军已在剑阁据险把守。魏军牵制姜维落空。钟会在剑阁前累攻不下，经月受阻。

此时，钟会军与邓艾军发生了摩擦，邓艾去钟会军中会商解决办法。当谈及进军成都时，钟会再三问计于邓艾，邓艾推却不过，就好意建议他"走小路，用奇兵径取成都"。此计钟会不用便罢，反而嘲笑邓艾是庸才，一下激怒了邓艾。

邓艾，195 年生，自幼丧父，生活在战争频发、社会动荡的年代和土地高度集中、豪强兼并剧烈的中原地区，生活一直艰难。但从小受过良好的教育，因而从小就胸怀大志。建安十三年（公元 208 年）曹操攻下荆州后，曾强行将荆州地区人民北迁；邓艾及其母亲、族人被强迁到汝南（今河南上蔡）做屯田民。邓艾因年幼只能去放牛。当他在牧牛中，看到已故太丘长陈寔的碑文时，其中的两句话："文为世范，行为士则"，使他怦然心动，豁然开朗，犹如一盏明灯，点亮了他的胸怀，决心做一个"文为世范，行为士则"的人。为了让这句话铭记于心，即取名为邓范，改字为士则。后尽管因宗族已有此名，遂改为邓艾了，但"文为世范，行为士则"的人生目标，更加入骨三分，时时不忘。

邓艾喜爱军事，每见高山大川，都要在那里勘察地形，指划阵地应如何设置，军营应如何布防，地形应如何利用。遭别人讥笑，他也不介意。当时一个屯田部民要出人头地谈何容易？他在田头整整熬过二十年后，总算当上典农功曹（帮助管理屯田）。一次，邓艾上洛阳报表，遇见太尉司马懿。司马懿很赏识他的才干，将他辟为太尉府掾属，后又升任为尚书郎。邓艾遇到司马懿，即在他人生道路上有如遇到一座里程碑。陈寔那座里程碑，给他定下了人生轨迹，指明了前进方向，提高了他的信心，促进了他的刻苦学习，提高了他的知识水平，增长了他的才干。而司马懿则改变了他的身份，提高了他的社会地位，使他从田间牧场，走进国家机关；扩大了他的视野，扩展了他的用武之地。

邓艾当上尚书郎以后，即应司马懿之命去考察屯田问题。他不仅考察得全面细致，而且在调查报告中提出了深刻的见解。他认为"田良水少，不足以尽地利"，提出"开渠挖河"。这样既可以"引水浇灌，提高产量，大积军粮；又可以通漕运，方便运输"。司马懿认为艾所提甚善，即全部采纳。这一提案，不仅增强了国力，而且为灭吴，促进国家统一打下了基础。从而立了大功，一举成为曹魏重臣。自正始四年，邓艾出任参征西军事，转任南安太守，以后一直在曹魏西陲抵御蜀汉姜维。

由于在魏蜀边境日久岁长，对姜维频频兴兵犯境，折腾得蜀国"国穷民怨"早有深刻了解，并多次思考灭蜀方略，欲为国家统一做点贡献。今面对钟会的嘲笑，邓艾决心做个样子给他看看。

首先，一面修密书驰报司马昭，一面聚诸将于帐下问计。当诸将听明白邓艾的谋略后，皆曰："愿听军令，万死不辞！"邓艾乃先令子邓忠引五千精兵，不穿盔甲，各执斧凿器具，遇山凿路，逢水搭桥，在前开路。令剩余人马，各带干粮绳索跟随他进发。每约行百余里，留下三千兵，就彼扎寨。是年十月自阴平进兵，行于巅崖峻谷之中，稳扎稳打，凡二十余日，行七百余里，皆是无人之区。艾兵沿途下了数寨，只剩下二千人马时，行至一岭，名曰摩天岭。

此岭，高峻陡峭，怪石嶙峋，大树参天，荆棘藤葛密布丛生。如果说岩崖不好攀登，那荆棘藤葛更是难钻。荆棘藤葛虽说柔软，但它却是千层万层，挂衣伤手是小事，主要是它绊住你，让你抬不起步，转不了身，叫你举步维艰。这岭既高且险，但却是必经之路，幸亏邓忠之旅在前开路，等邓艾带军到时，一条通道已挂在山前。

邓忠所开的路，虽然荆棘藤葛已被开路之旅斫去，悬崖峭壁上也凿上了踏脚的梯坎，但摩天岭的摸天高度却无法改变。邓艾带着两千兵顺着邓忠开辟的路在林莽中蜿蜒爬行，大家爬得汗流浃背，却怎么也到不了山顶。爬着爬着，忽然林开日出阳光一片，大家一齐欢呼雀跃，以为到了山顶。可到上面一看，却原来是一个山包，往上看又是一层看不到顶的林莽。大家只好又鼓起劲继续往上爬，当又看到阳光一片，以为这下真的到了山顶，爬上去一看，却又是一个山包！如此几经反复，正当大家气喘吁吁，大汗淋淋，口干舌燥，声嘶力竭之时，终于爬到真正的山顶了。但是，等在山顶上的不是让人轻松愉快的鸟语和令人高兴的歌唱，而是令人沮丧的奇怪的一阵哭声传来！在这绝顶高处，无人之区，怎么会有哭声？奇怪！奇怪之余，不由一股寒气袭来！这是怎么一回事？大家争相往上跑了几步，定睛一看，山顶上，树脚下，岩石旁都是一群蹲着的兵。兵，在沙场上，赴汤蹈火；在鬼门关上，断臂折戟厮杀！而他们却在这里抱着头哭泣！这是什么兵？刚登上山顶的邓艾和他的将士们正莫名其妙时，却发现了邓忠。哦，这些抱头哭泣的兵正是邓忠所带领的开路先锋。这就更奇怪了，邓忠的兵，小有名气，怎么会在这里哭！邓艾斥问："邓，邓忠！怎，怎么回事？"邓忠一惊，见是父亲，立即抹涕擦泪，哭腔未净地跑过来说："我们凿石开山，搭桥渡水，流血流汗，拼死拼活，千辛万苦，好不容易到了这里，父亲，您看！"他拉着邓艾来到山顶说："这叫我们怎么开山，怎么修路？我们那么多的日日夜夜，不是白费了吗？再说往前不能进，往后退也要费时日，而我们的军粮已所剩无几了。父亲！我们眼睁睁地就要饿死在这里了！"

邓艾顺着儿子所指的走到山的背面往下一看：悬崖！峭壁！深不可测！如常人乍一看，一定头晕目眩，吓得直往后退。但对从小就爱观察地形，研究如何利用地形的军事家邓艾来说，见到这样的地形，就像猎人遇到一头样子狰狞的大野猪一样的欣喜；更像鲁班一样的木匠，遇到越是坚硬的木材越想利用它做一件雕花珍品一样的高兴。因为现在呈现在他面前的地形，正符合他战前"出其不意"的设想。他心中正充满着大功即将告成而还需最后一搏的那种亢奋！但他又没有因此而冲动，他知道他的儿子和将士们的畏惧情绪必须立即扫除。于是他往高处一站，向大家说：

"各，各位将，将士们！你，你们辛苦了！"邓艾有些口吃，越是激动越是明显，但随着话语的深入，口吃也就逐渐消失。"我祝贺你们，你们的任务完成得很好，你们立了大功，我感谢你们！"接着他以平和的语气继续讲道，"吾军到此，已在无人之区穿行了将近一月，路途达七百余里，过了此山便是江油。将士们，只需一箦，其功便得！常言道：'不入虎穴，焉得虎子？'我们只要从这里下了山，就能入虎穴，得虎子，一切问题便迎刃而解！"他见大家擦干了眼泪，止住了哭声，接着他高声道："再险再难也难不倒英雄好汉！将士们！勇往直前！就从这里往下下，若得成功，富贵共享！"众皆应曰："愿从将军之命。"

于是邓艾命令：先将军器扔下去，然后各自用毡裹身，往山下滚；若无毡裹身，就用绳索束腰，攀木挂树而下。邓艾部署完毕，即取毡裹身先滚了下去，接着邓忠、副将并二千兵，及开山五千壮士，一共七千兵将，争先恐后，皆鱼贯而下，你看那气势：

勇者感染着怯者，壮者携带着弱者，人带着沙土，沙土卷着枝叶，翻滚、溜爬、蹦跳、牵挂，枯枝朽叶乱飞舞，沙石尘土漫天卷，如黄河的壶口瀑布喷雾，如太平洋上的台风拍岸，轰轰隆隆，天昏地暗；哗哗啦啦，地动山摇。翻过了摩天岭，即犹如天降神兵一般，一下拥入江油城！

江油守将马邈，在眨眼间一见遍地皆是邓家兵，不由魂飞魄散，大惊失色！慌伏于公堂之下，泣告邓艾曰："蜀国早烂，某有降心久矣！今愿招城中居民，及本部人马尽降之。"

邓艾准其降。遂以马邈为向导官乘胜前进，轻取涪城。

但到绵竹时，蜀卫将军诸葛瞻，却在绵竹城外，严阵以待！

邓艾看时，军容严整，个个虎视眈眈，挡在邓艾军前。邓艾毫无惧色，遣子邓忠等出其右，司马师纂等出其左，与诸葛瞻鏖战于绵竹。

初，忠、纂失败，退回，禀告邓艾："贼凶悍，未可击退！"

在这功差一篑、千钧一发、生死一瞬之时，邓艾一听头脑一轰，怒发冲冠，一面大叫："今天存亡在此一举，何'未可'之有！"一面拔刀就要砍杀邓忠。只吓得邓忠、司马师纂赶忙驰还，整军拼死重战！忠、纂知道，此战不胜必是死，既是死，也要死出一个样！于是双双首先冲入敌阵，挥刀左右砍杀。头儿不顾命，士卒更神勇，于是喊杀震天，人滚马翻，血肉飞溅，遂大破瞻军，斩诸葛瞻及尚书张遵之首。

诸葛瞻战死，其子诸葛尚年仅十几岁，义愤填膺，也挥刀冲入战阵，亦在拼杀中夭亡！

人之情，欲寿而恶夭；国之义，尽忠而忘死。诸葛亮、诸葛瞻、诸葛尚祖孙三代皆为蜀国献身，可谓满门忠烈！

绵竹鏖战，血飞声吼，力倾山川，气贯长虹。杀死诸葛瞻父子，震蒙了成都，蜀国君臣烂成一锅粥。降耶？战耶？大吵！哭耶，泣耶，大闹！几经撕肝裂肺地揉搓，终于树起了白旗！

　　刘禅要投降，他的儿子北地王刘谌赶来坚决反对，并愤怒地指责他父亲说："即使我们无计可施，无力可守，面临灾祸，也应父子君臣背水一战，为国捐躯，这样才对得起地下的先帝，为什么就这样轻易投降？"刘禅不听，刘谌极为失望，便跑到祖庙里痛哭了一场，然后自杀而死！

　　刘禅也许在长坂坡被刘备摔成了脑震荡，窝囊了一辈子；刘谌此一举，不仅为刘禅挽回了面子，也让刘备在地下长舒了一口气——他刘备终有不失英雄本色之后！

　　蜀国派使臣张绍出城拜见邓艾，代表刘禅向魏表示投降，邓艾大喜，立即代表魏国表示欢迎。邓艾率领军队进城，刘禅带领太子诸王以及群臣六十多人，按照古老的国君投降仪式，向魏国投降：刘禅反绑双手，拉着棺材，来到邓艾面前。邓艾上前将刘禅松绑，下令将棺材焚毁，表示接纳。至此，立国四十三年的蜀汉政权最终灭亡。

　　邓艾出奇兵，一举灭了蜀国，为统一立下了汗马功劳！应该获得什么奖励呢？请往下看。

　　邓艾征服蜀国后，一面表报司马昭，一面令人说姜维投降。姜维听后主已降，大惊失语！部下更是瞠目结舌，须发倒竖，捶胸顿足，拔刀砍石！大呼曰："吾等死战，为何先降！？"号哭之声，闻数十里！维见此状，更加心疼，一声长嚎，血喷丈高，倒地而亡！

　　蛇无头不行，鸟无头不飞。维之部从见仗打不下去了，就尽降于钟会。钟会兵力一下子猛增。

　　姜维死，表明军事斗争结束，邓艾立即安排蜀国的降后事宜。首先严令部下恪尽职守，不得扰民。赦免一切投降者与归附者之罪，并使复其旧业。这一切尽得蜀人的好评。

　　基础打牢，社会稳固后，接着就依邓禹故事，承制拜刘禅行骠骑将军，太子、诸王、驸马、都尉等等人事安排问题，各随原来的高下，或拜为王官，或领艾部官属。并以司马师纂领益州刺史，陇西太守牵弘等领蜀中诸郡。并在绵竹筑台作为京观，以彰战功。士卒牺牲者，皆与蜀兵共同埋葬。此时的邓艾，大功在握，指点江山，挥洒自如，志得意满，心荡神怡。一时兴奋便忘乎所以，对蜀士大夫说道："诸君幸得遇到我，故得有今日耳；如遇吴汉之徒，早已殄灭矣！"接着又说道："姜维自一时之雄，与某相比，他还差矣！"

钟会早有异志，唯惧怕邓艾，于是就与卫瓘一起写密信诬艾欲反。钟会善于模仿别人的字体，就在剑阁拦截了邓艾的奏章和上报事情的书信，改写了其中的话，增添了很多居功自夸狂悖傲慢之言辞，同时又毁掉晋公司马昭的回信，亲手重新再写，以免邓艾生疑。

十二月，灭蜀大捷传回本国。朝廷下诏，甚赞邓艾。诏曰："艾耀威奋武，深入虏庭，斩将搴旗，枭其鲸鲵，使僭号之主，稽首系颈，历世逋诛，一朝而平。兵不逾时，战不终日，云彻席卷，荡定巴蜀。虽白起破强楚，韩信克劲赵，吴汉擒子阳，亚夫灭七国，计功论美，不足比勋也。其以艾为太尉，增邑二万户，封子二人亭侯，各食邑千户。"

艾得诏书，十分高兴，肚内有计，乘兴而发，上疏对司马昭言道："兵有先声而后实者，今因平蜀之势以乘吴，吴人震恐，席卷之时也。然大举之后，将士疲劳，不可便用，且徐缓之；留陇右兵二万人，蜀兵二万人，煮盐兴冶，为军农要用。并作舟，豫顺流之事，然后发使告以利害，吴必归化，可不征而定也。今宜厚刘禅以致孙休，安士民以来远人，若便送禅于京都，吴以为流徙，则于向化之心不劝。宜权停留，须来年秋冬，比尔吴亦足平。以为可封禅为扶风王，赐其资财，供其左右。郡有董卓坞，为之宫舍。爵其子为公侯，食郡内县，以显归命之宠。开广陵、城阳以待吴人，则畏威怀德，望风而从矣。"

此计不能说不是好计，但对圣人是好计，对常人则过矣！不在其位不谋其政，谋而僭也，僭而生非也。果然，司马昭使监军卫瓘喻艾："事当须报，不宜辄行。"到此艾本应该"知止""知趣"，吞声而已；但是，凡是英雄，都有无所畏惧之气概，宁可扬眉吐气"玉碎"，不求忍气吞声"瓦全"，艾不识趣，还要去争一口气。他重言道："衔命征行，奉指授之策，元恶既服；至于承制拜假，是为安服初附，合乎权宜。今蜀举众归命，地尽南海，东接吴会，宜早镇定。若待国命，往复道途，延引日月。《春秋》之义，大夫出疆，有可以安社稷，利国家，专之可也。今吴未宾，势与蜀连，不可拘常以失事机。兵法，进不求名，退不避罪，艾虽无古人之节，终不自嫌以损国也。"此言可谓钢骨铮铮，心昭日月也！

咸熙元年（公元264年）正月，司马昭下令使槛车惩邓艾。接着又遣贾充引三万兵入斜谷，昭则同魏主曹奂御驾亲征。西曹掾邵悌谏曰："钟会之兵，多艾六倍，当令会收艾足矣，何必明公自行耶？"昭笑曰："汝忘了旧日之言耶？汝曾道会后必反。吾今次行，非为艾，实为会耳。"悌笑曰："某恐明公忘之，故以相问。今既有此意，切宜秘之，不可泄露。"昭然其言，遂提大兵起程。时贾充亦疑钟会有变，密告司马昭。昭曰："如遣汝，亦疑汝耶？吾到长安，自然明白。"

会、瓘接到使槛车惩邓艾的诏书后，会遣瓘先收艾。会以为瓘兵少，艾会杀瓘，他则再以杀瓘罪治艾。瓘知会会有这一阴谋，但不好拒绝，更不可揭露。于是采取捷足先登，单刀直入，出其不意，先发制人之法：夜至成都，直接发文给艾所统率的将领，称朝廷有诏收艾，其余一无所问。若来赴官军，爵赏如先；敢有不来，诛及三族。时至鸡鸣，艾所统率的将领，全来卫部报到，唯艾仍在睡觉。

清晨开门，瓘乘使者车，径至成都殿前。艾仍卧未起，父子一同被拘。后来艾的诸将欲劫艾，整军赶到瓘营。瓘，老谋深算，只身出迎，假言欲奏皇上，申明艾有功无罪，诸将信之而退。

十五日，钟会到达成都，邓艾父子既已被擒，钟会则独自统领大众，威震西部地区，于是下定决心阴谋反叛。他决定先带大兵到长安，到长安之后，命令骑兵从陆路走，步兵从水路走，他认为步兵顺流从渭水进入黄河，五日即可到达孟津，再与骑兵会合于洛阳。这样洛阳就可如探囊取物。只要洛阳到手，天下也就唾手可得了。

没想到，恰在此时，钟会收到了晋公司马昭的信。信中说："恐怕邓艾不甘心接受惩处，现已派遣中护军贾充率领步骑兵三万直接进斜谷，驻扎于乐城；我亲自率十万人驻扎在长安，近日即可相见。"钟会接到书信大惊失色，急叫来亲信之人对他们说："如果只取邓艾，相国知道吾兵多艾六倍，我能独自办理；如今带来重兵，必定觉察到我有异心，我们应当迅速发起。事情成功了，就可得天下；不成功，就可以退保蜀汉，仍可做个刘备一样的人。"

十六日，钟会把护军、郡守、牙门骑督以上以及过去的蜀国官吏都请了来，在成都的朝堂为郭太后致哀，并假造了太后的遗诏，说让钟会起兵废掉司马昭。他把遗诏向座上众人宣布，并让大家议论之后，开始授官任职。接着又让他所亲信之人代领诸军；把所请来的群官，都关在益州各官署的屋中，关闭了城门宫门，派重兵把守。

卫瓘诈称病重，出外住在官舍。钟会相信他，对他也无所忌惮。

钟会的帐下督丘建，本属于胡烈手下，钟会喜爱并信任他。丘建怜悯胡烈一人独自被囚，就请求钟会，让他允许一名亲兵进出为胡烈取饮食，各牙门将也都随此例让一人进来侍奉。胡烈哄骗亲兵并让他传递消息给儿子胡渊说："丘建秘密地透露消息，说钟会已经挖了大坑，做了数千根白色大棒，想叫外面的兵士全部进来，每人赐一白帽，授散将之职，依次击杀诸将，埋入坑中。"诸牙门将的亲兵也都说同样的话，一夜之间，辗转相告，大家都知道了钟会谋反，要杀他们的头目。十八日，中午时分，十八岁的胡渊率领其父的兵士擂鼓而出，各军也都不约而同地呐喊着跑出来，争先恐后地涌向城里。当时钟会正在整理铠甲兵器，报告说外面有汹汹的嘈杂之声，好像是失火似的。一会儿，又报告说有兵拥进城里。钟会大惊，立即派兵去杀那些被关起来的牙门将、郡守。而被关的人都拿起几案顶住门，兵士砍门却砍不破。过了一会儿，城外的人有的爬梯登上城墙，有的放火焚烧房屋，兵士们多得像满天满地的飞蝗，乱哄哄地拥进来，箭如雨下；那些牙门将、郡守都从屋子上面爬出来，与他们手下的军士会合在一起，争相向前，乱刀砍死了钟会。起事的兵士又杀了蜀汉太子和姜维的妻子儿女，并到处抢掠、杀戮，死伤满地，一片狼藉。卫瓘部署诸将去平息，过了几天才平定下来。

杀死钟会以后，邓艾本营的将士追上囚车把邓艾救出并迎接回来。卫瓘认为邓艾之囚，是他与钟会共同造成的，恐怕邓艾回来会有变乱，就派遣护军田续等人领兵去截杀邓艾。田续在绵竹西边遇上回返的邓艾，于是就在路途中截杀了邓艾父子。

当初邓艾进入江油时，田续畏敌怕死，不敢前进，邓艾为严肃军纪，曾下令杀死他，但后来又放了他。卫瓘派遣田续时，对他说："你可以为江油受的耻辱报仇了。"所以田续就特别卖力，不仅杀了邓艾，还杀了邓艾之子邓忠。

对于卫瓘这一劣迹，镇西长史杜预对众人说："卫是免不了一死了！他身为名士，地位声望很高，但是既没有足以表示美德的言语，又不能用正道驾驭下属，他怎能承担自己的责任呢？"

后来卫瓘被楚王伟所杀，正应杜预所言。

钟会之兄钟毓曾秘密地对晋公司马昭说："钟会爱玩弄权术，不可过于信任。"及钟会反叛，钟毓已经去世，晋公思念钟毓的功勋与钟毓的仁贤，特别宽宥了钟毓之子钟峻，官爵如故。

钟会的功曹向雄收葬钟会之尸，晋公召他来责备说："从前王经死时，你哭于东市而我没有责问。钟会身为叛逆，你又特地去收葬，如果再容忍你，还有没有王法？"向雄说："以前先王掩埋枯骨腐尸，仁德施于朽骨，当时难道是先计算其功罪而后再收葬吗？现在王者的诛罚已经加于其身，从法度上说已经很完备，我有感于大义而收葬他，教化也就没有了缺憾。法度立于上，教化弘扬于下，以此来作为万物的法则不是很好吗？何必要让我背弃死者违背生者而立于当世？您以仇怨对待枯骨，把他弃之野外，这难道是仁贤之人的气度吗？"晋公听后很高兴，与他一起宴饮交谈之后才送他走。

二月，丙辰，车驾还洛阳。

咸熙元年（公元 264 年）三月，蜀后主刘阿斗奉上降款玉玺时，收蜀之功尘埃落定。

司马昭曾言：先灭西蜀，再吞东吴。现收蜀之功完成，是否乘势去吞东吴呢？请看下章。

第八章 >>>

水到渠自成 安世登帝位

　　咸熙元年（公元264年）三月，蜀后主刘阿斗奉上降款玉玺时，收蜀之功尘埃落定。司马昭又叫少帝曹奂升封他为相国、晋王，封地由十郡增至二十郡。

　　司马昭当相国、晋王只当了一年五个月，便在咸熙二年（公元265年）八月逝世，享年五十五岁。其子司马炎嗣为相国、晋王。

　　司马炎，字安世，是司马昭的长子。他的性情宽厚仁德，沉稳而有度量。曹魏嘉平年间，他被封为北平亭侯，历任给事中、奉车都尉、中垒将军，加散骑常侍，累迁中护军，后迁中抚军，进封新昌乡侯。

　　当初能立他为世子，是他沾了他命运的光。他的父亲司马昭是老二，本没有大位的继承权，继承权在他的伯伯司马师那里。司马师没有子嗣，司马昭就将他心爱的老二，司马炎的弟弟司马攸过继给司马师。其用意是让司马攸去继承司马师的王位。司马师也非常喜爱司马攸，在司马师当丞相代魏的时候就说要将司马氏的大业传给司马攸。如果没有意外，司马氏的大位就将是司马攸的，司马炎这个实为老二的"老大"就将永远是一张废牌，与帝位无缘。可是司马师的意外来得太早，司马攸那时太小，司马师为了其父为之奋斗一生的司马氏基业不至于旁落，临终时，将王位传给了司马昭。因此，司马昭常说："天下是景王（司马师）的，我怎么能据为己有呢？"其中含义是：天下是司马师的，司马攸过继给了司马师，司马攸应继承司马师的王位。等到商议立世子的时候，司马昭也是属意司马攸的。但这时他司马炎的长子命硬起了作用。为此事司马昭问重臣裴秀："大将军（司马师）大业未竟，我只是继承了他的基业，所以我想立司马攸，将此功业归还给我兄长，可以吗？"裴秀说："可以。"他又去问山涛，山涛谏曰："不管怎么说，你是王，你有两个儿子，长子是司马炎，次子是司马攸。你立司马攸，就叫'废长立幼'，废长立幼，违礼不祥。大凡国家危难，大多源自废长立幼。"何曾、贾充等大臣也都说司马炎不仅是长子，而且有"德、才"，为此司马昭就考核了司马炎的"才"，觉得不错，才不得不立他做晋王世子。后来司马炎亲自拜谢了山涛，司马炎称帝后，封山涛为大鸿胪。

其实，司马炎的才，比之村野街巷之夫强不了多少，那是他的心腹羊琇，事先替他拟了若干份时政意见书，又让他读熟了，所以他才过了他父亲的考试关。咸熙二年（公元265年），司马炎被立为晋王太子。同年，司马昭死，司马炎继为相国、晋王。

司马炎执掌曹魏大权后，在大臣的辅佐下，下令减轻刑罚，宽宥罪责，安抚百姓，减少杂役。同时广封亲信，为篡权称帝作准备。

四个月后，咸熙二年（公元265年）八月，这位不足二十岁的晋王司马炎，恐夜长梦多，就迫不及待地想乘势即皇帝位。他虽然年轻，但向来优柔寡断；有这个想法又顾虑重重，成天唉声叹气。贾充不愧为司马家族的爱卿，一眼就看透了他的心事。一天贾充把手伸到司马炎的面前道："大王可为这个发愁？"司马炎一看，掌心里写着"九五之尊"四个字。司马炎一惊："你怎么知道？"贾充曰："大王尽管放心，这事包在我身上。"

第二天贾充与荀勖等人商议，言天下不可一日无君，欲尊晋王为帝。荀勖曰："近有祥风庆云之瑞；洛阳西北角有黄气冲霄而起，高数十丈，帝星见于翼、轸、昴之分，煌煌如月：此正应晋王当立帝位。"荀颖曰："我看这种种瑞征，乃晋当代魏之兆，可安排受禅之礼，令魏帝曹奂将天下让于晋王。"贾充道："这，如何叫曹奂让位呢？"冯紞拍胸曰："大家等着，我去找曹奂小儿！"

近日，魏主曹奂不曾设朝，心神恍惚，举止失措。冯紞带剑径入后宫，奂慌下御榻迎接，问曰："卿乃何事？"紞环睁其目曰："请君入瓮！"奂满腹狐疑，问曰："卿乃何意？"紞曰："请问陛下，你是如何登得大位的？"奂低头，暗然答之："吾与髦、芳、叡皆继文帝之位。"紞又问："文帝之位又是怎么来的？"奂语暗哑，难于出口。紞曰："吾告予你：当时的大汉献帝和今日的你一样是懵懂小儿。你们的父辈曹丕那时还不是帝，和我们现在的晋王一样也还是一个王，为曹丕登大位，带剑大臣进宫叫当时的献帝小儿禅让，可那献帝小儿蒙昧无知，就是不让。带剑大臣曰：'你若不让，恐旦夕萧墙祸起！'献帝小儿竟不知天高地厚，诘问带剑大臣：'谁敢弑朕耶？'带剑大臣厉声曰：'天下之人，皆知陛下无人君之福，以致四方大乱！若非魏王在朝，弑陛下者何止一人？陛下尚不知以恩报德，直欲令天下人共伐陛下吗？'献帝小儿大惊，拂袖而起，带剑大臣纵步向前，扯住龙袍，变色而言：'许与不许，早发一言！'献帝颤栗不已，泣曰：'许，许，许耶！'直至如此，汉献帝才让出大位，你们的父辈曹丕才得以登基为帝。现今，吾观陛下你，文不能论道，武不能经邦，是否也该考虑考虑'许与不许'？"

曹奂顿时如醍醐灌顶，曰："'请君入瓮'原是此意。看来，朕也与汉献帝一样，已被逼上了独木桥。许，是许；不许，也得许。许矣！"

于是冯紞回转与贾充商议，令人筑坛受禅。于十二月甲子日，曹奂亲捧传国玺，立于坛上，大会文武，请晋王司马炎登坛，接受禅位。司马炎接过曹奂交来的传国玺之后，即照张华起草的文稿讲道："自汉建安二十五年，魏受汉禅，已经四十五年；今天禄永终，天命在晋。司马氏功德弥隆，极天极地，应受皇帝正位，以绍魏统。"司马炎讲到这里，以更高的声音讲道："上天既有成命，辞让便违天意。天序不能没有统帅，人神不能没有主宰。我司马炎躬承皇运，奉命受禅！"

自此，司马氏家族经由司马懿、司马师与司马昭兄弟和司马炎三代人的苦心经营，终于如愿以偿，握掌神器，高登大位，宣告司马晋国立，曹魏亡。曹操"三马啃曹"的一句梦话，终成谶言。

因此这一天，司马氏家族男女大聚会。个个是龙章凤彩，龙言凤语，满面春风，喜气洋洋，相互恭贺，弹冠相庆！

在受禅广场边的山岗上看热闹的乡民中有两位戴着风帽的旅者。

戴紫色风帽的见司马氏家族如此济济之众，喟叹道："司马氏这个家真大呀！"

戴黑色风帽的说："是呀，真大！自司马懿起，发展到今日，司马懿这个家，算是达到了鼎盛时期。不过，大有大的好处，大亦有大的难处。就看他们如何'齐家'呀！"

司马炎与众大臣一致认为，曹魏宗室没有实力，是势孤而亡；为防止司马氏走曹魏老路，于是在此受禅大典上大封司马氏为王。

封司马孚为安平王，司马幹为平原王，司马亮为汝南王（扶风王），司马骏为汝阴王，司马彤为梁王，司马伦为赵王（琅琊王），司马攸为齐王，司马鉴为乐安王，司马机为燕王。又封司马玮等子侄十七人为王，一共封了大大小小二十八个王。

这些王，有封地，有军队，实际是一个半独立性的国家。封地有两万户的为大国，设上中下三军，掌管五千人的兵马；封地一万户的为次国，设上下两军，掌管三千人的兵马；封地五千户的为小国，设立一个军，掌管五百人的兵马。

戴紫色风帽的见司马家一下封了二十八个王，不由得又戏谑道："这个家这么多王，一个王一个封地，一个封地等于一个国。老兄！是国大，还是家大呀？他这个家一下子包含二十八个国，这家不比国大吗！"

戴黑色风帽的说："是呀，司马懿这个家，家大王多，比国还大。一个王有一大片封地，有一大支兵马，有谁来犯，他们合起来，管叫他有来无回！"但又突然问道，"他们合得起来吗？"

"他们合得起来！"

"为什么？"

"打虎亲兄弟，上阵父子兵！他们是一家，是亲兄弟呀！"

"是亲兄弟就合得起来吗？"

"……"戴紫色风帽的旅者语塞了，"一般说，合得起来，那就看他们如何'修身'，如何'齐家'呐！"

"是呀，只有'修身'才能'齐家'！"

"只有'齐家'才能'治国'！"

"隐者黄石公有言：'绝嗜禁欲，所以除累。抑非制恶，所以禳过。贬酒阙色，所以无污。避嫌远疑，所以不误。博学切问，所以广知。高行微言，所以修身。'"

"修身是基础。"

"修身一个很重要的方面是：'禁绝不良嗜好，抑制非分的欲望。'"

"生活中，所嗜所欲最具诱惑而最为有害的当属'权、钱、酒、色'这四种东西。"

"当然，孔圣人也有话：'饮食男女，人之大欲存焉。'"

"饮食、男女，是人不可少的，但不能超过道德标准，更不能淫。曹操一次打了胜仗，因淫，不仅反胜为败，而且丢了儿子、侄子和心爱的大将。曹丕，尤其是曹叡，都是因淫而短命。连曹芳也是，曹家一代比一代荒淫，一代比一代不得人心。这不，不仅曹家败，而且曹魏之国到头来也为司马晋所替代。"

曹家一代比一代荒淫，因而家败国丧。那司马晋国呢？请往后看。

第九章 >>>

长江飞艚舟　中华大一统

司马炎一上台，等着他的不是珍馐美酒，而是饿殍盈野。由于长期战乱，人口锐减，农田大量荒芜，饥荒如恶浪一波接一波地袭来。司马炎面对这一烂摊子，束手无策，只好索方于张华。

张华，《晋书》上说：华强记默识，四海之内，了如指掌。武帝尝问汉朝宫室制度及建章千门万户，华应对如流，听者忘倦，画地成图，左右属目。帝甚异之，时人将张华比之子产。武帝在张华的指点下，除了封王以外，其他一仍旧贯，大都照录曹操、司马懿以来的政策。尤其为发展农业，解决饥荒问题更是照搬原章旧典：

一、荒芜的农田，由各州、县政府招人民佃种。同时也令"州郡大军杂士""领佃"，租额为四六、三七或二八分。地租、地税全为官府。武帝咸宁元年（公元275年）下诏，又以"奚官奴婢"筑新城，"代田兵种稻……各五十人为一屯，屯置司马，使皆如屯田法"；这虽然带有早期农奴劳动的样子，但把官府服杂役的奴婢转入农业生产，这对晋初的复兴是有积极作用的。

二、不断严令地方官督农劝垦，"竞农务功"，"劝事乐业"。对于"化导有方"者给予奖赏。更值得一提的是，司马炎亲自耕田以鼓励农作。面对越来越严重的西北旱灾和中原水灾，他排除众议，下决心设立了"常平仓"，丰年政府买进粮食，灾年卖出，以利百姓。

三、咸宁三年，分种牛三万五千头与颍川、襄城二州的将、吏、士、庶，使及春耕，谷登之后，每头索取三百斛；人多畜少，又教民"可并佃牧地"。

四、奖励人口增殖，女子年已十七不出嫁的，官吏强制择配；一家有五女者免役。

五、常开仓救济饥民，减免灾区田租和减少户调税。

再好的方针政策若没有强有力的"机器"推行，等于白设。这些原章旧典，原来因政权问题未有解决而瘫痪在纸上。武帝上台，国祚运转，大力推行这些措施，无疑推动了农业生产的发展，消除了饥荒，促成了晋国的新生，也为晋初太康年间的"繁富"打下了基础。

晋国新生，也带来许多新气象。司马炎即位之初就崇尚节俭：将御府中的珠宝珍玩赏赐给王公大臣；有司上奏建立七庙，司马炎担心徭役繁重而不许；有司奏依汉故事，皇后、皇太子各食汤沐邑四十县，而武帝以非古典，也不许。

有一年开春，司马炎要举行"藉田"之礼，即亲自扶犁耕田下种，为百姓作示范。在仪式即将开始的时候，侍从禀报说：牵牛的绳子用两根，司马炎不同意，说："用两根太浪费，用一根就可以了。"有一次太医院的医官程据献给司马炎一件色彩夺目、满饰野雉头毛的"雉头裘"，这是一件极为罕见的稀世珍宝，个个惊叹不已。不料，晋武帝却一把火把这件"雉头裘"烧成了灰烬。他认为，这种奇装异服触犯了他不准奢侈浪费的禁令，因此要当众焚毁。他还下诏说："今后谁如敢再违犯这个规定，必须判罪。"对于先人之丧，提倡情哀物简。

在施政方面，晋国之初，司马炎度量宽宏，任贤除佞，有识人之明。

右将军皇甫陶与司马炎议事时经常争吵，散骑常侍郑徽上表弹劾皇甫陶，司马炎说："我希望从我身边的人中听到正直忠诚的言语。人主常以有阿媚的属下为患，哪里会认为诤臣是祸患呢？"于是罢免了郑徽。后来益州牙门张弘诬陷益州刺史皇甫晏谋反，并杀了皇甫晏。司马炎就杀了张弘，并诛其三族。而对于那些有德行才干的官员，司马炎都会给予奖励提拔。京兆太守刘霄、阳平太守梁柳因有政绩，各赐谷千斛。

在经济建设方面，也是人尽其才，物尽其用。杜预认为孟津渡口险要，请求在富平津渡口建造一座黄河桥。有人议论说："殷、周时期的都城，都建在黄河边上，但是经历了圣人贤人的时代而没有造桥，必定是不宜于建桥的缘故。"但是杜预仍然坚持要造桥。等到桥建起来了，晋武帝和百官一起集会，武帝举起酒杯敬杜预说："如果不是你，这桥就建不起来。"杜预回答说："如果不是陛下圣明，我也没有机会施展我的技巧。"

在边防御敌上，将领们也是勇往直前。春季正月，秃发树机能攻陷了凉州。晋武帝异常担忧，在朝廷上叹道："有谁能为我征讨此虏？"司马督马隆上前说道："陛下如能任用我，我能平定树机能。"晋武帝说："你如果一定能平定贼人，我为什么不任用你，只是你的计谋策略怎么样？"马隆说："我打算招募三千名勇士。这三千名勇士，我不管他们是从哪儿来、从前是干什么的，只要是勇士，我率领他们去，他那个树机能不够我打的。"晋武帝同意了。

乙丑（初一），任命马隆为讨虏护军、武威太守。官员们都说："我们目前的兵员就已经很多了，不应当再任意地设立赏格与招募，马隆这个小将不过是胡说，不值得相信他。"晋武帝不听。

马隆招募的标准是，只要能拉开一百二十斤力的弓，开相当于九石力的弩，就录取。他根据这一标准进行考试挑选，从早晨到中午，招了三千五百人，马隆说：“足够了。”又请求亲自到武器库里去挑选兵器，武库令愤怒地和他吵了起来。御史中丞向皇帝告发马隆，马隆说：“我将要在战场上尽力效命，武库令却给我魏时的朽烂兵器，这可不是陛下委派我的用心。”晋武帝下令：“武器库中的兵器任马隆挑选。供给他三年的军用物资。”一切都满足马隆的要求后，就令他出发。

马隆向西渡过温水，秃发树机能带领几万名部众凭借险阻抵抗。因为山路狭隘，马隆就造了扁箱车，还造了木屋，置于车上，边作战边前进，走了一千多里，打得敌人死的死，伤的伤，大败而逃。

自从马隆西去，音讯断绝，朝廷为他担忧，有的人甚至说他们已经都死了。后来马隆的报捷使者夜里到朝廷，晋武帝一听，拍着手高兴地笑了。清晨，召集群臣对他们说：“假如听从了诸位的意见，就没有凉州了。”于是下命令，赐给马隆符节，授官宣威将军。

原来，马隆的威武之师到了武威，鲜卑部落首领猝跋韩、且万能率领一万多部落来归降。十二月，马隆与秃发树机能大战，杀了秃发树机能，凉州于是平定。

晋初之所以有这些新气象，源于司马炎的以身作则表率作用。司马炎的表率作用，又源于文明王皇后。

文明王皇后，讳元姬。司马昭的妻子，武帝司马炎的母亲。前面提到过。武帝受禅尊为皇太后，宫曰“崇化”，初置宫卿，重选其职：以太常诸葛绪为卫尉，太仆刘原为太仆，宗正曹楷为少府。太后虽处尊位不忘旧业，仍然亲身操作纺车织机，仍旧穿着朴素，亲手洗濯自己穿的衣服，饮食简单；和平民一样不讲究味道，致力于促进九族团结，垂心万物，言必依礼而行，从不背后说人坏话，是司马家族为人行事的典范。晋初的盛世无不与她的垂范相关。在她的影响下，晋武帝司马炎为劝耕兴农，下田亲自扶犁，被当时的文人学士传为佳话。只可惜文明王皇后和宣皇后一样死得太早。

这时由于君廉政明，朝中一些仁人志士不忘圣贤"大一统"的教导，频频上书灭亡吴国，完成国家统一。

咸宁二年（公元276年）羊祜上疏请求讨伐吴国，说："先帝在西面平定了巴、蜀地区，在南面与东吴、会稽地区和平相处，海内几乎可以休息了。但是吴国却再次背信弃义，使边境又生事端。运数中说是由上天所授予，而功勋业绩却必须由人来成就。如果不用一次大规模的行动把敌人彻底消灭，那么兵役就没有停息的时候。在平定蜀国的时候，天下人都认为吴国也应当一同灭亡，从那时到现在，已经十三年了。谋略虽然很多，却需要决断施行。凡是凭借险阻得到保全的，是因为其势力不同。敌势力强大，即使有险阻，也是保不住的。蜀作为一个国家，其地势并非不险，人们都说，一夫当关，万夫莫开。但是，到了我军进兵之日，却不曾有藩篱的阻碍，我军乘胜席卷而下，直接到了成都，汉中各城，都如栖息之鸟，不敢出动。并不是因为他们没有抵抗之心，实在是其力量不足以与我相抗衡。等到刘禅请求投降，各个营堡索然离散。现在长江，淮水的险峻不如蜀之剑阁，孙皓的残暴超过了刘禅，吴人的困苦甚于巴、蜀，而大晋的兵力比以往任何时候都强盛，不在此时平定统一四海，却还去坚守要塞，使天下为远行守边而窘迫，将士们长年出征，经历盛年而至于衰老，这样下去是不会长久的。现在如果率领梁州和益州之兵沿水路、陆路齐下，荆、楚之兵进逼江陵，平南、豫州的军队直趋夏口，徐、扬、青、兖各路兵马在秣陵会合，这样的话，吴国依凭其一隅之地，抵挡天下之众，必然会分兵把守，所守之处，处处危急。然后，乘其空虚，从巴、汉出奇兵袭击，只要有一处被摧毁，就会引起上下震动，即使再有谋略之士也不能为吴国谋划了。吴国沿着长江建立了国家，其地从东到西有几千里，敌对的战线过于广大，所以没有安宁。

孙皓放纵任性，为所欲为，常常猜忌臣下，结果使将官在朝中感到疑虑不安，兵士于原野困顿疲惫，没有保卫国家的计谋和长久的打算；平常的日子里，尚且考虑是否离去，到了战事临头之际，必然全有反应，终不能齐心协力以效死命，这一点，现在就已经很清楚了。吴人的习性是急而快但不能持久，他们运用弓弩戟盾等兵器不如中原地区的士兵熟练，只有水战是他们所适宜的，但是我军一入吴境，那么长江就不再是他们所要保住的，待他们回过头为奔救城池，正是丢弃了长处而拾起短处，就不是我们的对手了。我军深入敌境，人人有献身效命的决心；吴人牵挂后方，各自怀有离散之心，这样，我军过不了多久，克敌制胜就是必然的了。"

晋武帝阅后，深表赞同。当时朝廷正为秦州、凉州的胡人之乱而忧虑，羊祜又上表说："平定了吴国，胡人自然就安定了，现在只应当迅速去成就灭吴的伟大功业。"

朝中不少人不同意羊祜的意见，贾充、荀勖、冯紞尤其认为不能伐吴。羊祜又上表道："天下不如意的事情，常占十之七八。上天赐与时机，人却不去获取，这岂不是使经历其事的人以后扼腕长叹吗！"

当时只有度支尚书杜预、中书令张华与晋武帝意见相合，赞成羊祜的计划。

羊祜因病请求入朝见晋武帝。到了朝廷，晋武帝让他乘着车子上殿，不行朝拜礼，坐下议事。羊祜向晋武帝当面陈述伐吴的计划，晋武帝非常赞赏。

因为羊祜有病，不便一次一次地面见晋武帝，晋武帝便派张华去羊祜那里询问伐吴的谋划。羊祜说："孙皓凶暴残酷已经到了极点，如果现在行动，可以不战而取胜。假如孙皓不幸而死去，吴人再立一个贤明的君主，那么我们虽然有百万之众，长江也不是我们可以窥伺的了，这样就将成为后患!"张华非常赞同他的话。羊祜说:"成就我的志向的人,就是你。"

晋武帝想让羊祜卧病在车上总领各位将领,羊祜说:"夺取吴国之战,我不一定要去,但是等平吴之后,就要劳累您圣明的思虑了。我不敢居于功绩与名声之间,但是如果事情结束,应当委派官员去东南地区镇抚时,希望您慎重地选择合适的人选。"

益州刺使王濬的奏疏更是情恳意切:"臣常常比较吴楚异同,发现孙皓荒淫暴虐,荆州、扬州的士人百姓都很怨恨他。以现在的天下形势看来,应该速速伐吴。如果现在不伐,也许形势会发生变化。一旦孙皓死了,吴国另立贤明君主,文武官员各司其职,东吴就会强大起来。臣奉命作船七年,七年来船每日都有朽败出现;臣年七十,离死亡不远了,如果现在不伐吴,臣也许就赶不上了。"

羊祜病重,荐举杜预代替他。朝廷任命杜预为镇南大将军、都督荆州诸军事。羊祜去世,晋武帝哭得特别哀伤。那天天气很冷,晋武帝流下的眼泪沾在胡须和鬓发上,立刻成了冰。羊祜留下遗言,不让把他用的那枚南城侯印放入棺木。晋武帝说:"羊祜坚持谦让已经有很多年了,现在人死了而谦让的美德还在。如今就按他的意思办,恢复他原来的封号,以彰明他高尚的美德。"荆州的百姓听到羊祜去世的消息,为他罢市,在里巷里聚在一起哭泣,哭声接连不绝。就连吴国守卫边境的将士们也为羊祜的死而流泪。羊祜喜欢游岘山,襄阳的百姓们就在岘山上建庙立碑,一年四季祭祀。望着这座碑的人没有不落泪的,所以人们称这座碑为堕泪碑。

杜预不辜负羊祜的荐举,见伐吴计划迟迟不予实施亦上表说:"自从闰月以来,贼人只是防备得严,下游地区并不见吴兵沿江而上。依道理及形势推测,贼人已无计可施,其兵力不足以保全两边,必然要保住夏口以东地区以便苟延残喘，没有办法派很多兵士向西，而使国都空虚。但是陛下却由于误听，而丢开大计，放纵敌人而留下后患，实在是可惜。过去假如举兵有可能失败，那么也可以不举兵。现在事情已经作了决定，假如能成功，那么就开创了太平的基础；如果不能成功，损失耗费也不过在数日几月之间，何必吝惜而不去试一试呢！如果还要等到以后，那么天时人事就不能和往常一样了，我担心到时会更难。当前的举动万分妥帖，绝没有覆灭失败的忧虑，我已下定了决心，决不敢以暧昧不明的态度以自取日后的麻烦，请陛下明察。"

　　一个月过去了，杜预还没有得到晋武帝的答复，杜预于是又上表说："羊祜事先没有广泛地和大臣们商议、谋划，却秘密地与陛下一起推行这个计划，所以就更使得朝廷大臣有很多不同的议论。任何事情都应当把利益与损害相互比较，现在这一行动的利益占十之八九，而弊害只占十之一二，最多只是没有功劳而已。如果一定要让大臣们说出计划的弊端，也是不可能的，他们之所以对计划有不同的看法，只是因为计划不是他们制定的，自己没有功劳，即使对自己以前说的话有过失感到羞愧，但是他们还要坚持自己的意见，以保住面子而已。近来，朝廷中的事情无论大小，总是各种意见蜂起，虽说人心各有不同，但是也是由于倚仗着恩宠而不考虑后患，所以很轻易地表示自己相同或者不同的意见。自从入秋以来，讨贼的举动越来越显露出来，现在假如中止行动，孙皓或许会因恐怖而产生出新的计划，迁都武昌，更完备地修整长江以南各城，把居民迁到很远的地方去，使城不可以攻，原野之中找不到东西，那么明年的计划或许就用不上了。"

　　当时，晋武帝正在和张华下围棋，杜预所上的表正好送到了，张华推开棋盘抵手说："陛下圣明英武，国富兵强；吴主邪恶凶残，诛杀贤良。现在去讨伐他，可以不受劳累而迅速平定，希望陛下不要再犹豫了！"

武帝听了，这才决心出兵。任命张华为度支尚书，按计划从水路运粮。贾充、荀勖、冯紞等人不同意伐吴，坚持他们的意见，晋武帝大怒，贾充立即脱帽认罪。

咸宁五年（公元279年）十一月，晋国大举伐吴。战事按照羊祜生前提出的方案进行：琅琊王司马伷出兵涂中（今安徽滁州），安东将军王浑出兵江西（今安徽长江以西地区），建威将军王戎出兵武昌，而平南将军胡奋向夏口（今汉口）进军，镇南大将军杜预向江陵进军，龙骧将军王濬、广武将军唐彬则率巴蜀水军顺江而下。这六路大军二十多万人犹如六支利箭直射东吴腹地。

任命贾充为使持节、假黄钺、大都督，任命冠军将军杨济协助贾充，做贾充的副手。

贾充坚持陈述伐吴不利，而且自称已经衰老，不能担当元帅的重任。晋武帝下诏说："你如果不去，那么我只有亲自出马。"贾充不得已，于是接受了符节与斧，率领中军向南驻扎在襄阳，负责各部队的部署、调度与节制。

在这六路大军中，王濬率领的巴蜀水军是其中坚。王濬在担任巴郡太守期间，发现百姓苦于徭役，经常遗弃男婴，他便立即实行宽松政策，发展农业生产，减轻百姓负担，并鼓励生育，被他救活的婴儿就有好几千人。巴蜀子弟为了感谢王濬，积极随之东下。王濬的战舰规模之大，亘古未有。他的船双双联并，长一百二十步，能载两千余人，船上造有城楼，四面开门，将士可以自由地在上面骑马奔驰；宏大的船头，还刻有怪兽的头像，用以震慑敌人。太康元年（公元280年）正月，王濬自成都出发，不久攻克丹扬（今湖北秭归），擒拿丹扬监盛纪。吴人在险要地方布置铁锁、铁锥等防御工事暗藏在江流之中，企图于不知不觉之中划破或颠翻战船。谁知王濬早有准备，事先制作了几十个巨大的木筏，上面竖着穿着铠甲、手持兵刃的草人，让精于水性的能人驾驶木筏行驶在舰队之前。这些木筏遇到铁锥后，铁锥便刺入木筏中，被飞快行驶的木筏顺水带走。至于铁锁链，王濬在船头设置巨大的火炬，长有十几丈，粗有几十围，里面灌有麻油。一旦遇上铁锁链，便可停船，点上火炬，只消片刻工夫，横亘在江面的铁锁链便被熔化，沉入江底。就这样，吴人自恃的长江天险，被王濬夷为坦途，畅行无阻，扬帆东下。他几乎兵不血刃，势如破竹，迅速攻下夏口、武昌。

这时各路大军捷报频传，王浑攻克浔阳赖乡诸县，俘获吴武威将军周兴；唐彬等攻克西陵，斩杀西陵都督、镇军将军留宪；杜预攻克江陵，斩吴江陵督伍延；平南将军胡奋攻克江安。

当王濬攻克夏口、武昌，顺流而下时，孙皓派游击将军张象率领水军一万溯江而上，前来抵敌，结果张象未等交兵，便望风投降。当王濬率水师抵达建业城外石头城，孙皓一见王濬水军旌旗、兵舟漫遮长江，气势如虹，锐不可当，早吓得脸白心慌，只好接受光禄大夫薛莹、中书令胡冲的建议，素车白马，肉袒而缚，出城向王濬投降。

后来唐朝诗人刘禹锡看到这段史实，曾欣然留下诗篇，歌颂这一刻：王濬楼船下益州，金陵王气黯然收。千寻铁锁沉江底，一片降幡出石头。

琅琊王司马伷派使者送孙皓及他的宗族去洛阳。五月，丁亥朔（初一），孙皓到了洛阳。他和太子孙瑾等人用泥涂在头上，反绑了双手，来到洛阳的东阳门。晋武帝下诏，派谒者解开他们的绳索，赐以衣服、车子、三十顷田地，每年都供应他们非常充足的钱币、粮食和布匹。授予孙瑾为中郎的官职，其他的儿子，凡是原先为王的，都被任命为郎中。吴从前的有名望的人士，都根据他们的才能提拔任用。孙皓的将领、官吏渡过长江的，免除十年的赋税、劳役；老百姓免除二十年的赋税、劳役。自此，吴国结束了近六十年的统治，其所辖四州、四十三郡、三一三县、五十二万人口尽皆归晋。晋武帝司马炎，在贤臣武将的频频劝导和威武兼施之下，终于成就了统一大业。

当初，还没有攻陷吴国的时候，朝中大臣们都认为不可以轻易进军，只有张华非常坚定地坚持进军，认为一定能成功。贾充当时上表说："吴地不能全都平定，现在正是夏季，长江、淮水下游地区潮湿，必然会发生疾病瘟疫，应当把各部队都召回来，以后再作打算。即使腰斩张华，也不足以向天下人谢罪。"晋武帝说："伐吴正是我的意思，张华只不过是与我意见相同而已。"荀勖又上奏，重复贾充的看法。晋武帝没有听他的意见。

杜预听说贾充上奏请求停止进兵，急忙上表晋武帝，给贾充以坚决的反击；杜预派使者拿着他给晋武帝的表文，飞驰而去，生怕司马炎听信贾充谗言，耽误大事，使者飞驰到辕门时吴已经投降了。贾充又惭愧又害怕，急忙到宫里去请罪，晋武帝拍了拍他的肩，表示谴责而没有追究他的罪责。

东吴投降，晋武帝司马炎非常高兴，决定奖励有功人员。

谁知在奖励有功人员中，司马炎遇到了比灭吴之战还要大的麻烦。要知这麻烦是什么，请看下章。

第十章 >>>

安世布奖赏　箕裘之业成

平吴很迅速，论功行赏却出现了麻烦。

在这一伟业中，王濬本应立首功，却有人上奏要治王濬的罪！人们一听王濬有罪，就像听到日头从西边出来一样感到惊奇！两厢争论不休，只好重摆事实：

当王濬的舰队顺长江而下时，晋武帝下诏书，命令王濬攻下建平，接受杜预的节制；到了建业，接受王浑的调度。杜预到江陵，对各位将领说："如果王濬攻克了建平，就会顺长江长驱直进，他的威名已经显著，就不适合再让他受我的节制。如果他不能取胜，那么我就更没有缘由对他施行节制了。"王濬到了西陵，杜预写信对他说："您已经摧毁了敌人的西部屏障，应立即直取建业，讨伐历代的逃寇，从水深火热之中解救吴人。"王濬非常高兴，上表陈述杜预的信。

扬州别驾何恽对周浚说："吴丞相张悌率三万人渡江迎战王浑，张悌战死，部众逃窜，这使吴朝野上下无不震动恐惧。现在，王濬已经攻下了武昌，正乘胜东下，所向无敌，敌人土崩瓦解之势已经显露出来了。我认为，应当立即领兵渡江，直指建业。大军突然降临，必然使敌人胆战心惊，失去勇气，我们就能不战而擒敌了。"

　　周浚赞赏何恽的计谋，让他去报告王浑。何恽说："王浑不懂得把握事情的时机，但他想行事谨慎，不使自己有过失，所以他肯定不会听从我的意见。"周浚坚持让他去向王浑禀告，何恽去了，王浑果然说："我接受皇帝的命令，只让我驻扎在长江以北，以便抗击吴军，并没有让我轻易进兵。你们州的军队虽然勇武，又岂能独立地平定江东之地？现在如果违反诏命而出兵，打了胜仗固然值得称赞，如果打了败仗，那么犯下的罪过就很严重了。而且皇帝命令王濬接受我的部署调度，你们所应该做的，只是准备好船和桨，等王濬来了一齐渡江。"何恽说："王濬攻克了万里之敌，他会以成就功勋的身份来接受您的部署调度，这样的事情我可没有听说过。况且明公您为上将，抓住适当的机会就可以行动，怎么可以事事都等待命令呢？现在如果乘机渡江，完全有把握取胜，您还犹豫、顾虑什么而停留不进？这正是使鄙州上上下下的人士抱恨不已的原因。"王浑仍充耳不闻。

　　王濬从武昌顺着长江直向建业进逼。吴主派遣游击将军张象率领舟师一万人抵抗。这时候，江中满满的全都是身披铠甲的王濬的士兵，旌旗映照着天空，威猛的气势吓蒙了张象的部队，张象就立即投降了。

　　十五日，王濬舟师过三山，王浑遣使要濬"暂过论事"，濬正举帆直指建业，回报曰："风利，不得泊也。"是日，濬戎卒八万，方舟百里，鼓噪入于石头，吴主面缚舆榇，诣军门降。濬解缚焚榇，延请相见。收其图籍，克州四，郡四十三，户五十二万三千，兵二十三万。

　　王濬进入建业的第二天，王浑渡过长江。王浑因为王濬不等他到，就先接受孙皓投降，心中又羞愧又怨恨，就想攻打王濬。何攀劝王濬把吴主孙皓送给王浑，事情才得到缓解。

　　何恽因为王浑与王濬争功，就写信给周浚说："《尚书》崇尚退让的精神，《易经》赞赏谦逊的光荣。前些时候打败了张悌，使吴人丧失了胆量勇气，王濬乘这个机会，攻下了吴的疆土。如果要论谁先谁后，我们确实是慢了，已经失去了机会，没有及时赶上，而目前又在争功，他既然咽不下这口怨气，就会使和谐的风气受到损坏，而使自矜争功的鄙陋之习兴起，这实在是我从心里所不敢同意的。"周浚收到信，立即谏劝王浑，王浑不听，上表说王濬违反诏命，不服从调度。还捏造事实诬告王濬有罪。王浑的儿子王济和晋武帝的女儿常山公主结了亲，在朝廷宗族帮派中很有势力。于是，有关部门就上奏晋武帝，请求用囚车把王濬召回来，但是晋武帝没有同意，只是下诏责备王濬不服从王浑的命令，违抗诏命，去求功利。

王濬上书为自己申辩说："我先接到诏命，让我直接到秣陵，又命令我接受太尉贾充调度。我于十五日到三山，看见王浑的军队在北岸，王浑写信邀请我去他那里，当时我的水军正顺风乘势直捣贼城，没有理由再掉转船头返回去见王浑。我在中午时到秣陵，黄昏时分才接到受王浑调度的命令，命令我于第二天（十六日），率领全部属下，回过头去包围石头城。还要索取我率领的蜀地兵士以及随我东下的镇南各军的确切人数。我认为孙皓已经来投降，没有理由徒劳无益地再去包围石头城。至于士兵的确切人数，并不是我胆敢忽略、弃置圣明的诏令，而实在是它既不是眼前急迫的事情，又是不可能在匆促之间就能很快得知的事情。吴孙众叛亲离，已像麻雀、老鼠那样贪生怕死，苟且乞求一条活命而已。但是江北的各部队不了解虚实，不早些来捉拿孙皓，自己造成了失误。我一到便得手，却遭到怨恨与不满，还说什么守贼守了一百天，却让别人得到了。我认为，侍奉君王的原则是：假如有利于国家，无论生与死都要追求。如果顾虑别人猜忌怀疑因而逃避，这是做臣子的不忠诚的表现，实在不是圣明的君主与国家的福气。"

王浑又递上周浚的书信，信上说："王濬军队得到了吴国的珍贵物品。"还说："王濬的牙门将李高，放火烧了孙皓的宫殿。"王濬又上表说："我孤根独立，与强大的宗派结下了仇怨。如果是冒犯了君王的罪过还可能得救，但要是得罪了权贵之臣，灾祸就难以预料了。吴中郎将孔撼说：二月武昌失守，晋水军马上就要到了。孙皓巡行石头城回来，他手下的人都挥舞着刀大呼，说：'正要为了陛下去决一死战。'孙皓非常高兴，觉得必然能如此，就把他的金器宝物全都拿出来赐给这些人。然而小人无礼，这些人得了值钱的东西就飞快地逃走了。孙皓非常恐惧，于是打算投降伏罪。孙皓派出的使者刚离开，他手下的人就开始抢夺财物，掠夺孙皓的妻妾，放火烧了宫殿。第二日我到那里时，火还在燃烧，我派人才把火扑灭。周浚先进入孙皓的宫殿，王浑又先登上孙皓的船，我进去和我所见到的，全都在他们之后。孙皓的宫里，连可以坐的席子都没有，假如有遗留下来的珍贵之物，也是周浚与王浑先得到了。周浚等人说我聚集蜀人，不准时把孙皓送去，是想谋反。他们还吓唬吴人，说我要把他们都杀了，把他们的妻子儿女都抓走，希望吴人作乱，以发泄他们的私恨。像谋反这种大逆不道的罪名，他们尚且用来加到我的头上，其他的诽谤与诬陷也就是必然的了。今年平定了吴，的确是大庆，但是对于我个人来说，却遭到了灾祸与忧患。"

王濬到了京都，有关部门上奏皇帝，说王濬违抗诏命，极不恭敬，请求把他交付廷尉依法判罪。晋武帝下诏书不同意。于是他们又上奏，说王濬在赦免了吴人之后还放火烧了吴人的一百三十五艘船，应立即下令把他交付廷尉，关进监狱里追究审问。晋武帝下诏书，不同意追究他。

王浑与王濬，为了功劳而争执不休，晋武帝命令守廷尉、广陵人刘颂来审定、处理这件事。刘颂认为王浑立了上功，王濬是中功。晋武帝认为刘颂断法不合理，就把他降职为京兆太守。

庚辰，增加贾充封邑八千户。任命王濬为辅国大将军，封为襄阳县侯。杜预被封为当阳县侯。王戎被封为安丰县侯。琅琊王司马伷的两个儿子被封为亭侯。增加京陵侯王浑食邑八千户，提升爵位为公。尚书关内侯张华，被晋爵封为广武县侯，增加食邑至万户。荀勖因为专门掌管诏命的功劳，一个儿子被封为亭侯。其余各位将领以及公卿大臣以下的官吏，受到的赏赐各不相同。晋武帝以平吴的功绩，到羊祜庙里用简书告慰他，封羊祜的夫人夏侯氏为万岁乡君，食邑五千户。

王濬自以为功劳大，却遭到了王浑父子及其党羽的打击和冤枉，所以每次觐见晋武帝，总要陈述他讨伐攻战的辛劳以及被冤屈的情况，有时候忍不住愤恨与不满，竟不辞而别，晋武帝总是宽容、原谅他。益州护军范通对王濬说："你的功劳确实值得赞美，但遗憾的是，你以别人的赞美自居，这就不完全值得赞赏了。你应当凯旋之后就隐居在自己家里，嘴里不谈平吴的事情，如果有人问到平吴之事，你就说：'这是圣明的君主的德行，是各位将帅的力量，我这个老头子又有什么功劳！'蔺相如就是用这个办法把廉颇降住了，王浑他能不惭愧吗？"王濬说："我开始那样做是吸取了邓艾的教训，害怕把灾祸惹上身，我不能不说，但是我最终也不能放开这件事，还是因为我心地狭窄。"当时，人们都觉得王濬的功劳大，对他的报偿轻了，都对此愤愤不平。博士秦秀等人一起上表，替王濬叫屈，晋武帝于是授予王濬镇军大将军官职。王浑曾经到王濬那里去，王濬先设置了森严的戒备、护卫，然后会见王浑。

王浑为何造访王濬不清楚；王濬以森严戒备相迎，世人都心知肚明。世人都关注冤屈之事，同情受冤之人，更痛惜有功受冤的功臣！这不，处理罢王濬有功受冤之事后，议郎段灼上疏，为灭蜀的大功臣邓艾鸣冤叫屈：

"艾心怀至忠，而荷反逆之名；平定巴蜀，而受夷灭之诛。臣窃悼之。惜哉，言艾之反也！艾性刚急，轻犯雅俗。不能协同朋类，故莫肯理之。臣敢言艾不反之状。惜姜维有断陇右之志，艾修治备守，积谷强兵。值岁凶旱，艾为区种，身被乌衣，手执耒耜，以率将士。上下相感，莫不尽力。艾持节守边，所统万数，而不难仆虏之劳，士民之役，非执节忠勤，孰能若此？故落门、断谷之战，以少击多，摧破强贼。先帝知

149

其可任，委艾庙胜，授以长策。艾受命忘身，束马悬车，自投死地，勇气凌云，士众乘势，使刘禅君臣面缚，叉手屈膝。艾功名已成，当书之竹帛，传祚万世。七十老公，反欲何求。艾诚恃养育之恩，心不自疑，矫命承制，权安社稷；虽违常科，有合古义，原心定罪，本在可论。钟会忌艾威名，构成其事。忠而受诛，信而见疑，头悬马市，诸子并斩，见之者垂泣，闻之者叹息。陛下龙兴，阐弘大度，释诸嫌忌，受诛之家，不拘叙用。昔秦民怜白起之无罪，吴人伤子胥之冤酷，皆为立祠。今天下民人为艾悼心痛恨，亦犹是也。臣以为艾身首分离，捐弃草土，宜收尸丧，还其田宅。以平蜀之功，绍封其孙，使阖棺定谥，死无遗恨。赦冤魂于黄泉，收信义于后世，葬一人而天下慕其行，埋一魂而天下归其义，所为者寡而悦者众矣。"

笔者每读此疏，无不泪流满面，我不忍将它译成白文，此文太贴切受屈者事迹了！如有读者读到此处，觉得生涩，请多啃几遍，当你啃通以后，也一定会一面流泪一面击掌叫绝！

此疏几经辗转，泰始九年，武帝终于降恩，诏曰："艾有功勋，受罪不逃刑，而子孙为民隶，朕常愍之。其以嫡孙朗为郎中。"

处理完艾冤澌屈，收吴之功圆满完成。至此司马氏的帝业登峰造极，达到顶点，晋武帝司马炎今后当之若何？请看下章。

第十一章 >>>

腐败生毒瘤　怪事随风起

　　伐吴并不难，司马炎为何迟迟不尽早进行，而要大臣们反复督促才离开棋盘，下令进行呢？除了宽厚有余决断不足优柔寡断的性格外，主要是他在无为思想的影响下，不思开拓进取，逐渐堕入到极尽享乐，沉迷到女色之中了。

　　伐吴之前，泰始九年（公元273年），他即选公卿之家以下的女儿进宫。并规定在他采选结束前，禁止天下人娶亲嫁女。次年，他又采良家百姓和众多将更的女儿三千人进宫供他挑选，当时母女号啕之声犹如汹涌的波涛，一直传到宫外。

　　灭吴之后，这种淫色发展到极致。太康二年（公元281年），他将吴国宫女三千人也纳进宫里，这时宫里的女子竟有万人之多。秦、汉的大一统，到东汉末年群雄长期纷争；纷争的结果，产生了三国；三国接着又互斗数十年，闹得民不聊生，山河破碎。终于在他手下获得了大一统。他觉得他大功非凡，心安理得，挥霍享乐更加肆无忌惮。宫女太多，他到哪里过夜？于是他乘着羊车在后宫里游乐，手舞足蹈，咿咿呀呀哼着小曲，任凭羊走，羊在哪里停下来不走，他就在哪里过夜。宫女们为了留住羊车，反复探索尝试，有些宫女终于发现羊爱吃竹叶，也爱咸味，于是就在房门上插上绿色的竹叶，在门前地上洒上盐水，引得羊车停在自己的门前。

两位戴风帽的旅者，游三峡，看夔门，经武当、嵩山，再过洛阳，光顾晋朝朝廷。听说武帝后宫掖庭的嫔、妃竟达万人之多，叹曰：

"春秋时亦有晋国。晋国因重耳而大名鼎鼎，重耳因晋国而为王。晋国有美女南威，南威之美赛过西施。重耳得南威，三日不听朝；后猛省，将南威推而远之。曰：'后世必有以色亡其国者。'难道这说的就是他司马炎？"他们的话随风而散，他们的人随风而去。有形的人去而无影，无形的话散而成丁。

晋武帝司马炎不仅沉迷女色无人可比，贪财也发展到史无前例，而且厚颜无耻地还以为他是最圣明的天子。太康二年（公元281年）正月初一，晋武帝亲自到南郊祭祀。典礼结束后，晋武帝感叹地询问司隶校尉刘毅："朕可以和汉朝哪一位皇帝相比？"刘毅不假思索地答道："桓、灵二帝。"武帝大为惊奇，说："汉朝，有西汉、东汉，西汉有十四个皇帝，东汉有十三个皇帝；西汉十四个皇帝中有开国皇帝刘邦，有大名鼎鼎的开疆拓土把中华国威传向世界各方的汉武帝刘彻；东汉十三个皇帝也有驱寇扫恶中兴汉朝的光武帝刘秀，我这个晋武帝，也是开国皇帝，扫恶除邪，将分裂大一统，何至于此？"刘毅答道："桓、灵卖官的钱进国库，陛下卖官的钱进私家，两相比较，你还不如桓、灵二帝。"

刘毅的话虽十分尖锐，但说在点子上，司马炎听后无可辩驳，哈哈大笑地自我解嘲地道："桓、灵时没有人说这样的话，如今朕有直臣，难道不比桓、灵强！"

听了这样的话不动怒，并彻底改正，那是明君；听了这样的话发怒，并杀人，那是暴君。武帝听了这样尖锐的话未动怒，并且大笑，可就是不改，那是什么？那岂不是一个厚脸皮！

晋武帝在为人方面，的确有宽厚仁慈的一面；在开国之初为发展经济和为国家统一，虽无独创，但也算是一个推手。尽管如此，他天字第一号的淫和贪，却把他的优点湮没得无影无踪。

在专制时代，皇帝至高无上。皇帝就是国家的象征，全国人民的偶像。他的一举一动直接影响着、规范着人们的意识形态和行为方式。本来自魏明帝曹叡后，社会风气就每况愈下，现在司马炎又推波助澜，于是上行下效，西晋朝野顿时掀起了一股享乐之风、奢侈之风。

朝中的权贵自不必说，太尉何曾即以奢侈著名，他的帷帐车服，穷极绮丽；厨膳滋味，过于王者。虽然饮食日费万钱，还言无下箸之处。而尚书任恺的奢侈更超过何曾，每顿饭就要花去万钱。司马炎到女婿王济家做客，菜肴中有一道乳猪，味道鲜美异常，司马炎问这乳猪味为何这般美？王济耳语道："这是用人乳喂养，又用人乳烹制而成的。"在这种风气之下，人人以夸富为荣，个个以斗富为乐。武帝曾给王恺一支两尺来高的珊瑚树。王恺以为石崇家不会有这样的奇珍，故意向石崇炫耀。石崇随手用铁如意把它打碎。王恺急了，与他争吵。石崇却说："这种东西何足为奇。"他命左右把他所藏的珊瑚树都拿出来，三四尺高的竟有六七株，光彩夺目。石崇更令人惨不忍睹的是，豪奢到以杀人为乐。他宴请客人时总让美女侑酒，如果客人饮酒不如他意，便将美女斩首。有一次他请王导、王敦兄弟赴宴，王导知道石崇的规矩，虽不能饮，仍尽力支撑；而王敦却不以为然，石崇一连杀了三人，王敦还神态自若，不为所动。王导责怪他，他却说："石崇杀他自家人，与您何干？"就是这个石崇，他家的厕所建造得如闺房一般。一次客人如厕，仆人把他带到一间装饰豪华，挂着锦绣帐幔的房间，房间里还有侍女捧着香囊站在两边。他以为走进女眷内室，连忙跑出来向石崇道歉，石崇说那就是厕所。

淫，是万恶之首；贪，是万恶之源。淫、贪的朝廷，愈演愈烈，它不仅滋生出了如何曾、任恺、石崇一般的贪官、淫贼、腐败堕落之徒，还滋生出了一个白痴小男人和一个丑陋的小女人。白痴小男人叫司马衷，丑陋的小女人叫贾南风。白痴小男人竟然当了皇帝，丑陋的小女人竟然当上了皇后！

贾南风之丑，不是一般的丑，而是又矮又黑又丑的那种三合一的丑。前面已经说过，武帝选嫔妃在全国选，选万人，然后又在万人中选皇后，可见皇后是不容易选上的，而且是要最美最美的。那么丑的贾南风当上了皇后，岂不是怪事。

一个呼风唤雨的龙位、一个掌握着全国生杀大权的第一把交椅，怎么竟然让一个白痴的小男人去坐了呢？这岂不是一个更大的怪事！

这涉及国命的两大怪事又是怎么来的呢？请细细地往下看。

泰始七年（公元271年），鲜卑秃发树机能又在西北闹事，朝廷要派人去平息，当初的人选是刘渊。

刘渊本是匈奴人。他的爷爷叫于扶罗，他的父亲叫刘豹。他的爷爷叫于扶罗，他的父亲为什么叫刘豹了呢？原来，匈奴贵族曾以匈、汉和亲为由，说自己是汉朝皇帝刘邦的外孙，他是用外祖父的姓为姓，外祖父刘邦姓刘，所以他们也姓刘。匈奴人用刘姓，说明匈奴人景仰汉人，是匈奴人希望融入汉族之中，也是匈奴族逐渐汉化的标志。我国少数民族逐渐汉化，这就是一例。这是中华民族大家庭一件很好的事情，可是当时无人看得明白。

刘渊，很是一个人物。他字元海，生于249—254年间。师事上党名儒崔游，学习《易》《诗》《书》等典籍，尤其爱好《春秋左传》《孙子兵法》，并能熟读成诵。同时也读过《史记》《汉书》和诸子百家，从而成为一个大知识分子。他不仅学富五车，文光射斗牛，也长于武事，膂力过人，善于骑射。他因文武兼备，常鄙随、陆无武，绛、灌无文。也因他文武兼备，当初有人推荐他任灭吴元帅，这次又有人推荐他担当镇压树机能的重任。但是，这次和上次一样因为他是匈奴人，说他"非我族类，其心必异"而被否决。

　　刘渊被否决以后，于是大家乘机建议武帝派"有威望有智谋的重臣"前去镇抚。武帝问派谁，他们便推荐贾充。武帝大喜，当即同意，便决定贾充前去镇抚。他们推荐贾充，并不真的说贾充是"有威望有智谋的重臣"，而是因为他虽是司马家族的功臣，但他为官不正，和朝官荀觊、荀勖、冯紞等结为私党，操纵朝政。朝中正义之士早就想把贾充挤出朝廷，以纯洁朝廷内部。但贾充不想离开安乐窝去西北戍边，正无计可施时，荀勖来了。荀勖怕削弱他们同党的力量，也不愿意贾充去，即向贾充献计："只要和皇子结为姻亲，你就可留在京城。"贾充说："计是好计，可谁去提亲呢？"于是，荀勖又自告奋勇，去向武帝求亲。

　　荀勖当时一时冲动，揽下了这个破瓷器，出来经冷风一吹，猛然想到贾充的两个女儿：一个叫贾南风，一个叫贾午。叫贾午的太小，叫贾南风的生得又矮又黑又丑，何以能嫁给皇子！但猛然又想到武帝共有二十六个儿子，其中有一个叫司马衷的是个白痴，何不将丑女贾南风说给白痴！歪锅对歪灶，不是也很般配么！

　　荀勖是几朝重臣，资格很老。他对朝廷那方水池里的鱼，摸得比水池里的乌龟还清楚。他很了解杨皇后，他首先出主意叫贾充之妻郭氏重贿杨皇后。

　　杨皇后，是司马昭选来的。

　　当初，司马昭辅政代魏，在经营司马氏帝业中，政务军务倥偬繁忙，但他却不忘治理他的小家；他在操纵王事，掌控军事时仍不忘做父亲的责任。他曾听阮籍说："我曾游览东平，非常喜欢那里的风土。"司马昭听了很高兴，就拜阮籍为东平相。阮籍骑着驴去上任，到任之后便毁了衙府和居所之间的屏障，使内外一望可见。阮籍为官，法令清明简约。司马昭又升阮籍为大将军从事中郎。司马昭为与阮籍套近乎，一有空就往阮籍那里跑。一次，有官吏上奏一起儿子杀母亲的案件。阮籍说："杀父亲也就罢了，怎么还能杀母亲呢？"在座的人都怪阮籍胡言乱语。司马昭说："杀父亲是天下众恶之首，怎么能说'也就罢了'呢。"阮籍回答说："禽兽便是知母而不知父。杀父如禽兽一般。"司马昭问："那杀母呢？""杀母，连禽兽都不如！"说得大家都笑了。在这一严肃案件面前，尤其又有司马昭在场，阮籍仍能如此幽默说笑，可见那时他与司马昭的关系不一般。为时不久，阮籍才发现，司马昭和他套近乎，并非看中他的才华，而是看中他的女儿，想与他结亲家，讨他的女儿做他儿子司马炎的媳妇。而阮籍根本看不起司马氏家族，于是大醉三十天，让司马昭不能与他说话。

司马昭如此碰壁之后，听说弘农华阴有一苦女。此苦女姓杨名艳，字琼芝，父文宗。

其实其父，名炳，字文宗。因唐讳"炳"字，《晋书》作于唐朝，故舍名"炳"不提，专用字"文宗"。

杨文宗其家原是汉朝高官，四世三公。文宗本人为魏通事郎，袭封荔亭侯。杨艳的母亲赵氏，天水人，早卒；父又有公务，只好让她依附舅家。舅母仁爱，以亲乳喂养她，遣他人乳其子。杨艳及长，父丧，又随后母段氏；不久段氏又将她送至乡下娘家。

杨艳少聪慧，喜书法，姿质美丽，熟悉女红。因少小父母缺失，生活颠沛拮据，虽锻就一身不弱的意志，养成节俭惜金之风，但却读书不多。有善相者曾看过杨艳的相，说杨艳当极贵。司马昭听说后，即聘她为世子司马炎妻。

杨艳生毗陵悼王轨、惠帝衷、秦献王柬，平阳、新丰、阳平三个公主。司马炎即位，立杨艳为皇后。

杨艳当上皇后后，力挺了三件事：

第一件事，就是接受贾充之妻郭氏的行贿，答应纳她的女儿贾南风为太子妃。而司马炎欲娶卫瓘之女，司马炎说："卫公之女有五可，贾公之女有五不可。卫家种贤而多子，美而长白；贾家种妒而少子，丑而短黑。"但杨艳因受贿于郭氏，坚持要娶贾充之女，盛称贾公之女有淑德。这时荀勖、荀𫖮、冯紞乘机摇舌鼓簧，说："贾充女才色绝世，若纳东宫，必能辅佐君子，有《关雎》后妃之德。"

武帝向来耳根子软，主心骨柔弱，他的心宇就像大海拔去了定海神针一样，没有定力。经不起荀勖和杨皇后等人内外求劝，便答应与贾家联姻。

这边说好了，贾充却不乐意，说司马衷低能白痴。荀勖却对贾充说，他傻一点还不好？你的女儿一进门就可当家掌权；再说傻人有傻福，说不定将来皇位就是他的呢。说得贾充眉开眼笑，这样歪锅就对上了歪灶。泰始八年（公元272年），比司马衷大两岁的贾南风被册封为皇子妃。向隅而泣的丑女摇身一变，成了东宫里的娘娘。

这件事一成，贾充也真的就留在京城不用去成边了。

贾充没有儿子，就只两个女儿。大女儿貌丑性乖，终于出嫁了，也算了却了一桩心事。现在就剩下小女儿贾午了。时过不久，没想到小女儿的婚事在他不经意时也成了。

这虽是题外话，但却是有趣的话，因后文需要，不得不说：

贾充本是司马家族的功臣，大女儿出嫁后，又成了皇亲国戚，公事私事，人来人往，自然很多。他手下有一名职员叫韩寿。韩寿，字德真，南阳堵阳人，魏司徒暨的曾孙。韩寿，不仅容貌俊美，而且礼貌周全，举止优雅。贾充每每聚众叙谈，或宴请宾客，小女儿贾午往往躲在窗子后面观看。当她看到韩寿光彩照人，仪表堂堂，就使她心花怒放，春心涌动。当得知韩寿就是父亲手下一名职员时，更是日思夜想，寝食不安。她身边的婢女见状即到韩寿家找着韩寿说明贾午的心意，并力陈贾午光丽艳逸，端美绝伦。韩寿听后非常高兴，当即赠送礼物，并请传达他的衷情与心意。婢女将韩寿之意告诉贾午，贾午遂暗中与韩寿通音信，相赠礼物，叫韩夜入。韩功夫过人，越墙而入，贾家却无人知晓。唯贾充觉得其女贾午忽然变得欢畅异于常日，便加以关注，但却不知为什么。

当时西域有向朝廷敬贡奇香的，皇帝司马炎觉得非常珍贵，唯独赐贾充和大司马陈骞一些。贾午盗来馈赠给韩寿。充的部下与寿相处时，闻到寿身上有一股浓烈的香气，就告诉了贾充，这样才使贾充恍然大悟，知贾午与寿私通；但又觉得他的家院大门小门关闭森严，佣人也都忠于职守，日夜看管也非常周全，韩寿是怎么进来的？为解此谜，夜中佯惊，托言有盗，令人查找。一番查找后，左右说："没有发现别的，只发现东北角如狐狸爬过的印子。"贾充乃拷问贾午左右，才让他明白。为不使丑事外露，即把贾午嫁给韩寿。不久贾午与韩寿生一子，取名谧。贾充无后，遂使外孙改姓贾，名为贾谧。

韩寿虽然官不大，但他们般配、和谐，而且因此使他还有了孙子，所以贾充十分高兴。而他的大女儿过去是他的心病，现在她虽然嫁得高，但他对她的心病仍然未减，因为贾南风并不开心，常常埋怨他，把她嫁给了傻子。

世上也真有"傻人有傻福"的，这个低能儿司马衷让荀勖一语言中，竟当上了太子。

低能儿司马衷本是老二，但不意老大毗陵悼王轨半路夭折，这个老二和他的老子司马炎一样，凑巧沾了命运的光，老二也就变成了老大，依序立太子，当然也就立了他。

但他是一个低能儿，武帝想另立他人，于是就出现了争论。解决争论的办法，是对他进行考核，叫他对一些政事写批文。皇子自幼就聘有高人随身教育，经常也有练习、考试，但这个低能儿一路走来都是由他人代笔。这一次考试，非同小可，是一次至尊至严的考试，是应该慎之又慎的，半点马虎不得的，因为它关乎国家命运的国考。但是，满是污秽的晋朝朝廷，这次国考却让贾南风操纵了，仍叫他人代白痴去考。代考的人对此很慎重，就引经据典，洋洋洒洒地写了一大篇。给事张泓说：

"这写得确实好，但这样不行，太好了，会被看破的。"贾妃一听拍案称是，对泓说："你就为我再写一写，日后富贵与你同享。"张泓素有小才，果然写得既浅显又明白。写好后，让司马衷照抄了一遍；武帝看了大喜，这个白痴司马衷，即当上了太子。后来司马衷低能终于暴露，朝官多有非议，司马炎以皇太子司马衷将来不堪大统之任，拟予更换。私下里与皇后杨艳商量，杨艳坚决不同意。说："立太子一要嫡出，二要长子，贤与不贤那是其次。太子既立，岂可随意更改！"这就是杨艳皇后力挺的第二件事。这一力挺，就等于将腐朽塞进了大厦的基脚，大厦将倾势在必然。

接着她又力挺了第三件事。这第三件事与第一第二件互为表里，是为第一件、第二件上一道牢固的保险栓。没有这保险栓，她力挺的第一件第二件将会成泡影。

这力挺的第三件事，要从胡贵嫔胡芳说起。

泰始九年（公元274年）武帝选美，当胡芳得知自己被选上时，当即号啕大哭。左右止之曰："快莫哭。小心陛下听到了！"芳曰："死我都不怕，我还怕陛下吗！"

胡芳唯有一兄，早亡，其父胡奋闻她被选为贵人，哭曰："老奴不死，唯有二儿，男入九地之下，女上九天之上；遗我一人，孤也！苦也！"

奋本旧臣，在司马昭东征反叛时立有奇功，在灭吴之役中又立有大功，兼有女儿入宫之因，甚受武帝器重，升为左仆射，加镇军大将军，开府仪同三司。时杨骏以后父骄傲自得而看不过，当面指斥曰："卿恃女更益豪耶！纵观前代，与天家婚，未有不灭门者，但早晚事耳。观卿现行举措，大祸不日即可临头！"骏曰："卿女难道不在天家？"奋曰："我女与卿女作婢耳，何能相比！"时人闻后皆为之惧。骏更怀恨在心，却拿他没办法。

胡芳进宫后被拜为贵嫔。武帝每有顾问，胡芳随心所欲，率尔而答。在武帝看来，无论胡芳进退都觉得仪态万方，十分优雅。后宫万人，受宠者甚众，然芳最蒙爱幸。其他宫女常取竹叶插户，盐水洒地以吸引武帝羊车停到自己的门前；而芳既不用竹叶插户，也不用盐水洒地，而武帝却常常驱羊车临幸，胡芳侍御服饰也仅亚于皇后。帝尝与胡芳掷骰子，为争矢，误伤了武帝手指。武帝生气地说："你知道你伤的是什么？你伤的是将种！"芳对曰："北伐公孙，西拒诸葛的，他们虽不是将种，你比得上他们吗？"武帝听后甚有惭色，却不怪罪于胡芳，对胡芳的宠信始终不渝。

天不作美，皇后杨艳染病。病情不仅不见好转，而且与日俱增。这个执着的有心人，病至弥留之际，想到司马炎素来宠幸胡芳胡夫人，恐以后会立胡夫人为皇后。如立了胡夫人为皇后，她的那个白痴儿子的太子地位必不保，便枕于司马炎膝上，泣诉夫妻之情，恳求他答应她最后一个要求："叔父杨骏之女男胤，有德色，希望纳她为后，让我的从妹尽我未完之情。"这个经不起二两重的甜言蜜语一击的司马炎为此感动肺腑，遂以泪语许之。第二任皇后为杨艳叔叔之女，名为杨芷，字季男，小名男胤所任。此女婉嫕（yī）有妇德，美映椒房，亦深受司马炎宠爱。

杨皇后杨艳抱着一颗天大的"好心"，力挺娶贾南风为妃，力挺傻儿子为太子；为保傻儿子太子地位，又力挺从妹杨芷继她当皇后。办完这三件事，她阖眼去了。她阖眼去时，她一定认为她功德圆满，不枉此生；她万万不会想到她的"圆满功德"给司马家，给国家危害是多么的大！

杨芷当上皇后后，相夫教子恪守妇德，不仅遵循从姐的遗愿，处处呵护她的低能儿，还爱屋及乌，对儿媳贾南风关爱备至，常常以长辈身份劝诫她。没想到禀性乖戾的最爱嫉妒的贾南风把杨芷的好心当成驴肝肺，不但不听杨芷劝，反而认为是杨芷处处与她过不去：嫉与疑是孪生姊妹，爱嫉妒之人，也最易生疑。

太康九年，杨芷亲率皇宫内外夫人、命妇于京都西郊采桑。此事规模宏大，参加者有千人之多。在那众多的妇人中就数她贾南风最矮最丑。她自暴自弃，羞愧地躲到沟沟里。桑园绿绿，大海一般看不到边。杨芷一袭白衣，像一只白色的海鸥在桑园上飘来飘去指点大家采桑。随着她的身影不是嘹亮的歌声，就是欢声笑语。贾南风瞅着杨芷那美丽的容貌，优雅的举止，既羡慕又嫉妒，瞅着瞅着，脚下一滑，摔了一大跤。当她爬起来看时，大家像众星捧月一样正围着杨芷哈哈大笑，而她疼痛难忍却无人理，顿时不由火冒三丈，牙齿咬得咯咯响。她这火分明是撒向杨芷的。她摔跤与杨芷没有关系，但她就是要指向杨芷。她乖戾的性格使她常常发火，这火又往往发向比她强，让她嫉妒的人。嫉妒人的人是可恨的。他不能容忍别人的快乐与优秀，他会挖空心思采用各种手段去破坏别人的幸福。包括心生毒计，去攻击去报复；不搞垮，不置人于死地决不罢休。因此莎士比亚说嫉妒是妖魔。

采桑结束时，杨芷站在路口给大家发奖，个个都领到了奖，却有一份没人领。这一份是谁的？怎么没人领？大家正疑惑时，远远见贾南风从沟沟里爬上路，提着空篮子，瘸着腿，蹒跚地走来了。大家见她浑身是泥的样子不由得都笑了。杨芷恨铁不成钢地说："你咋这狼狈！"她本来满肚子火，大家一笑，更使她无地自容，接着又听杨芷说她咋这狼狈，贾南风顿时气得嘴脸扭曲得一下变了形，她无力砸天，只得捂着脸蹲在地上泣不成声！

贾南风与杨芷，一个是太子妃，一个是皇后；就家庭关系来说，一个是儿媳，一个是婆母。她们之间的关系本该是秋高气爽，蓝天白云，阳光一片的。但由于贾南风性情乖戾，她们的关系就像立秋后的天气，步步往下滑。先是白露出现了露水，这露水一到寒露、霜降就往往结霜。今日这一节，她们的天气，则像到了立冬，贾南风对杨芷的嫉妒，一下变成了嫉恨。看样子，今后一遇寒潮，就有下雪的可能了。要知这婆媳关系以后如何，请看下章。

第十二章 >>>

娼妇乱西宫

　　司马衷太子地位得到巩固后，贾南风即正式成为太子妃住进了东宫，成了东宫里的头号娘娘。

　　她由于生在高官权臣之家，一直受着锦衣玉食的滋养和高官厚禄的熏染，娇惯、霸气与生俱来；但由于自身个子太矮，长相不如人，自省事起，又不时受着冷言冷语和不屑一顾的白眼的煎熬，自卑、自怨和怨天尤人之种种，亦慢慢地滋生出来。这两种一阴一阳不同的心态，熏烤得她常常不是怒气冲天，嫉火中烧；就是向隅而泣，不吃不喝。那时她在闺阁之中，这种凶悍乖戾的脾气得不到伸张，当看到别人比她好、比她强时，她只能鼓鼓眼睛、挥挥拳头、踢踢凳子，发泄发泄。现在成了东宫头号娘娘后，于是就肆无忌惮起来。进宫不久，即挎着手戟耀武扬威地在宫中行走。

　　一次，她发现一个宫女有了身孕，妒火顿生，勃然大怒，顺过手戟一把掷去，致使那个宫女当场受伤流产。《晋书》上说"子随刃坠地"，顿时血染宫廷，婴儿在血泊中蠕动，引起宫女们大呼小叫地骚动。

　　武帝本来对贾南风印象就不好，她进宫后口碑也很糟糕，现在竟在宫内大打出手，闹出血案，武帝一听大为光火，决定把她废黜。

她没想到皇帝会亲自出马，她刚戴到头上的凤冠立马又要一风吹，她吓得脂粉随汗直往下滚。还好，老爸贾充虽死，老爸的徒儿仍在，杨珧、荀勖一个个都来了，都帮她说话。杨珧甚至说："陛下难道把贾公闾忘了吗？"

武帝，性疲、性温，没有这句话，也许会烟消云散。武帝一听这句话就如火上浇油，不由得怦然暴出雷霆之怒；不仅要摘贾南风的凤冠，还要摘凤冠下的那颗人头！

贾南风吓得七魂悠悠，六魄荡荡，她想这一下她没救了，力挺她的皇后已死；处处与她过不去的皇后上台，她觉得她一定是死定了。

如果这个丑女这次真的死定了，那就好了，不仅要少死很多人，太康之风说不定会延续下去，而且西晋也不会那么快灭亡。

世上有千千万万种果，就是没有这个"如果"。这个丑女没有死，救她的恰恰就是她说的处处与她过不去的新皇后——杨芷。

在雷霆之怒面前，大臣们都吓破了胆，个个都趴在地上发抖，不敢抬头，不敢再言。杨芷款款上来，搀扶着武帝的手臂，温柔地说："皇上息怒，且听奴婢一言：贾公闾有勋社稷，犹当数世宥之，贾妃是其亲女，又处年浅岁短，正复妒忌之间，不足以一眚掩其大德。"不动怒的人一旦动起怒来，是止不住的，何况他还是一个皇帝！但止住了，武帝一听这话就止住了。不仅仅因为杨芷这话说得得体，更因为这话是他宠爱有加的皇后杨芷说的！前面说过杨芷"婉嬺有妇德，美映椒房，甚有宠"。在武帝司马炎后宫里嫔妃有万人之多，她们都虽然有一副漂亮的脸蛋，美丽的身材，但让他感到个个呆板而缺乏灵性。只有杨芷让他感到她不仅仅是一位"吐气如兰"，香气缭绕的"香美人"，而且让他感到她软软的话语，柔柔的依恋，如春风拂面，如冬阳沐身；她那通情达理，善解人意的一举手一投足，都精妙至极，韵味十足，让他赏心悦目，让他感到亲切心爱。每到她的房间，她那可人的鲜花，迷人的烛光，袭人的香气和随意哼出的小调，让他看到温馨，嗅到沁人肺腑，听到摄人心魄，顿时让他销魂忘倦，精神振奋，激情燃烧！她是他的心爱，他怎么不听他的话呢！权臣激起的雷霆之怒，顿时被杨芷止住。当然也只有杨芷才能止住。凶悍的没有妇德的贾妃根本不懂这个，不知道她的命是杨芷救的，更不懂也只有杨芷才能救她的命；她还以为是她自己的命大，是她爸爸的同党救的。嫉人者，往往疑人，她甚至还以为她这次落难，就是这个皇后杨芷经常在皇帝面前说她的坏话造成的，使武帝对她形成坏印象而不原谅她这次失手。因此她不但不感谢杨芷，反而对杨芷越恨越深。

杨芷的父亲杨骏字文长，弘农华阴人，先为司马，后来因杨芷为后妃而超居重位，自镇军将军迁车骑将军，封临晋侯。此人没有经过正当的历练，思想狭窄，目光短浅，知识贫乏，一切，完完全全是靠皇上"宠幸"其女儿暴长而出的。朝中尚书因此上奏指出："骏，小器，不可任社稷之重。"武帝不从。

不从的原因，《晋书·杨骏传》中指出："武帝自太康以后，认为天下无事，不复留心万机，惟耽酒色。"但朝中"万机"总要有人管呐，交给谁好呢？他没有最相信的人，只有杨芷他最相信，所以就"始宠后党"。

武帝宠幸后党，就将朝中万机，尤其是"屏藩王室"这一社稷之重，委于皇后杨芷之父杨骏这个"小器"之人。

这将预兆什么？有识之士一针见血地指出：这将"兆于乱矣"！为时不久，果然应验。

由于晋武帝司马炎始宠后党，致使杨骏，及杨骏的兄弟杨珧、杨济势倾天下，时人有"三杨"之号。

他把万机交给后党，不顾身体，荒淫无度，一心一意，沉浸在掖庭之中玩乐。日复一日，年复一年，直至身体损坏，病情加重，朝中仍没有辅佐太子的"顾命"，亦没有执掌朝政的安排。朝臣惶惑，计无所从。

而杨骏尽斥群公，亲侍武帝左右，动辄改易公卿，树其心腹；恰巧碰上司马炎偶然清醒，见他床边尽是杨家人，赫然醒悟，质问杨骏为什么？乃诏中书，命令以汝南王亮与杨骏夹辅王室。骏恐失权，从中书那里借诏观看，于是便将诏藏匿，中书监华廙亲往索要，杨骏就是不给。两三日后，武帝病情加重，这时的皇后杨芷在其父操纵下，问武帝是不是以杨骏辅政？昏迷中的武帝点了一下头，杨骏便召中书监华廙、中书令何劭，口宣帝旨：由杨骏一人辅政。

武帝去世，傻儿子司马衷继位，杨骏辅政，贾南风乘风而上，由太子妃升为皇后。

杨骏掌权后，深知这个做了皇后的丑女贾南风是一爪刺，挨不得，碰不得，难于相处，就干脆把她晾在旁边不理她；每每拟定了诏书命令，给惠帝看过后，就送到后面再给杨太后杨芷过目，然后随即施行，中间不让贾后有插手的机会。一个妒贤嫉能，睚眦必报却一步登天的贾后，怎能容忍杨骏如此对她轻蔑与排斥！她对杨芷的嫉妒一下子转为对杨骏的嫉妒。

她嫉妒杨芷的美，她嫉妒杨骏的权，实际上她还有一最大的嫉妒，那就是命！她最最嫉妒谢才人的命比她好！

她自己没有儿子，谢才人却生了一个漂亮的儿子，这就成了她最不能容忍的仇敌。

谢才人生的这个儿子，叫司马遹。这个司马遹不仅披锦挂缎，熠熠生辉，光彩照人，而且聪明伶俐，在宫中有口皆碑，被传得神乎其神。其中最为人称道的，是说他五岁时，宫中失火，武帝司马炎登楼观察火势，这孩子拉着祖父的衣襟，要他退到火光照不到的地方，说："深夜发生意外事件，应该提高警惕，不可让火光照见皇上。"武帝听了高兴极了，"傻儿子难继大统"的心病一下好了。他觉得儿子虽笨，但孙子聪明，孙子继位后，一定会成为一代明君，为司马氏长脸！一个势大权重浑身燃烧着嫉火的女人，怎能容忍一个小才人拥有这样一个宝贝龙种呢！这个儿子，现在已经十三岁了，她不能不同意她这个儿子当太子，也就不能不同意把他的生母升做淑媛。她甚至还考虑到她的这个儿子现在当太子，将来就要当皇上，如果那样，她不仅皇后当不成，恐怕连性命也难保！常抠成疮，常思成病。这病让她睡时如火烧心，醒时如鲠在喉，如芒在背，令她日夜不安！

幸亏她吃过一副清醒剂，就是那次杀宫女她好险被废黜！深刻的教训让她变聪明了。当初她在娘家遭受白眼时，为改变命运她也读过许多书，加之耳闻目染，从她父亲身上不仅使她懂得皇权通天，有权就有一切的道理，而且也使她深谙权谋。她觉得凡事都要审时度势，一步一步地来，不能太莽撞。对于太子娘俩，而她目前能够做到的，就是尽量不让她们母子见面，以待将来再采取进一步的措施。对于杨骏这个心头之恨，她要先拿他祭刀！

她鹰盯虎视，绞尽脑汁，挖空心思，以求一逞！她终于发现了可以下蛆的"鸡蛋"：杨骏对宿卫将领孟观、李肇一向礼数不周；此二人对杨骏也一向心怀怨恨。她便以皇后之威名，指使宦官董猛与二将密商，准备发动政变，除掉藐视她的杨骏。

为打有把握之仗，又让李肇联络汝南王司马亮，要他起兵参与反杨骏。忠诚正直的汝南王虽受杨骏的排挤，但他忠诚可嘉，不愿意给国家添乱，不愿意破坏来之不易的和平而不肯出马。李肇就转而联络都督荆州诸军事的楚王司马玮。

楚王司马玮是惠帝的兄弟，年方二十，精力旺盛，是个好勇斗狠，喜欢揽权的少年王子。李肇只一提，这个野心勃勃的少年王子的"揽权思想"立即膨胀："二哥是个低能儿，我入朝后，搞不好会弄个皇帝当当！"他觉得他这杆枪终于可以派上用场了，二话没说，就爽快地答应了，立即向朝廷要求入朝。

　　杨骏了解他的性格，本来对他就不太放心，见他要求入朝，就立即同意了。他认为楚王司马玮到了京师，便于他控制，对他的管理有好处。却没有想到他这次和当年何进召董卓进京的结果一样——是引狼入室。

　　元康元年（公元291年）二月，楚王司马玮到达洛阳。三月初八晚上，贾南风唆使孟观、李肇向惠帝诬告杨骏谋反。惠帝是她操纵在手的一颗棋子，向惠帝告状，即是向她告状。状纸一到，贾南风即以惠帝名义写诏书首先罢免了杨骏的官职，接着宣布戒严，命东安公司马繇领殿中兵四百人讨伐杨骏，令楚王司马玮领兵把守皇宫各门。一时间京城鸡飞狗跳，风传杨骏谋反。

　　杨骏的外甥段广，官居散骑常侍，就在惠帝身旁。他跪下向惠帝求道："陛下！杨骏没有儿子，岂有谋反之理，请陛下明察。"惠帝听了呆木木地一言不发，他根本不知怎么一回事，更不用说明察了。

　　这是一救杨骏。这"一救"可算有力，找的是皇帝啊，皇帝是什么，皇帝是金口玉言！谁知皇帝是个低能儿，金口不开，玉言不发！找，算是白找。

　　杨骏在府里听到宫中发生变故，即召集府中众官到府厅商议。主簿朱振主张发动反击，火烧宫城的正门云龙门，造成声势，再打开宫城的东门万春门，拥护皇太子，引东宫卫兵和京城驻军进宫，责令殿内人员交出祸首。朱振建议提完，接着又强调说："除此之外，别无办法。"

　　这是二救，这"二救"是出计策让杨骏自救。谁知杨骏果然"小器"，在小事面前趾高气扬，在大事面前晕头转向；加之理亏在前，内心虚弱，哪里有应付非常事件的魄力。他不发一令，却像老太太一般唠叨道："云龙门是魏明帝所造，工程费用很大，烧了可惜！"人掉在冰窟窿里，还念念不忘嗓子要忌生冷。众官听了，不由得一声叹息声，知道无法挽救，纷纷散去，把杨骏丢在府里等死。

　　实际上当时杨骏是有兵可用的。京师有前、后、左、右四军。左军将军刘豫是杨骏的党羽。刘豫带兵来救，这是三救。

这第三救，却因杨骏事前没抓这支兵，事变时刘豫连杨骏在哪里也不知道。从刘豫方面说，刘豫的政治嗅觉也不敏锐，没有分清敌我。他带兵去救杨骏的途中遇见右军将军裴頠（wěi），就向裴頠打听杨骏的去向。裴頠是贾家的近亲，是杨骏的敌对派，就骗他说：杨骏已出城逃走。刘豫不仅没想一想他的话对不对，反而还向他讨主意："那我该怎么办？"裴頠说："该到廷尉（大法官）那儿去听候处分。"刘豫一听，这时才有所醒悟，就离开军队走了。不多一会儿，诏书下来，令裴頠领左军将军守万春门。这时，东安公繇所领的兵还没有出宫城，可见杨骏若有决断，及早或依主簿朱振主张发动反击，或用刘豫这支兵，就有打进宫城争取主动权的可能。

杨骏的女儿杨太后杨芷得讯，写帛书射出宫外，号召"救杨太傅者有赏！"这不能不说也算一救。这一救反而让贾后抓住尾巴，把她昔日对杨芷嫉恨的旧账加在一起清算，声称杨芷参与谋反，同时命令东安公繇立即领兵向杨府进攻。

繇到了杨府，不知虚实，就先放起火来，命弓箭手爬上高处，向府里乱箭射去。杨骏的卫兵被堵在里面，只是躲起来避箭，不敢抵抗。杨骏逃到马厩里，结果被兵士搜出，乱刀砍死。杨骏的兄弟杨珧、杨济以及段广还包括刘豫等人一律被捉，一律被杀，一律夷灭三族，一共杀了好几千人。这个丑女竟如此胆大，如此猖獗残酷！

第二天，贾后矫诏：称杨太后移宫，太后母庞氏免死，并与太后同住。她如此松一松套后，接下来就一步紧一步，唆使朝官上奏：先是准请废太后为庶人，再准奏庞氏不得免死。可怜这个杨太后，杨芷，当时一听庞氏"不得免死"，就抱住母亲哭哭啼啼地向贾后称妾，哀求贾南风看在婆母和过去替她说话的分上，免其母一死。其结果怎么样呢？不仅庞氏死在贾后的刀下，而且次年二月，杨太后杨芷，活活被饿死在金墉城的冷宫里。这位美丽、仁慈的杨芷的下场可比东郭先生惨多了。东郭先生救狼，狼是那样的毒，却还未把东郭先生吃掉，她却不仅把她吃掉了，还捎上她母亲！可见杨芷的下场比东郭先生惨，贾南风比狼还要毒！贾后人长得丑，唯那双手值得称道。为平心中的妒火，干了这场事后，她独自坐到宫中，摊开双手孤芳自赏：哈！我这双手也不简单呐，杨骏、杨珧、杨济弟兄仨势倾天下，号称"三杨"，转眼在我手中灰飞烟灭，还附带着杨芷和杨芷的妈！她左看右看，看到了她这双手的威力，更尝到了威权的甜头。她想到历史上有挟天子以令诸侯，儿皇帝的妈垂帘听政，而她，则是骑着蠢驴驾驭天下！与前二者比，她有过之无不及。

这个丑女，实际也真不简单。她知道惠帝虽是一个低能儿，但她却不能一下子就走到前台。于是她以惠帝诏书征汝南王司马亮入朝任太宰，与太保卫瓘共录尚书事，一同辅政。

他们两个，一个是辈分最高的宗室成员（司马懿的儿子），一个是朝中老臣。

这两个能真心为她辅政吗？她真心是让他们来为她辅政吗？

她知道他们两个不会真心为她辅政；她也不是真心让他们来为她辅政。卫瓘曾装醉酒，拍着武帝的龙位，对武帝说："此座可惜！"意思是说太子司马衷——她丈夫不堪重托。因而才有出题考核太子之事。事后她的父亲贾充曾对她说："卫瓘老奴，几破汝家！"为此，贾南风一直怀恨在心，今日将他捧上高位，正是为明日一跤将他掼杀。但她知道这二人在朝中的分量，在此时她一是以此二人来遮遮大家的眼，二是给这二人灌点迷魂汤，让这二人先为她稳稳阵脚，让她为下一步更大的动作做准备。她要铲除异己，把大权完完全全握到手中。

同时，楚王司马玮和东安公繇在政变中为她起了重要作用，她将前者封为卫将军，领北军中侯，掌握一部分兵权；后者升为东安王。他们和她的族兄车骑司马贾模、堂房舅父右卫将军郭彰，妹子贾午之子贾谧，一同参与国政。

贾后驾驭着低能儿，操纵着朝廷，挥舞着独裁利剑，对于敢说"不"字的人大加杀伐。她丑，最忌讳一个"丑"字，最怕遭到"废黜"；自上次险遭废黜后，她就时时提防着废黜，加之她猜疑心重，她对"废黜"也特别敏感。东安王繇只做了半个多月的王，只因他如杨太后杨芷一般直言对她相劝，她就恩、功全弃，把为她消灭政敌的大功臣，以"谋废贾后""专行诛赏，欲擅朝政"之罪将他罢官，远谪东北之地。

她处理完东安王繇，继续环睁双眼，看有谁还敢"废黜"她！她的双眼放着锐利的绿光，在森林般人群里左右搜寻，但始终没有离开过汝南王亮和卫瓘。

楚王司马玮年轻莽撞，居功自傲，有了一点兵权，就不知天高地厚，飞扬跋扈，目中无人。汝南王司马亮和卫瓘这两个老臣都看不惯，认为他是个三脚猫怪物，如果让他羽毛丰满，日后必然生事，于是就想趁早去掉他的兵权，将他赶回他的封地去。而楚王玮也真是一个贼猫，不知怎么就闻到此腥臭味，就竭力向其主子——贾后羽翼下靠拢。他的心腹歧盛则先意承志，未等主子发话，即通过积弩将军李肇，向贾后告假状，说汝南王亮和卫瓘要谋废立。贾后觉得这是天赐良机，立即抓住这个机会，决定借楚王司马玮的手，除掉这两个老贼（卫瓘这年七十二岁，汝南王约六十岁）。

六月（公元291年），贾后指使低能儿皇帝亲手写诏书，命楚王司马玮"免亮及瓘官"。楚王司马玮便连夜动手，除出动所领北军外，又矫诏，令城内各军一律听他指挥。积弩将军李肇所部也当然在内。

大军调齐，便兵分两路开往亮、瓘府第。

汝南王府的帐下督（卫队长）李龙发觉情况异常，立即进内堂向汝南王司马亮禀报，请求发令抵抗，汝南王司马亮还不相信会有这等事情。不一会儿，李肇率领的士兵已经爬上墙头，大声叫喊捉拿汝南王！司马亮这才大惊失色，说："我并无二心，何至于此！"接着他高声问："诏书何在？请拿来观看，究竟怎么个讲法？"李肇等不予理会，只催兵往里打。长史（秘书长）刘准见如此情况，说："他们不肯出示诏书，必是奸谋，府中兵将不少，可以决一死战。"但汝南王司马亮仍然不听，仍不想大动干戈。可是树欲静而风不止，未等司马亮把思绪理清楚，李肇已率兵冲进内堂，将汝南王司马亮和世子司马矩一同拿下，接着两人全被立即处死。司马亮临死叹道："我的赤心可以破示天下！"但李肇根本不听，一刀下去，司马亮身首异处！

卫瓘家里发生的情况几乎完全相同，不过死人更多。卫瓘左右也主张抵抗，同时要上表核实，如确有处死命令，再束手就戮，但卫瓘也不听。他有个旧部荣晦，因有罪被他斥革，这次这个荣晦也前来参与抓捕。他知道卫瓘子孙的名字和人数，进去后指名搜捕，结果连卫瓘本人，共抓到九人，悉数杀死。幸其孙子卫璪、卫玠当时不在家里，未曾遭害。

荣晦，是用他手下仇人来杀他家，这和当初他用邓艾手下的仇人田续杀邓艾父子是何等的相似。不同的是，邓艾手下的仇人是邓艾为统一大业惩罚他的部下而结的仇，不是为私事，错不在邓艾，邓艾惩罚他的部下是光荣之举。卫瓘用这样的人去杀邓艾是可耻的，所以杜预当时就说他将不得好死，今日果然应验。

一夜乱后，楚王玮的心腹歧盛就劝其主子，应乘兵权在手，将贾、郭两氏一起除掉。这个粗莽的主子虽有当皇帝的雄心，却没有当皇帝的智谋，更没有随机应变的能力；他没有想到这一点，对此没有丝毫的思想准备。他的想法只是从他低能儿哥哥手里拿过皇权，没有想到现在就向贾后开刀。如果现在就向贾后开刀，明天即可穿上龙袍，登上皇位，这"一蹴而就"之事，是多么的便捷，我怎么就没想到呢！正欣喜之际，风云突变。变从何来？请看下章。

第十三章 >>>

文人献计为太平　谁知太平成温床

风云突变来自文人。

魏晋之际，战争频仍，局势动荡，思想激烈，各类文人贤士应运而生。如"竹林七贤"和三张、二傅、二陆、二潘、一左，均是史上有名的文人。"竹林七贤"是嵇康、阮籍、阮咸、山涛、向秀、王戎、刘伶；三张是张华、张载、张协；二傅是傅玄、傅咸；二潘是潘岳、潘尼；二陆是陆机、陆云；一左是左思。

左思，大约生于 250 年，卒于 305 年，字太冲，齐国临淄（今山东淄博市东北）人。出身寒微，但志向高远。貌丑，口讷，而辞藻壮丽。不好交游，唯以闲居为事。他的《咏史》诗八首的第一首，为他自己一生拟定了一条路线。这条路线不仅规定他读书如何读，写作如何写，还规定他如何为统一祖国、保卫祖国效力。甚至还规定功成名就后不受爵位，而回家种田。这不是诗，也不是一般的人生计划，这是展示他自己的雄心壮志的出仕宣言！

弱冠弄柔翰，卓荦观群书。著论准《过秦》，作赋拟《子虚》。边城苦鸣镝，羽檄飞京都。虽非甲胄士，畴昔览穰苴。长啸激清风，志若无东吴。铅刀贵一割，梦想骋良图。左眄澄江湘，右盼定羌胡。功成不受爵，长揖归田庐。

但是，他按照这条路线行走没多久就发现，仕进之路为世家大族所垄断，出身寒微的人不得不屈居下位。左思身受这种压抑，对此愤懑不平，于是就写出了《咏史》诗的另外一首：

郁郁涧底松，离离山上苗。以彼径寸茎，荫此百尺条。世胄蹑高位，英俊沉下僚。地势使之然，由来非一朝。金张藉旧业，七叶珥汉貂。冯公岂不伟，白首不见招。

他用涧底松比喻才高位卑的寒门贤士，用山上苗比喻才拙位高的世族庸才。这实与卫罐拍龙椅异曲同工。

他的《齐都赋》写成后，欲写《三都赋》，恰遇妹妹入宫而移家京师，继续为《三都赋》殚精竭虑。构思十年，门庭、篱笆、厕所都放着纸笔，偶得一句，立即写上。功夫不负苦心人，十年后大作终成。安定高誉者皇甫谧为之写序，张载为之作注，刘逵著文称此赋与相如的《子虚》，班固的《两都》，张衡的《二京》齐肩，陈留卫权称《三都赋》"辞义瑰玮，良可贵"。于是豪贵之家，竞相传抄，洛阳为之纸贵。

其妹左芬，亦善缀文，武帝闻而纳之。因姿陋无宠，以才德见礼，因自小家贫，体瘦多病，常居薄室，武帝每游华林，总要回辇从她那里过，言之文意，左芬总以清华的辞义相对，左右侍听，莫不称美。芬之缀文多为应诏之作，但答兄之诗、书、赋、颂数十篇，表述深宫清苦，思兄、怜兄，与兄参商相隔，戚戚哀哀的骨肉之情，读之令人泪下。

文人学士，博览群书，知识广博，见解深刻。但为人处世，因性格不同而各异。有的处事圆滑，邦有道则仕，邦无道则隐；有的一身傲骨，洁身自好，直来直去，不与合污，对时政多有指点抨击；有的愤世嫉俗，常乘酒意入醉乡；有的勇当中流砥柱，用自己的聪明才智去济世兴邦。比如阮籍、嵇康、刘伶、张华即是其中的代表。

阮籍，生于 210 年，卒于 263 年，字嗣宗，陈留尉氏（今河南省开封市）人。父瑀，魏丞相掾。籍容貌俊美奇伟，志气宏放，傲然独特，任性不羁，而喜怒不形于色。或闭户视书，累月不出；或登临山水，经日不归。博览群籍，尤好《庄》《老》。嗜酒能啸，善于弹琴。当其得意，忽忘形骸，时人多谓其痴，惟族兄文业每叹服之，以为胜己，由是都共称异。

籍曾随叔父至东郡，兖州刺史王昶请与相见，终日不开一言，自以不能测。太尉蒋济闻其有隽才而召之，籍到都亭给蒋济写了一封奏记，曰："伏惟明公以含一之德，据上台之位，英豪翘首，俊贤投足。开府之日，人人自以为掾属，辟书始下，而下走为首。昔子夏在于河西之上，而文侯拥篲；邹子处于黍谷之阴，而昭王陪乘。夫布衣韦带之士，孤居特立，王公大人所以礼下者，为道存也。今籍无邹、卜之道而有其陋，猥见选择无以称当。方将耕于东皋之阳，输黍稷之余税。负薪疲病，足力不强，补吏之召，非所克堪。乞回谬恩，以光清举。"初，济恐籍不至，得记欣然。遣卒到都亭迎之，而籍已去，济大怒。于是乡亲共劝，才去就职，后借病而归。复为尚书郎，时为不久，又以病免。及曹爽辅政，召为参军，籍继续以病辞，屏蔽乡里。岁余而爽诛，时人服其远识。宣帝为太傅命籍为从事中郎。及帝崩，复为景帝大司马从事中郎。高贵乡公即位，封为关内侯，徙散骑常侍。

籍本有济世志，属魏晋之际，天下多故，名士少有全者，籍由是不与世事，遂酣饮为常。为拒司马氏提亲，他大醉六十天，不给司马氏以开口的机会；钟会数以时事问之，欲因其可否而致其罪，皆以酣醉获免。

籍闻步兵厨营善酿酒，且储有三百斛酒，乃求为步兵校尉，前去佐职，经常游于府内，每宴必与。恰巧碰上文帝让九锡，众卿将劝进，使籍写劝进辞；临到府，派人来取时，籍正据案酣睡。使者以为他早已写好，叫醒他，谁知他酒醉忘作，马上要用，他却只字未作，使者跌脚蹬足，叫苦连天。他便不慌不忙，依案而作，转眼即成。字正辞壮，无一改窜，为众叹服。

籍虽不拘礼教，然发言玄远，口不臧否人物。性至孝，母终，正与人围棋，对者求止，籍留与决赌。既而饮酒二斗，举声一号，吐血数升。及将葬，食一蒸肫，饮二斗酒，然后临诀，直言穷矣，举声一号，又吐血数升。因家庭贫困，性情孤傲清高，加之母病母丧悲伤过度以致骨瘦如柴，几丧性命。裴楷往吊时，籍散发盘腿席地而坐墓旁，醉眼直视。楷吊唁毕便去。籍问楷：“凡吊者，主哭，客乃为礼。籍既不哭，君何为哭？”楷曰：“阮籍既方外之士，故不崇礼典。我俗中之士，故以规仪自居。”时人叹为两得。

邻家少妇有美色，当垆沽酒，籍常去买酒喝，醉了就卧其侧，他不自嫌，其妇的丈夫看了也不疑。兵家女有才色，未嫁而死，籍也不识其父兄，径往哭之，尽哀而还。阮籍实属“其外坦荡，其内纯正”那种人。

他经常不走坦途，随意独驾，当车不能走了，就大哭而返。尝登广武，观楚汉战处，叹曰：“时无英雄，使竖子成名。”登武劳山，望京邑而叹，遂赋豪杰诗。

籍善撰文，文多不录，作《咏怀诗》八十余篇，著《达庄论》，叙无为之贵。曾在苏门山遇孙登，欲与其商讨栖神导气之术，孙登不应，籍长啸而退。至半岭，闻有声如鸾凤之音，响彻于陡岩深谷，籍知乃孙登之啸也。遂归著《大人先生传》其略曰：“世人所谓君子，惟法是修，惟礼是克。手执圭璧，足履绳墨。行欲为目前检，言欲为无穷则。少称乡党，长闻邻国，上欲图三公，下不失九州牧。独不见群虱之处裈中，逃乎深缝，匿乎坏絮，自以为吉宅也。行不敢离缝际，动不敢出裈裆，自以为得绳墨也。然炎丘火流，焦邑灭都，群虱处于裈中而不能出也。君子之处域内，何异夫虱之处裈中乎！”此，即是阮籍之本趣。

而嵇康的锋芒比阮籍更露。嵇康，生于223年，卒于262年。早年家贫如洗的时候，司马昭之重臣钟会去拜访他，嵇康却不起身行礼迎客，兀自在树下与向秀锻铁。直到钟会要离开时，嵇康才问他："听说什么了才来的？看到什么了才要离开的？"钟会回答："听说了我听说的事情而来，看到了我看到的事而去。"钟会遭此冷遇，悻悻然离去。嵇康性喜老庄，崇尚自然，性格刚直，疾恶如仇。他处在魏晋易代之世，对当时的黑暗政治深为不满，提出"越名教而任自然"的观点，反对虚伪的礼教和礼法之士，发表过许多离经叛道，菲薄圣人的大胆言论。最有名的是《与山巨源绝交书》。山巨源即山涛，与嵇康同是"竹林七贤"中的人物，后未能坚持隐退而依附司马氏集团。山涛在任尚书吏部郎时，想荐举嵇康代替自己的职务，嵇康遂写了与他绝交书，表示坚决拒绝。这封与山涛的绝交书被当朝认为是与当朝的绝交书，而被下狱。钟会便乘机下药，对司马昭说："嵇康本是卧龙。他原要助毌丘俭叛逆，幸好有山涛规劝才作罢。昔日齐国诛杀华士，鲁国诛杀少正卯，就是他们祸乱当时。嵇康、吕安等人言论放荡，经常诋毁时政；成就帝王功业的人是不能容忍他们存在的，应该除掉他们，这样风化才能淳朴。"司马昭竟然听信了钟会的谗言而杀了嵇康。嵇康时年39岁。

孙登，字公和，汲郡共人。无家属，于郡北山为土窟居之，夏则编草为裳，冬则披发自覆。好读《易》，抚一弦琴，见者皆亲乐之。性无恚怒，人或投诸水中，欲观其怒，登既出，便大笑。时时游人间，假若有人送给衣食，一无所辞，去皆抛弃。曾住宜阳山，有作炭人见之，知非常人，与他说话，登亦不应。

文帝闻之，使阮籍往观，既见，与语，也不应。嵇康又从之游三年，问其所图，终不答，康每叹息。将别，问他："先生竟无言乎？"登乃曰："子识火乎？火生而有光，而不用其光，果在于用光。人生而有才，而不用其才，而果在于用才。故用光在乎得薪，所以保其耀；用才乎识真，所以全其年。今子才多识寡，难乎免于今之世矣！子无求乎？"康不听，果遭非命。登乃作幽愤诗曰："昔惭柳下。今愧孙登。"后来，世人竟不知登所终。

杀嵇康，文人学士当然知道这是"杀一儆百"，所以对当时更加怨恨。尤其是刘伶。

刘伶，是"竹林七贤"中最小的一个。为人放旷肆意，胸襟开阔，沉默少言，不常与人交往。当初阮籍、嵇康等人造访，见他裸行于屋中，就讥笑他。他说："我以天地为栋宇，屋室为裈衣，诸君何为入我裈中！"他自此与阮籍、嵇康相识之后，引为知己，欣然相交，携手共游竹林。

刘伶爱驾着鹿车一面漫游一面喝酒，是一个有名的酒徒。以前喝酒还有一定节制，嵇康被杀后，他喝酒再也节制不住了，他的妻子为爱护他，对他说："你喝酒太多，不是养生之道，应该戒酒了。"于是把他的酒和酒具都藏了起来。他听他妻子的话，决心不喝酒了；憋了两天，到第三天他就憋不住了，佯对妻子说："今天我卜了一个凶卦，先生说我大难就要临头，叫我赶快回去祭祀鬼神。你准备些酒肉，我晚上拿出去祭祀。"他的妻子以为是实，就精心准备。到晚上，他不仅将他妻子准备的酒肉搬到鹿车上，而且把他侦察到的他妻子所藏的酒全搬到鹿车上，找了一个人，扛着镢头跟随他，说："我如果死了，你就就地挖一个坑埋了我算了。"他坐在车上，一面喝酒，一面唱歌，任凭鹿车拉着他往前走。他在车上喝醉了睡，睡醒了又喝。

那天，"竹林七贤"所剩下的三四个人聚集在竹林中席地而坐，以"清谈"佐酒。"清谈"不能"谈国"，他们就"谈家""谈故事"。

一个说："有一个汉子，把他的病父放到一个筐子里，叫他的儿子把他背到旷野里扔掉。他的儿子二话没说，就将他的爷爷背出去了。不一会儿就背着空筐回来了。他对儿子说，你怎么把筐背回来了，这筐多晦气呀，应该把筐也扔到旷野里。他的儿子说：'扔到旷野里多可惜呀，我要留下来，让我的儿子将来背你呀！'那汉子恍然大悟，拿过筐子急忙把他的父亲背回来。"

177

另一个说："孔子尝游于山，使子路取水，逢虎于水边，与虎搏斗，子路打死虎，将尾揣于怀中：取水还，问孔子曰：'上士杀虎如之何？'孔子曰：'上士杀虎持虎头。'又问曰：'中士杀虎如之何？'孔子曰：'中士杀虎持虎耳。'又问曰："下士杀虎如之何？"孔子曰："下士杀虎持虎尾。"子路出尾弃之。因怨恨孔子，转身而去，暗曰：'夫子知水所有虎，使我取水，是欲死我。'因怨恨孔子，在外捡了一个石盘揣到怀中，准备砸孔子。回来又去见孔子，问曰：'上士杀人如之何？'孔子曰：'上士杀人使笔端。'又问：'中士杀人如之何？'孔子曰：'中士杀人用舌端。'又问：'下士杀人如之何？'孔子曰：'下士杀人揣石盘。'子路取出石盘弃之，于是心服。"

正谈得有趣时，传来嗷嗷叫的鹿声，大家看时，鹿车把刘伶拉进竹林，只见刘伶烂醉在鹿车里，大家围上去，七手八脚地帮忙。有的清洗污物，有的喂水，忙得不亦乐乎。最后把刘伶理顺，盖上他们脱下的衣服，让他在车里睡好。当他们将刘伶安顿好，坐下来，准备继续"清谈"时，他的妻子提着饭，提着水寻找了三天三夜寻到这里来了，大家特别感动。他们估计他的妻子出来的时间长了，一定挂念家里，就打发他的妻子先回去，把刘伶留下他们照顾。他的妻子见他果然在这里，也就放心了，就留下饭和水回去了。

刘伶的妻子走后，大家感慨万端，不由对"家"议论起来：

说一个家就是要有一个好的妻子，都夸刘伶的妻子贤惠，相夫教子，恪守妇道，批评刘伶太放纵自己了，没有尽到丈夫的责任。

说一个家首先要自己好，自己好的关键是修身。只有修身才能齐家。

说关键是夫妻互敬互爱，同心同德，团结一致。以夫妻为核心，上孝，下慈，中悌。一个家只要做到这样，没有搞不好的。家是国的细胞，每一个家好了，国也就安了。相反，一个不孝不悌的家庭，必然会出现叛逆。家有叛逆，家不能安，国也必然受干扰。

还有一个关键，那就是家长。家长要有威力威信，要能服众。要做到这一点，家长首先要洁身自好，做好家庭的表率，要有睿智，要有先见之明。前面讲的孔子，子路为什么服他，三千弟子为什么跟着他，就是因为孔子有睿智，有先见之明，有威力威信；所以三千弟子才跟他服他学他。

最后阮咸道："对，一个家就像一个人。一个家有许多成员，你看人，有手有脚，不也有许多成员吗；你看人的成员，你看手，你看脚，配合得多好呀，一个家的成员也应像一个人的成员一样配合！要互敬互爱，互谦互让，互帮互助。一个家往往兄弟多，尤其要像手足一样互敬互爱，互相谦让，互相帮助，否则就会人亡家败！"

他们谈"家"谈得正热烈时，竹林远处，白发耀日，白须飘飘，精神矍铄的张华来了。

张华，字茂先，范阳方城（今河北固安方城）人，其父做过曹魏时期的郡守，少年时其父即丧，家中贫寒，从小牧羊。但学业却很刻苦，孜孜不倦，博览群书，终习得文辞优美，文采斐然。未知名时著《鹪鹩赋》以自寄，陈留阮籍见之，叹曰："王佐之才也！"由是声名始著。

张华从小就修身以礼，勇于赴义，急人之难。他气量恢宏，胸怀壮志，见多识广，天资聪颖，记忆非凡。他博闻强识，天下之事莫不了如指掌。司马炎即位之初，曾向他询问汉代宫室制度，农业生产及商业经营的典章，他应对如流，侃侃而谈，听者忘倦，画地成图，左右瞩目，帝甚异之，时人比之子产。不久即拜中书令，后加散骑常侍。起初，帝与羊祜计谋伐吴，而群臣多以为不可，唯华赞成其计。灭吴之役开始后，亲为度支尚书，计量运漕，决定庙算。当众军既进，一时未有克获，时大臣皆以为未可轻进，华独坚持，以为必克。及吴灭，武帝下诏奖励："尚书、关内侯张华，前与故太傅羊祜共创大计，遂典掌军事，部分诸方，算定权略，运筹决胜，有谋谟之勋。其进封为广武县侯，增邑万户，封子一人为亭侯，邑千五百户，赐绢万匹。"

张华不仅协助司马炎灭吴完成统一大业，而且司马炎的诏诰文书等，都由张华草定。他的声誉日盛，大有成为台辅之望。荀勖自以为出身大族，仗恃司马炎的恩宠，嫉妒张华，总想将张华排斥于外。有一次，司马炎问张华，谁能托付后事，张华说："论起明德，又是陛下至亲的，莫过于齐王司马攸。"当年册封太子时，都说其弟司马攸比他司马炎优秀，其父司马昭打算立司马攸，对此司马炎至今仍耿耿于怀。这时张华无意又触到这一痛处，荀勖乘机进谗言，张华被调出朝廷，任幽州都督、领乌桓校尉、安北将军。

张华在幽州都督任上励精图治，抚纳新旧，使戎夏降服。东夷马韩、新弥诸国依山带海，四千余里，历世未附者二十余国，在张华辛勤的工作下，一并遣使向晋朝朝献。于是远夷宾服，四境无虞，频岁丰稔，士马强盛。因而朝议张华入朝为相。

朝议张华入朝为相时，冯紞也在场。冯紞，是司马炎称帝的功臣，就是他直接逼曹奂禅位而立的功，成为司马炎的近臣信臣。当初张华曾指责过冯恢的不是，冯恢是冯紞的兄长，此时，冯紞则因这一针尖小怨，大加报复。他不说入相的事，更不说张华不行，他不慌不忙，从容论上辈史事。他说："小人忽然想到钟会叛变那件事，我说那件事怪太祖。"司马炎脸色一变问："卿何出此言？"冯紞急忙免冠谢罪曰："臣愚蠢瞎言，罪应万死；但是臣的微意，犹有可申。"司马炎曰："你说，你有何言可申？"冯紞曰："臣以为善于驾马赶车的驭手，必识缰嚼盈缩之势；善于执政的官员，必审管控用人之宜，故子路以兼人被抑，冉求以退弱被进，汉高八王以宠过夷灭，光武诸将由抑损克终。不是因为上有仁暴之殊，下有愚智之异，而都是抑扬与夺使之然。钟会才见有限，而太祖夸奖太过，嘉以谋猷，盛其名器，居以重势，委以大兵，故使会自认为算无遗策，功在不赏，辄张跋扈，遂构凶逆。假使太祖录其小能，节以大礼，抑之以权势，纳之以规则，则乱心无由而生，乱事无由而成。"司马炎点头曰："嗯，对。"冯紞急忙跪下磕头道："陛下既然说微臣说得对，宜思坚冰之渐，无使如会之徒复致覆丧。"帝曰："当今岂有如会之人吗？"紞曰："东方朔有言'谈何容易'，易曰：'臣不密而失身'。"帝乃屏退左右，曰："卿尽管说吧。"紞曰："陛下谋谟之臣（指张华），著大功于天下，海内莫不闻知，据方镇总戎马之任者，皆在陛下圣虑之中。"司马炎听后，默然。顷之，决定征张华为太常。后又以太庙屋栋折而免张华官，直至帝终，以列侯朝见。

惠帝即位，封张华为太子少傅。在少傅任上，因才华过人，又被杨骏排斥于外，很少参与朝政。贾后发动宫廷政变诛杀杨骏一家时，张华闲逛在外，全不知晓。今天当他进入竹林，在"七贤"身边坐下，相互还没来得及寒暄，就传来贾后向司马亮、卫瓘开刀的消息。当大家惊奇的神经还未舒展过来，又传来二公被杀的噩耗，张华与"竹林七贤"无不扼腕痛惜：

"诏书不是只说'免官'，没有说逮捕，更没有说'处死'吗？"

"李肇早就成了贾后的人。再从这次的军事行动来看，李肇勇往直前，干脆利落，似胸有成竹，不是司马玮，就是李肇，一定怀有贾后的密诏。"

"也许。贾后越来越阴险，她做得出来。"

"也许没有什么密诏，诏书就是只说'免官'。如果是这样，这个诏书就错得不远。"

"不。这个诏书如果就只是'免官'，其中用意更深更毒。你们不要小看这个又矮又丑的小女人，也许她早就估计到莽撞的楚王司马玮不会放过亮、瓘二将，而故意只说'免官'，让楚王玮自行把二将杀掉，然后以此为由，再把楚王玮杀掉，以收'一石二鸟'之效。"

"如果是这样，那贾南风真的不仅仅只是阴险，而是阴险加毒辣了！"

张华静静地听着，激烈地思考着，没发一言。回到家里，又一夜没合眼。张华这一夜究竟思考了些什么？当今我们不得而知。但从史家记载——"张华从小就博览群书，修身以礼，胸怀壮志，气量恢宏，勇于赴义"和史臣的盖棺定论——一生"忠诚"来看，他是在考虑当前的局势应如何收拾。因为他胸怀壮志，有"治国平天下"的欲望；当年饱受战乱之苦，客观上有"治国平天下"的要求；现在又身居高位，有"治国平天下"的条件。因此可以推定他这一夜反复思考的是治国平天下，如何平息当前这一祸乱，使国家恢复太平。

果然，他不计朝廷前嫌，不计皇帝智浅能低和皇后贾南风的暴戾，为了使国家不重蹈战乱覆辙，早日恢复太平；次日一早，即去找贾后的亲信宦官董猛，要他转告贾后："楚王杀了二公，天下威权将完全落在他的手中，为太平计，可以用'擅自杀人'的罪名把他也杀掉。"

杀楚王这本是贾后的本有之意，贾后当然深表赞同，只是她不是为太平计而是为她个人专权计。但这时情势仍极混乱，大兵仍握在楚王玮手中，她不知该如何收拾这局面，更不知如何才能把楚王玮杀掉，她急得如热锅里的蚂蚁团团乱转想不出办法。

张华知道贾后会有这一难处，接着又献计：可派殿中将军王宫，手执"驺虞幡"当众宣告："楚王矫诏，将士切勿听他的号令！""驺虞"是一种不吃活物的仁兽，画有驺虞的旗帜，是停止军事行动的令旗。

楚王玮听了歧盛之计，正欣喜之际，忽然风云突变：将士们听了楚王矫诏，又看到了朝廷的停止军事行动的令旗，都丢下武器，纷纷四散而去。楚王玮一下子成了光杆司令而被贾后的兵捉拿。

楚王玮被绑去杀头，那张"免亮及瓘官"的诏书还在他身上。他一边哭，一边把那张青纸拿出来给监斩官看，说："我也是先帝的亲生骨肉，怎么会让我遭此奇冤！"监斩官说："是不是'先帝的亲生骨肉'并不重要，主要是'修身'！"剑子手问："'修身、齐家、治国、平天下'这你懂吗？"未等回答，一刀下去，楚王玮头颅落地。

王啊王！怀有雄心，手有雄兵，就是没有脑子，分不清是非，助纣为虐，被他人当枪使。到头来，不仅自己落了个瞎送命，也带累其亲信歧盛全族被诛！

那个腥风血雨的六月，贾后用诏使楚王司马玮杀二公，又用张华计杀了楚王。为了巩固自己的地位，她又当好人做出了许多安排：把亮、瓘之死的责任推在楚王身上，恢复汝南王司马亮的爵号，追封卫瓘为兰陵郡公。并因卫瓘的女儿鸣冤及其属吏刘繇等人的上告，又把荣晦全族处死。之后任贾模为散骑常侍，加侍中。她认为张华进无逼上之嫌，退为众望所归，即和贾谧商量，决定重用张华，以便倚以朝纲，咨以政事。于是张华就当上了侍中、中书监。同时又任裴頠为侍中。朝中政事，主要交由贾模和张、裴三人主持。《晋史》称：于是"华遂尽忠匡辅，弥缝补阙，虽当暗主虐后之朝，海内安然。"其间，华惧后族之盛，还作《女史箴》为劝。贾后虽既凶又妒，但知敬重张华。

由于她对张华的倚重，所以在今后的几年中政局比较稳定，贵族官僚歌舞升平。贾后在这甘之如饴的时刻，大权在握，至高无上，风光无限，极尽享乐。享乐至极，越来越觉得自己嫁了一个低能儿亏了她这一生。于是她不仅和太医令程据私通，还使人到外面诱骗青年男子，将他们藏在箱子里，抬进宫来，供她淫乐。这些男子，她为防泄密，事后都被杀害。唯有一个，特别漂亮，特别乖巧，她想留下供她不时之需。不想这男子穿着华美的衣服在外行走，大家怀疑他偷盗，把他抓起来，他便供出了惊天的秘密：

他说他有一天在田园行走，碰到一个老妇人，称家中有病人，占卜的人说，需要城南的少年帮忙，定有重谢，他就跟随老妇人去了。老妇人将他放到一口大箱子里，不知东南西北，不知多长时间，等他从箱子里出来，满眼尽是楼阁华府，便问这是什么地方，老妇人说这是天堂。紧接着，有人带他去沐浴，给他穿上华丽的衣裳，将他带到一个三十五六岁的妇人面前。这个妇人身材矮粗，脸尖眼小，面色黑青，眉毛边还有一块胎记。他与那个妇人日夜宴饮相欢……听了这人的述说，大家都知道这个妇人就是皇后贾南风。贾后的秘密从而暴露于光天化日之下。

"国母"的这种淫乱，震动全朝。就连贾家也为之瞠目结舌！万恶淫为首！尤其是她的族兄贾模，对贾后的行为非常不满。他担心一旦事出，自己也要遭殃。她的近亲裴頠对局势也很担心，他甚至于同贾模、张华商议，要采取非常手段，废黜贾后，立太子的母亲淑妃为皇后。但贾、张两人都以为不妥。他们认为假使皇帝不以为然，怎么对付？宗室诸王的势力那么强大，如果他们参与进来，就会引起大祸。

裴頠承认他们说的对，只是认为任贾后这样胡作非为下去，恐怕随时会出大乱子。

但张华却说："两位和中宫（指皇后）都是亲戚，不妨随时劝诫，庶几不会造成大错，那么天下也就不会大乱，吾辈些许可以优游卒岁了！"

张华年岁已高，他的要求实在不算过分，只想"优游卒岁"得一个好死。连张华这样的人物的这样的要求都不能实现的话，那说明当时的现实是多么的残酷，和平是多么的难得！

张华否定了裴頠的意见，提出了他的高见，裴頠、贾模就没有再说什么了。因为他俩觉得张华资深位高、智力过人。上一次他奉迎贾后，献计杀了楚王玮，迎来了歌舞升平；现在他们商量，为保贾后，又否定了裴頠的意见，他张华都做的对吗？他们心中直犯嘀咕，不好深说什么。

张华虽是智谋出众之人，但他不仅忘了"自省"，更忘了一条铁律："有恶不除，必有后患"。

裴頠向张华推荐平阳人韦忠。张华起用韦忠，韦忠却称病推辞。有人问韦忠原因，韦忠说："张华华而不实，裴頠行高而不知止。他们抛弃朝廷的制度礼仪而依附于作乱的皇后，这难道是大丈夫所做的事吗！裴几次都有心推举我，但我常常担心他沉溺于深渊，余波会牵连我，难道我能撩起衣服而跟随他去蹚水吗?"

关内侯敦煌索靖,知天下将乱,指着洛阳宫门铜驼叹曰:"将会见汝在荆棘中耳!"

贾后淫乱,群臣无不议论纷纷。贾模遵照张华的劝告多次同她讲明利害关系,她非但不听,反而认为他这是诋毁她,因而疏远他。贾模善良的愿望不能达到,忧郁激愤而死去。

秋季,八月,任命裴颜为尚书仆射。裴虽然是皇后贾氏的亲属,但是美好的声名一直广为人知,各地都唯恐他不能担当重要的职务。不久,惠帝下诏书让裴独掌门下事要职。裴上书惠帝坚持推辞,说:"贾模刚刚去世,又让我来取代他的职位,这样提高外戚的声望,显露出偏向和私情的安排,会给神圣的朝廷带来麻烦。"惠帝不同意。有人对裴说:"您有说话的机会,还应该对皇后详细地说。说了仍然不同意,那就应远远地离去。假如这两条路都不走,即使上书十次,也难以逃脱灾祸。"裴感慨了好久,但终究也没有听从。

贾后淫邪熏心,对这都置若罔闻,毫不在乎。唯一让她发怵的是东宫太子。太子越来越大了,他无时无刻不在威胁着她的权位,因此她也无时无刻不在思谋着如何废掉太子。

当初,广城君郭槐,因为她没有孩子,经常劝她慈爱太子,还打算让韩寿的女儿去做太子妃,太子也想与韩氏联姻以稳固自己的地位。韩寿的妻子贾午及皇后都不同意,等到广城君病危,临终时还拉住贾皇后的手,叫她对太子尽心,言辞非常恳切中肯。又说:"赵粲、贾午,一定会把你家的事搅乱,我死后,不要再听任他们随便进宫,请用心记住我的话!"皇后没有听从广城君的告诫,又与赵粲、贾午图谋陷害太子。

太子年幼时有好的名声,长大后却不喜欢学习,只知道与周围的人嬉笑玩耍,贾皇后又让宦官之类人引诱他,使他变得奢侈挥霍又骄横暴虐。因此太子好的声誉与日俱下,而骄横傲慢却与日俱增,有时沉溺于游乐之中，竟不顾每日清晨问候侍奉皇帝的规定。还在宫中做买卖让手下人买卖酒肉，太子亲手拈量分量，斤两竟不差分毫。太子的亲生母亲，原来就是屠夫家的女儿，所以太子也爱好卖肉。太子每月有五十万钱的俸禄，却经常预支两个月，还不够花销。又让西园出售蔬菜，蓝草籽、鸡、面粉等物品，以此赚钱。太子还爱好阴阳家的小把戏，平常有很多禁戒忌讳。任太子洗马职的江统给他上书，陈述五件事："一、即使稍微有些小病痛，也应勉力支撑遵守每日清晨问候、侍奉皇帝的规定。二、应当经常面见师傅，向他们请教为善的道理。三、雕画宫室的事，应当减少或免去；在后园雕刻之类的劳作，也同时都取消。四、西园卖菜之类的行为，损害国家的形象，也贬低自己的声誉，应立即停止。五、对修缮墙壁房屋之类，没有必要拘泥于琐细的忌讳。"太子都没有接受。中舍人杜锡，担心太子的地位不稳定，经常尽心尽意地劝谏，规劝太子修习有关德行品性的功业，维护好的名声，言辞恳切。太子反倒怨恨杜锡，把针放在杜锡经常坐的毡子中，杜锡被针扎得流血。

太子性格刚愎，知道贾谧倚仗皇后的势力而傲慢高贵，他却不能容忍和敷衍贾谧。贾谧当时担任侍中，到太子住处时，太子有时就把他撇在一边，自己到后边庭园游玩。太子的官员詹事裴权劝谏太子说："贾谧是皇后所亲近溺爱的人，一旦他进谗言，那情况就危险了。"太子不接受。果然贾谧向皇后进谗言，陷害太子说："太子储备很多私财，用来结交小人，就是因为想图谋您的缘故。如果皇帝驾崩，他登上皇位，一定会按照您过去对杨骏、太后的做法来对待您。对他来说，诛杀我们，把您废黜并囚禁在金墉城，易如反掌。还不如早作打算，重新立一个心慈而顺从的人为太子，这样您就能够安全了。"贾谧的话是催化剂，使她加快了废黜太子的进程。首先她到处宣扬太子的短处。还假称自己已怀孕，在宫内准备各类的接生用的物资和工具。接来妹夫韩寿的儿子韩祖慰来抚养，计划让韩祖慰来取代太子。

于是朝廷内外都知道贾后有谋害太子的想法。因此中护军赵俊劝太子废后，先下手为强，太子没有听。左卫率东平人刘卞，向张华询问贾皇后的图谋，张华说："不知道。"刘卞说："我本来是须昌的小官吏，受您的提拔才有今天。为士的感念知遇之恩，所以言无不尽；可您却对我有重重疑虑！"张华说："如果贾皇后有这种图谋，您打算怎么办？"刘卞说："太子身边聚集着很多有才能的俊杰，护卫太子的左卫率、右卫率、前卫率、后卫率统辖着一万精兵。您身居辅导国君、主持国政的要职，如果能够得到您的命令，皇太子便入朝总领录尚书事，把贾皇后废黜送到金墉城，只需两个宦官就成。"张华说："现在天子治理国家，太子是他的儿子，我又没有接受主持国政的使命，匆匆与太子干这样的事，这是无视君主、无视父亲，而把不孝向天下展示的举动。何况有权势的外戚充满朝廷，这样做能成功吗？"

当时，贾皇后常常派亲近党羽隐蔽身份在朝廷内外打探，听到了一些有关刘卞要协助太子废黜皇后的言论，于是就将刘卞调任为雍州刺史。刘卞知道自己的话已泄露出去，就服毒自杀了。

刘卞事出后，她觉得她已骑在无缰之马上了，对太子下手，势在必行，并且越快越好。

这年十二月，她终于想出了一个办法，诈称惠帝患病，召太子入内。太子进内宫，贾后不见，却令宫中婢女陈舞诈传惠帝的命令，逼他喝下三升酒。太子说喝不了那么多酒，陈舞说不喝就是不孝。太子无奈，勉强喝了下去，就此大醉昏迷。贾后已经使潘岳起草了一封太子给惠帝的"密文"，内容有"陛下对后当了之；不了，吾当入了之。中宫亦速自了；不自了，吾当手了之。并谢妃刻期而两发，勿疑犹豫，致后患。茹毛饮血于三辰之下，皇天许当扫除患害，立道文为王，蒋为内主。愿成，当三牲祠北君，大赦天下。要疏如律令。"等话。令一名年幼的宫婢，拿着"密文"和纸笔进来，说是惠帝命他把"密文"照抄一份。太子在昏迷状态中，也不明白是什么内容，就照式写了。他醉中握笔不稳，认字不清，笔画也写得不全，根本无法辨认。贾后就把笔画补全，拿去给惠帝看，说这是太子劝父亲杀贾后的密信。

十二月三十日，低能皇帝呆呆地坐在殿上，众公卿奉命入见。又是那个宦官董猛，他手持两张纸，一张是太子"密文"，另一张是写好的"今赐死"的青纸诏书，给众公卿观看。众公卿看了，目瞪口呆，寂静无声。张华见没有人肯开口，只得硬着头皮先说："这是国家大祸。自古以来，常因废黜正嫡而导致丧乱。而且大晋开国，年数还不很长，更宜慎重，望陛下详察！"他避开"密文"真伪这一要害，用意不言而喻。然裴颜年轻（时年三十三岁），就抓住要害发言，他认为一要查出传"密文"的人，二要核对笔迹，看这"密文"究竟出自何人之手。贾后立即拿出十多份太子写的文书让大家核对笔迹。大家核对过后，没有人敢说不对。贾后又使董猛向惠帝假传武帝之女长广公主的意见："事情该从速解决，臣下有不从诏书者，应该军法从事。"尽管这样，公卿们仍然谁也不肯或不敢随声附和，眼看日头已西，还是议而不决。贾后怕生意外，就亲自上表请废太子为庶人，公卿们不敢持异议，"废太子事"，就这样在贾后一手操纵下使冤案铁定。

这天正是大年除夕，平民百姓人家，鞭炮声声，正在欢欢喜喜过大年。而太子司马遹被逼，脱下太子服装换上一件灰色长袍，恓恓惶惶拜受诏书，徒步出东宫，坐上一辆简陋的牛车，和妃子王氏及三个儿子，一起被押往金墉城。王氏是大名士、尚书令王衍的女儿。这个丈人立即上表，请求准其离婚，也立即得到准许。王氏无奈下车，带着三个孩子，痛哭回家。此后，太子的生母谢淑妃也立即被杀。次年（永康元年，公元300年）正月，太子又被押赴许昌幽禁。

太子离皇位只差一步；可他现在的处境，离黄泉也只差一步。是皇位？是黄泉？这一步将往哪儿迈？请看下章。

第十四章 >>>

东宫搬兵救太子　结果搬来一群狼

京城洛阳的事，像瘟疫，在四散传播。"瘟疫"未到之地，人们的生活虽然清苦，但也还平静。比如成都王司马颖所在的邺地虽说不上富足，但人们相处还算和谐。

司马颖自到邺城后，每天早饭后八九点钟，总是骑着高头大马，带着许多人在街上奔逛，闹得大街小巷鸡飞狗跳，全城沸腾。虽有令人心惊肉跳之嫌，但也有许多哈哈嬉笑之娱，实不失为一道风景线。一次他发现他儿时的小伙伴们在一起吃肉喝酒，猜拳行令，开怀大笑，非常热闹。于是他把随从一概打发回去，他一人下马加入其中。一个被称为二哥的问他："小马崽！你不在马上当王，跑到我们这里干什么？"司马颖说："和你们一起喝酒呀，和小时候一样。""那好，你是王，听你的，你说怎么喝？""你们刚才怎么喝，现在还是怎么喝。""我们刚才是讲故事。不讲故事就喝酒，不喝酒就讲故事。你来了，那就从你开始。你是讲故事，还是喝酒？""好！我喝酒。"司马颖双手端起酒，道："感谢哥！感谢弟！"接着一口饮尽。二哥道："莫客气。二牛！该你。"

二牛二话不说，就开始讲起了故事：

一天早晨一对夫妻都醒了，睁着眼睛躺在床上，都不愿意起来去做饭。推去推来，推到最后定了一个规矩：谁先动谁先说话谁去做饭。规矩定出后，两个人都不说不动，死死的躺在床上。不一会儿进来一个小偷，小夫妻看得清清楚楚，两个怕去做饭，都没说没动。小偷先提走了米，后端走了锅，他俩也都没吭没嗯。当小偷去取搭在绳上的衣服时，忽然发现他们俩睡在床上，转身就跑了。他们俩依然既没说也没动。隔了一会儿，小偷伸进一个头，慢慢又跨进一条腿，贼头贼脑看了半天后，又慢悠悠走了进来。他以为床上睡的是两个死人，就向床上扔了一个土坷垃试探，两个仍然敛息闭气一动也不动。那小偷还是不放心，就去抠男人的脚，抠了几下，男人仍然没有动，又去抠女人的脚，抠了一下，女人也没有动，他断定他们俩一定是死了，胆子也大了，就使劲地抠了两下，这女人到底还是怕痒，没有忍住，脚猛一缩，不由得大叫："好痒呀！"吓得小偷一屁股坐在了地上，接着一个翻身就跑了。男的对女人说："你输了，该你去做饭！"女的连连大叫："做个毬啊！米呀锅呀都没了！你还不赶快去抓小偷！"

大家都哈哈地笑开了。特别是司马颖，他虽然锦衣玉食，在家里却没有开怀地笑过；今天在这里他觉得太有意思了，让他笑得最厉害，手舞足蹈，连连叫好！

这下轮到二虎，二虎斯斯文文的，他端起酒，站起来说："我讲故事，同时也喝这一碗酒。"因为马崽弟来了，我和马崽弟碰一碗酒，司马颖连忙端起酒站起来道："谢谢二虎哥！"碰完后二虎讲道：

有一个人会"日白"。哦，会"日白"，就是会撒谎。会日白会到啥程度？会到至今没有一个不上他的当的。有两个人不相信，就去找他；而他去砍柴去了，他俩找了半天，在山上找到了他。两个人对他说："听说你会日白，你日一个'白'让我们看看，看你有多会日白。"那人说："哪一个有闲功夫去给你们日白呀，我急着砍完这担柴要去张家湾割牛肉。这年月到处没有牛肉卖，好不容易碰到一回，死婆娘（妻子）偏偏要我先砍一担柴！"他急急忙忙说着，急急忙忙砍柴，急急忙忙捆柴。那急急忙忙的样子就像马上砍完柴去割牛肉。那两个人也很想割牛肉，得到这个消息，就急忙下山，向张家湾赶去。赶到张家湾，你猜怎么着？莫说卖牛肉的，就连人毛也看不到一个，都在田里忙！两个人恍然大悟，同时竖起大拇指，此人"日白"可谓名不虚传。

二哥道："二龙！这下该你！"二龙道："我么？也学二虎的，先敬碗酒，后讲故事。"

二龙和司马颖碰完酒后，讲道：有甲、乙两个人在街上逛街。乙对甲说："你看那个人的皮靴好漂亮，真皮的！"甲对他说："你想要吗？""人家穿在脚上想要也要不到啊！""嚇！你看我的。"等走到人多处，甲把穿皮靴的那人帽子抓起就扔到茅草屋顶上。那个人一边叫一边四处寻帽子，别人指他看，帽子在屋顶上，他急了，又吵又骂，甲对他说："你急什么，这屋也没有多高，我帮你。"说着就蹲下来，叫他站到他的肩膀上；那人脱下皮靴，站到他的肩膀上，甲慢慢地直起腰，同时把那人脱下的皮靴递给了乙，指示乙赶快换上走路。穿皮鞋的人够着帽子下来穿皮靴，皮靴没有了，只有一双烂麻靴留在放皮靴处，那人一面叫喊一面四下张望寻他的皮鞋，甲说："这不就是你的鞋吗？""这不是。我的是皮靴！""呵，对！是皮靴。怎么会不见了呢？""不是刚才……""刚才我托你够帽子，你该不会赖我吧？就一小会儿的时间，我的肩膀没离开过你的脚呀！"

"二莽！该你！"一个身肥体壮的人，二话没说，就瓮声瓮气地讲道：

地主老财，有一件很苦恼的事，就是拉屎要蹲很长的时间；占着茅缸，别人上不成厕所，常常挨儿媳妇埋怨老婆骂。他非常佩服长工们，他们拉起屎来，几乎一蹲下去，喘口气的时间就站起来完事了。一天他问长工们："你们大便为什么那么快？有什么好法子教教我。"长工老大说："老爷，也没有什么特别的好法子，就是会选地方。""那你帮帮我，给我选个地方。""行！啥时候你遇到要大便时再说。""我现在就要大便，请帮我选个地方。""行！走！"长工老大把地主老财引到山上转圈圈，寻找拉屎的好地方。这里也不行，那里也不好，一直转到太阳偏西还说不行。地主老财提着裤子，急得大叫："怎么这么难找啊！快！快！我就憋不住了！"长工老大看地主老财缩颈耸肩，眼看确实就要拉到裤裆里了，就立马叫道："找到了，就在这！"地主老财往下一蹲，进的一声，全拉出来了，比任何时候都快！长工老大问："怎么样？"地主老财笑眯眯地说："好舒服啊，好痛快啊！这地方真好。"那地方其实最糟，既不平又尽是茅草，还戳老财的屁股！

大家笑得前仰后合。司马颖更是笑得又蹦又跳。他感到太精彩、太有意思了，就问他们，你们怎么这么多故事？大家说我们经常上街，在街上听的。他说，我也上街呀！怎么没听到呢？大家说，你上街就把大家的嘴闭住了，你怎么听得到？二哥说："我教你一个办法，你把你这身老龙皮扒掉，穿上我们这身衣服上街，你就能听得到许多有趣的故事，特别是坐到茶馆里。"

第二天，他既不骑马更不带人，穿着一身有补丁的平民装，腰里系着一根稻草蓑子，头上戴了一顶三褶帽子，来到丁字街钉帽茶馆里，选了一个最里边同时能罩住满茶馆动态的座位，慢悠悠地品起茶来。半天过去了，既没听到有趣的笑话，也没看到有趣的事。他一无所获地走出茶馆。这时和他擦肩而过地进去三个人，嘴里不停地"洛阳洛阳"地说着什么。这使他一愣。他对洛阳太敏感了。敏感的原因很简单，但却令他不忘：

三年前他在洛阳，散骑常侍贾谧在东宫为太子讲学，对太子的态度极为傲慢，年轻气盛的他看不过，当面斥责贾谧对太子不恭。贾谧大怒，遂告到贾后那里。贾后哪里容得下为太子说话的人，随即将司马颖降为平北将军，赶出洛阳，去镇守邺城。

贾氏的专横跋扈，竟如此地立竿见影。司马颖带着他的人马，愤愤不平地打马离开。当他出城越过洛河桥，回马鞭指城垣："洛阳！咱们暂且别过！"

三年过去了，他一直耿耿于怀，今天听到他们说洛阳，怎能不引起他的注意！就立马转回到他的原位，从而听到了一件令听者无不咂舌的贾后的丑闻：

皇后贾南风与御医私通还不算，还差遣老妪到民间寻觅年轻力壮的俊俏男子，用箱子抬进宫里与她过夜；过完夜后，为了保密就把他们大卸八块，又装进箱子里抬出宫外扔掉。有个长得特别乖巧漂亮的，她舍不得把他杀掉，就留下以供她不时之需。这个男子嫌皇后太丑，就想偷偷地跑掉，没想到守宫门的人将他捉住，说他是小偷，就往死里打，他没办法就如实地供出了这件惊天动地的丑事。

司马颖获得了这个天大的秘密，急忙回府，要兴兵回洛阳进宫问罪。他的亲信宦官说茶馆喝茶的人是造谣，是对司马家族的不满，应立即把那三个人抓来审问。说抓就派出十个人去抓，可是人家早走了，走得如鸟投林，如鱼入海，消失得无影无踪！

时隔不久又传来了一则更加惊人的消息：贾皇后废太子。太子的生母谢淑妃被杀，太子被押进金墉城。司马颖于是又要出兵。跟着他的贴身宦官对他说："你是王，是邺地的军事首脑，应该懂得用兵之道。用兵之道，首先要师出有名……"卢志对司马颖耳语道"什么道呀名的！首先要'知己知彼'，只有情况明了，才能做一切！"贴身宦官的话向来啰唆，司马颖有些任性，听了卢志这句话，未等贴身宦官说完，就带着卢志去叫人打探去了。

贾后乱伦、乱政，废黜太子，天下为之大哗。尤其是太子东宫的旧属更是气愤填膺，决心想办法推翻贾后，恢复太子的地位。他们想到赵王司马伦。

司马伦，他不仅握有兵权，而且还是司马懿最小的儿子。司马亮被贾后杀了以后，司马懿这个家，就数他辈分最高。司马家的皇帝如此无能，司马家的皇后媳妇如此淫乱、猖狂，皇太子被废，外戚掌权，司马家族的宣帝、景帝、文帝、武帝不惜血本所创造的帝业，眼看就要被人抢走，这比天还大的大事，他不该管吗？太子东宫的旧属决定去找司马伦去救太子！

赵王司马伦，字子彝，宣帝第九子，母曰柏夫人。魏嘉平初，封安乐亭侯，五等建，后改封东安子，拜谏议大夫。武帝受禅，封琅琊郡王。因御裘案，而获罪，行东中郎将、宣威将军。咸宁中，改封于赵，迁平北将军、督邺城守事，进安北将军。元康初，迁征西将军，太子太傅。深交贾、郭，谄事东宫，大为贾后所亲信。当时他求录尚书官，张华、裴頠固执不可，次求尚书令，张华、裴頠也不许。这些过去的事太子东宫的旧属们年轻不知道；他们知道的是这个王不仅游手好闲，吃喝玩乐一辈子，而且素庸下，无智策，一切听信心腹孙秀的。他们说是找赵王伦，其实也就是去游说孙秀。希望孙秀去说赵王司马伦发兵推翻贾后，救出太子，以挽救司马家族的帝业。

孙秀听了太子东宫旧属们的陈述后，沉吟半晌，终于答应去说赵王。

孙秀是何等的狡诈！他答应去说赵王，但说什么，却是大有文章！朝中的乱象，他早看在眼里，盘算在心里，觉得这是一个天大的契机，大可趁乱捞他一大把。捞什么，怎么捞，但就是没有想出一个道道来。太子东宫的旧属们来了一提，一下激发出了他的灵感：他心想，叫赵王出兵救太子，此事就是成了，尽管为太子立了大功，太子将来能否当上皇帝还是两可；就是太子将来当上了皇帝，赵王司马伦还是要受制于太子，哪有让赵王司马伦去直接当皇帝好！他知道赵王伦以前一向依附于贾后，贾后一定信任他，不如先利用贾后把太子害了，然后再推翻贾后，那么天下不就是赵王的了，这岂不比救出太子，让太子去当皇帝好！孙秀想出了这个道道，欣喜若狂，立即就用这番意思去说赵王，赵王一听自己还可以当皇帝，立马就来劲了，连连答应。

事情定下后，孙秀秘密使人在外散布流言，说殿中有些将士打算废黜皇后，迎立太子。这话还故意让贾后派在民间打探消息的人听到。贾后知道了，很是害怕。赵王伦和孙秀便乘机劝告贾后杀掉太子，以绝祸根。这话正中贾后下怀，便立马派宦官孙虑到许昌毒杀太子。

要知太子命运如何，请看下章。

第十五章 >>>

八王抢龙位　赵王先登场

太子自被废后，一直担心被毒死，常常自己做饭。孙虑见难于下手，去找负责监视太子的刘振。刘振将太子迁到一个单独的小院内，不给食物，想把太子活活饿死。可是仍有宫人偷偷从院墙上给太子送食物。孙虑无奈，便赤膊上阵，当面逼太子服毒；太子不肯服毒，竟被孙虑用药杵活活打死。这是永康元年（公元300年）三月间的事情。

按既定方针，杀了太子，就该锋指贾后了。赵王伦、孙秀决定于四月初三夜一更天起事。

这天白天，孙秀先派参与密谋的右卫督司马雅去劝张华，要他与赵王合作，为天下除害。张华不肯，坚决拒绝。司马雅大怒而去。当初司马伦求官被张华、裴頠拒绝以及张华叫边关将领杀孙秀的旧账一下浮上了司马伦、孙秀的心头，张华、裴頠的命运也就此决定了。

当晚一更，赵王来到宫城，矫诏向宿卫将士宣告："中宫和贾谧等杀害太子，今使车骑（赵王伦的官职是车骑将军）入废中宫，汝等皆当从命。"将士们都认为贾后该杀，听后，就立即打开宫门。齐王司马冏之母与贾后有仇，赵王伦即派先已密约好的齐王司马冏打先锋。

齐王司马冏字景治，献王攸之子。跟他父亲一样，为人仁惠，好赈施。元康中，拜散骑常侍，领左军将军、翊军校尉。囧接赵王伦示使后，率将士一百人进入内宫，先斩贾谧，后捕贾后。贾后看见齐王大惊，问道："卿因何而来？"齐王答云："有诏收后。"说着即取出诏书让她看，贾后竟说："诏书当从我出，这算什么诏书！"齐王斥道："丑女做丑事，自己还不知丑！"说着一把掼下她的凤冠："暂且饶你不死，去做庶人去吧！"贾后随即被甲士押解到金墉城居住。六天后，赵王伦勒令她喝下一杯金屑酒而死。时年四十五岁。这真是：多行不义必自毙。贾南风终于自食其果！

贾后的死党董猛、孙虑、程据等自然都被处死。可惜，张华、裴頠因与赵王伦、孙秀有仇，亦被赵王伦、孙秀视为贾后的死党予以捕杀。

张华临刑，仍自称忠臣。监斩官斥他："身为宰相，若真是忠臣，废太子时，何以不能死节？"他回答说，当时的话，都有案可查。监斩官又道："谏而不从何不去位？"张华就无言可答了，随即被斩，接着又被灭三族。

张华被害，朝野无不悲痛。吏部尚书刘颂恸之尤甚。当听到他的儿子终于逃脱，喜曰："茂先，卿尚有种也！"伦党张林闻之，大怒，要杀刘颂，但又惧怕刚正不阿的刘颂而不敢动手。先孙秀要给司马伦加九锡，百官莫敢异议，颂独曰："昔汉之锡魏，魏之锡晋，皆一时之用，非可通行。今宗庙乂安，虽嬖后被退，势臣受诛，周勃诛诸吕而尊孝文，霍光废昌邑而奉孝宣，并无九锡之命。违旧典而习权变，非先王之制。九锡之议，请无所施。"张林积忿不已，认为颂是张华之党，将害之。孙秀曰："诛张、裴已伤时望，不可复诛颂。"这样才罢。

张华，一代奇士。他一生清廉，酷爱读书，身死之日，家中没有多余的财产，只有一箱箱合不上盖的书籍。他为国统一，为国恢复经济，为国和平，在乱世中做了许多不易做到的贡献。他把个人的身心全部奉献给国家、社会。在他治理下，国家获得了八年的歌舞升平的环境。在这八年里，农业生产发展，人才辈出，文化、科技均得以显著进步。在历史上最富盛名的"竹林七贤"因而得以延续。到了晚年，仍竭尽全力把已被皇后搅乱的朝政尽心地维持，千方百计保白痴皇帝，保淫乱皇后，想让他们在风雨飘摇中，苟延残喘地多延一些时日，让和平的温馨多沐浴一些人。看来客观的历史车轮碾压的轨迹是不徇私的，他努力的代价是他自身和他三族的身家性命。史家说他坏就坏在贪恋权位上，而笔者认为，这纵然是，但不是主要的；主要的是，他涉"儒水"太深，被一个"忠"字淹没，思想僵化了。皇帝是白痴，操纵皇帝的皇后是乱纲乱政乱淫的邪恶之妇，就连她的亲戚也多次提出废黜，他却执意地要向他们尽忠，想通过保他们而获取太平，也让他优游得一个"卒岁"，这岂不是缘木求鱼！跟着淫妇上了天怒人怨的贼船，怎么会有好结果呢！但《晋书》本传仍然赞道："贤德的人，就算死了，道德仍然留于人间；汲汲私利的人，活着也会令人不安。张华因贾氏之祸而起，因赵王之乱而亡。他生于乱世，却尽忠死节，自古不易。"最难得的，张华有许多著述留在世间。

赵王司马伦、孙秀先假借贾后的手，杀了太子，随之又亲自动手杀了贾后及其一班重臣。接着就向世人自称"使持节、都督中外诸军事、相国、侍中"，并且宣称他还要一依宣、文辅魏故事。同时用孙秀为中书令，统管他的大小一切事务。

赵王、孙秀这一行动和这一串自称的官衔，一时风靡京城，后又传遍天下，世人无不为之瞠目！

杀贾后顺民心，杀太子则逆民意；好坏都杀，不仅暴露了残暴，也暴露了野心！尤其是自称"使持节、都督中外诸军事、相国、侍中"和"一依宣、文辅魏故事"，这就告诉天下人：他要先依照宣帝司马懿、文帝司马昭辅助曹魏操纵曹魏的方式去辅助白痴皇帝，操纵白痴皇帝，然后再学武帝"威逼禅让"，一举夺取皇位！盘算倒很如意，可是做得到吗？

　　不期而至的棘手之事立马接踵而来。

　　首先第一桩，废贾后的功臣齐王司马冏原已是散骑常侍，领右军将军、翊军校尉。废贾后后只提升为游击将军，司马冏大为不满。孙秀发觉后，怕他从内部生事，于是把他提升为平东将军、假节，调出京城洛阳去镇守许昌。

　　第二桩，事变之前，朝中曾有立惠帝的兄弟淮南王司马允为皇太弟的说法。赵王司马伦担心，他真要夺了权，这个侄孙会造他的反。于是便未雨绸缪，封他侄孙司马允为骠骑将军、开府仪同三司、侍中，都督扬、江二州诸军事，领中护军。允性沉毅，宿卫将士皆敬服他。当他看穿伦与秀有篡逆之心之后，即称疾不朝，密养死士，潜谋诛伦、秀。伦、秀深惧之，懊悔不该给他兵权，便想对他下手。八月，欲调他做太尉，以解除他的中护军的职务，削其兵权，不让他带兵。但淮南王允一眼便看穿他们所包藏的祸心，拒绝接受。于是孙秀派御史带"诏书"前去逼允，要收捕他的下属和家属。淮南王看那诏书竟是孙秀笔迹，不由得勃然大怒，便要杀御史，御史跑脱，两个令史当了替罪羊。允厉色对左右说："伦、秀欲破我家！"即率国兵及帐下七百人直出，大呼曰："赵王反，我将攻之，佐我淮南王者左袒！"直向皇宫杀去，一路上响应的很多，满街尽是左袒之人。尚书左丞王舆闭东掖门，司马允无法入内，便转而围攻赵王伦所在的相府。

　　淮南王司马允所率之兵，皆淮南奇才剑客，伦兵与战，频频溃败，死者千余人。太子左率陈徽勒东宫兵于内鼓噪接应，淮南王司马允列阵于承华门前，两厢合力，飞矢如雨，齐射司马伦。主书司马畦以身蔽伦，箭中其背而死。伦所属皆隐于树后，每树均中数百箭。这一天，从上午起，一直激战了将近四个时辰。陈徽兄陈淮，时为中书令，挥驺虞幡以解斗。司马伦之子司马虔，当时为侍中，在门下省，秘密聚集壮士，并与司马胤约以同富贵；司马胤即领兵四百从宫中出，诈称"有诏助淮南王"。淮南王司马允不知是计，开阵纳之，下车受诏，为胤所害，时年二十九岁。

初，伦兵败，皆相传曰"已擒伦矣"。百姓大悦。继而闻淮南王司马允死，莫不叹息。淮南王司马允三子皆被害。（允事见《晋书》1722页）

这次事变，连同受牵连而死的有好几千人。这个小战役是宗室内战的第一仗。不过，淮南王允并没有算在"八王"之内。

事后，孙秀大发淫威，打击素有嫌隙的人士。潘岳、石崇是其中最为典型的两个。孙秀地位低微的时候，曾在潘岳手下当差，因德行不佳，受过潘岳几次责打；又石崇有个爱妾叫绿珠，孙秀曾指名向石崇讨要，石崇不给；石崇的外甥欧阳健又与赵王伦不睦。这时孙秀便诬称这三人是淮南王的同党，将其三人及其三族全部处死。兵士到石家时，石崇对绿珠说："我是为你得的罪。"绿珠道："我当为君而死。"说完即跳楼自杀，孙秀终究未得到这个美人。

赵王伦篡位的企图日益明显。不久即蹈袭曹魏代汉、晋代曹魏的先例，以惠帝下诏的形式，给自己加"九锡"〔一般指车马、衣服、乐器、朱户（门漆红色）、纳陛（陛，宫殿的台阶。放在檐下，使登升的人不在露天升陛）、虎贲百人、铁、弓矢、秬鬯（用黑黍和郁金香酿造的祭祀酒。秬鬯：音巨倡）。具体内容历代不尽相同〕另外扩充相府的军队达三万人之多。

永宁元年正月，司马伦和孙秀让牙门赵奉假称宣帝有神语，散布说："司马伦应当尽快入西宫即帝位。"散骑常侍义阳王司马威，是司马望的孙子，一直对司马伦阿谀奉承，司马伦就让他兼任侍中，派他逼迫惠帝交出皇帝玺印与绶带，作禅让帝位的诏书；又派尚书令满奋持符节把玺印与绶带取了来交给他，表示惠帝已禅位给了他司马伦。左卫将军王舆、前军将军司马雅带领全副武装的兵士进入宫殿，通告三部司马，向他们宣示威势与封赏，没有谁胆敢违抗。张林等人在各宫门前驻扎防守。

初九，司马伦乘皇帝的专车进入皇宫，即帝位。大赦天下，改年号为建始。赶惠帝从华林园西门出宫到金墉城居住，司马伦派张衡带兵看守惠帝。

初十，将惠帝尊为太上皇，把金墉城改名为永昌宫，把皇太孙废黜为濮阳王。立司马伦长子司马荂（fū）为皇太子，儿子司马馥为京兆王，司马虔为广平王，司马翊为霸城王。都为侍中并带兵。任命梁王司马肜为宰衡，何劭为太宰，孙秀任侍中、中书监、骠骑将军、仪同三司。义阳王司马威为中书令，张林为卫将军，其余党羽都任用为列卿以及各种名目的将军。任意越级提拔的人，不可胜数。下到奴仆士卒，也都封官加爵，每当朝会时，戴插貂尾、蝉羽等高官饰物的人充斥席位。时人对这种滥封官爵的情况编谣谚说："貂不足，狗尾续。"

这一年，全国所荐举的贤良、秀才、孝廉等各名目的候选官员都没有经过考试，各郡和封国掌管簿计的官员与十六岁以上的太学生都成为朝廷正式署官。在全国大赦的那一天在职的郡守县令都封了侯，郡属小官吏全都荐举为孝廉，县属小官吏全都荐举为廉吏。国家府库的储备，都不够用来分发赏赐。封侯的人众多，来不及铸印，有时就用无字光板代替。

当初，平南将军孙旂的儿子孙弼、弟弟的儿子孙髦、孙辅、孙琰等人都依附奉承孙秀，与孙秀合为一族，一个月的工夫就都升任显要的高位。等到司马伦称帝，这四人都升任将军，封为郡侯。又任用孙旂为车骑将军，并开设府署。孙旂认为儿子孙弼等人接受司马伦的官职爵位超过等级，一定会带来家祸，派小儿子孙回去责备他们，孙弼等人不听从，孙旂没有办法，只能痛哭而已。

赵王司马伦这一举动，既开了抢夺皇位的先河，更等于把自己吊起，升至靶场上的杆头，成为众矢之的！

当时有许多至亲好友上门来劝他，叫他立即退去帝位，迎回惠帝。

特别是他的"三族"的至亲（因为当时动不动就株连三族。三族：父族、母族、妻族），更是络绎不绝地到他的家里去劝导他，把他劝烦了，就把门关上，不让他们进门。他的母族，有一位么舅，很是了得，就隔着窗子骂他：

人们都说你赵王蠢，你真的蠢到顶！你没吃过猪肉，还没见过猪跑吗？皇帝是那么好当的吗？你有那德、那才、那金刚钻吗？你这不是找死吗？我骂你，你会不服，我给你举一个例子，远的不说，就说袁术。你和袁术有些像，但袁术比你强得多！

袁术这个人很有一些牛气。他出身"四世三公"之家，是当时官场上炙手可热的显赫家族。血统如此高贵，便不免牛皮哄哄，便不把别人放在眼里，包括他的哥哥袁绍。袁绍和袁术都是袁逢的儿子。袁绍年长，却是小老婆生的，是为"庶出"。袁术为弟，却是"嫡出"，因此自视甚高。军阀割据时，袁绍、袁术兄弟都握有一定的兵权，但袁绍的实力比较强，威望比较高，人缘也比较好，因此诸侯豪杰多依附袁绍。袁术就嫉妒得眼红，痛恨得腿肚子抽筋；就恼羞成怒，大骂诸侯不识好歹不分嫡庶；不追随他这个血统高贵的，反倒去追随他们袁家的奴才！你看，他这是多么地蠢！

如此无德无才的人却想当皇帝！孙坚手上有一块传国玉玺，是189年，太监张让等作乱时丢失，后来被孙坚获得。孙坚被人射死后，袁术将孙坚夫人扣了起来，强行把玉玺夺了过来。有了这玉玺后，又听当时社会上流行一句预言："代汉者，当涂高。"他说他们袁家是春秋时代辕涛涂的后代，他应了那个"涂"字。因为他名术，号公路。路者，路途也，这不与涂字相通吗。这不是牵强附会，是自欺欺人？他却真把它当成那么一回事。

有了玉玺，又有了这个说法，兴平二年（公元195年），汉天子的护送部队被李傕、郭汜在曹阳战败，袁术于是对手下人说："刘氏王朝衰弱，导致天下大乱。我们袁家四世三公，百姓归附，我想顺应天命和百姓的要求代汉称帝，各位意下如何？"主簿阎象当场反对，孙策写信劝他打消这个念头，袁术都不听，一意孤行，还是称了帝！

但天下豪杰都不服，尤其是曹操。

这时曹操已经把献帝捏在手里，并迁都许昌，"挟天子以令诸侯"，驰骋在中原大地，怎容得了袁术这个跳梁小丑出来称帝！

袁术哪里又是曹操的对手？而世人又都是瞠目相向，袖手旁观，没一个帮他袁术的。结果自然一败涂地。他终于发现皇帝不好当了，这时他想到了他的兄长袁绍，肥水不流外人田嘛，他毕竟姓袁，他想把玉玺让给袁绍，让袁绍去当皇帝。可就连这个想法也不能如愿，曹操早在半路上，等他来送死！他没法，只好掉头向淮南逃去，准备投奔他的部曲雷薄、陈兰。当遭到雷、陈拒绝后，又继续往南逃，当逃到淮南江亭时，即一病不起。这时正当六月，烈日炎炎，酷暑难当，兵溃将散，饔飧不继，袁术想喝一口蜜浆，厨师却端来一碗麦屑粥，说："不要说蜜浆了，就连米也没有了，将就喝一点麦屑粥吧！"袁术却怎么也咽不下去，叹息良久，突然一声惨叫，栽倒于床下，吐出一斗多血死去！——这就是想当皇帝的下场！袁术的本事比你强得多，兵也比你多得多，他是这样的下场，你能比他好！曹操就聪明，他就不干那样的蠢事。他懂得"枪打出头鸟"，"出头的椽子先烂"的道理。他一心一意为他的儿孙揽权篡位铺路，让儿孙们待时而起。

对，你不学无术，不懂得历史，更不懂得以史为鉴。但总该知道自己有几斤几两吧？

元康六年你镇守边关，由于你无才无能，只能言听计从你的心腹孙秀的。而孙秀又是一个"狡黠小才，贪淫昧利"的坏蛋。在处理边关纠纷时，"刑赏失中"，激起氐、羌反晋，闹得无法收拾，朝廷不得不另调重兵，改派他人去镇守。事中曾有雍州刺史解系奏请朝廷"诛杀孙秀以谢氏、羌"语；在新的边关将领赴任时，宰相张华叮嘱"必须杀掉孙秀"！这说明孙秀是一个早该死的人，你蠢，竟然蠢到一直听从这个早该死的人的摆布。如此之你怎么能当皇帝？你如当上了皇帝怎么能服众？怎么能治好国家？

再从客观形势说，镇守邺（今河北临漳西南）的成都王司马颖、镇守关中的河间王司马颙，还有曾是你的同伙，被你们撵到许昌的齐王司马冏，他们和你一样，都是司马氏森林中的大树，但他们都比你粗大壮实，他们会让你做皇帝吗？他们不仅最恨你假贾后之手诛杀太子；还觉得你才能低下，品德恶劣，不配做皇帝。这些都摆在你的左右，可是你有眼就是只看天，只看皇位，不看左右形势！

窗外人说得口干舌燥，窗内的司马伦最后冷不丁地回了一句："你说去说来，难道我就不如白痴司马衷，他就能当皇帝，我就不能？"接着又补了一句："一人得道，鸡犬升天。我就不信你们不懂这个道理。回去，回去，回去等好吧！"

窗外人看司马伦权迷心窍，不可救药，最后骂了一句："等好？等死吧！司马家怎么就出了你这个权迷心窍的劣种！"就带着大家走了。

首先发难的还是司马冏。

司马冏心怀怨恨到许昌，因看到众心都和他一样对司马伦不满，就暗地里与离狐的王盛、颍川的王处穆谋划起兵诛伦。伦听到风声，即派心腹张乌前去察看。乌返回曰："齐无异志。"

尽管如此，冏认为，我们既有谋划，虽未发，但如果一旦事泄，就无法收拾。因此，他还是与军司马管袭杀处穆，送首于伦，以安其意。待谋定，他又将管袭杀死，遂与豫州刺史何勖、龙骧将军董艾等起兵讨伦，同时遣使告成都、河间、常山三王。以及南中郎将新野公司马歆，向征、镇、州、郡、县、国等各地行政部门传布檄文，说："叛逆之臣孙秀，迷惑赵王作乱，应该共同讨伐。有不听从命令者，诛灭三族。"

　　司马冏遣使到邺时，成都王司马颖派出打探消息的人，也回到邺。将贾后废太子，东宫旧属求司马伦救太子；司马伦、孙秀不但不救太子，反而乘机用贾后之手先杀太子后杀贾后夺取政权登上了皇位之事——作了报告。成都王司马颖一听，既拍案又挥拳大喊，"出兵出兵，上一次就该出兵！这一次一定要出兵！"贴身宦官孟玖因丁忧去职，卢志说："以顺讨逆，一定会受百姓拥护。"他听了这话，就更坚定了出兵的信心。于是就第一个响应齐王冏讨伐孙秀及赵王伦的号召，在邺起兵。以邺令卢志为左长史，顿丘太守郑琰为右长史，黄门郎程牧为左司马，阳平太守和演为右司马；使兖州刺史王彦、冀州刺史李毅、督护赵骧为先锋。羽檄所及，莫不响应。至朝歌，众达二十余万。成都王颖的一母所生的兄长常山王司马乂又继之以起，因其封地常山（今河北正定西南）在邺的后面，所以他带的兵，人们认为是成都王颖的后队，把这两支当成一支兵马。

　　河间王司马颙是司马懿的弟弟司马孚的孙子，他与宗室的关系比较远，开头有点举棋不定，情况也不太明朗，只知赵王司马伦起兵伐贾后，他觉得贾后可耻，可恶，是该杀，所以先打算拥护赵王伦，参与讨伐贾后，并已镇压了一个反赵王的太守，把齐王冏派来的使者也押了起来，解往洛阳，令部将张方领兵去帮助赵王伦。直到张方兵到华阴，他才得到齐王冏、成都王颖起兵反赵王伦的真实情报，才改变宗旨，令张方率兵投奔二王。这样齐王冏、成都王颖、河间王颙三王（如加上常山王，即为四王）分兵各向洛阳进攻。

　　司马冏的檄文到扬州，扬州人都打算响应他。刺史郗隆是郗虑的五世孙，因为哥哥的儿子郗鉴和几个儿子都在洛阳，而迟疑不定，就召集全体僚属谋划此事。主簿淮南人赵诱、前秀才虞潭都说："赵王篡权叛逆，海内都憎恨他，现在四处都兴起举义之兵，赵王必败无疑。为您考虑，不如亲率精兵，直赴许昌，这是上策；派遣将领率兵响应，是中策；

酌量派遣小支兵马，看形势而动，是下策。"郗隆退下，又与别驾顾彦密谋此事，顾彦说："赵诱等人所说的下策，是上策。"治中留宝、主簿张褒、西曹留承听说后，请求进见，说："不明白您现在打算怎么办？"郗隆说："我受宣帝、武帝之恩，没有倾向偏助哪一方，只打算守住我所管辖的扬州而已。"留承说："天下是文帝打下的天下，太上皇继承帝位已很长时间，赵王取代他，不公平，齐王顺应时势举事，成败能够想见。您不早些发兵响应他，而狐疑拖延，变故灾难就要发生，扬州怎么能保住呢？"郗隆没有回答。虞潭是虞翻的孙子。郗隆压住檄文六天没有下达，将士官兵激愤怨恨，参军王邃镇守石头城，将士们争相前去归附，郗隆派遣从事到牛渚制止他们，没有效果。将士们就都跟随王邃攻打郗隆，郗隆父子和顾彦都被杀死，首级传献给司马冏。

而安南将军、监沔北诸军事孟观，夜观星象认为紫宫帝座没有其他变化，那么司马伦一定不会失败，于是就为司马伦顽强防守沔北。

司马冏檄文搅动整个天下。

司马伦、孙秀自司马虔遣司马胤诱杀了淮南王司马允后，其势力顿时膨胀起来。他们自以为天下大位就此坐定。正扬扬得意时，突然三王起兵讨伦檄至，不由着起慌来，忙遣将发兵，分头御敌：

遣其中坚孙辅为上军将军，积弩李严为折冲将军，率兵七千自延寿关出；征虏将军张泓、左军将军蔡璜、前军将军闾和等率九千人自堮坂关出；镇军将军司马雅、扬威将军莫原等率八千人自成皋关出，抵御司马冏。派遣孙秀的儿子孙会督率将军士猗、许超带领三万宿卫兵来抵御司马颖。召东平王楙（mào）为使持节、卫将军，都督诸军以拒三王之师。

同时，使杨珍昼夜到宣帝别庙祈请保佑；拜道师胡沃为太平将军，以招福佑；孙秀家日为淫祀，作厌胜之文，使巫祝选择战日。又令近亲于嵩山着羽衣，诈称仙人王乔，作神仙书，述伦皇运长久，以迷惑众人。

孙秀欲遣伦子馥、虔领兵助诸军战，馥、虔不肯。孙秀知虔素亲爱刘舆，乃使刘舆说虔，虔然后率众八千为三军继援。

大战之初，伦军泓、雅在阳翟与齐王司马冏交战，多次打败司马冏。

四月，司马冏退驻颍阴。张泓又乘胜进攻司马冏，司马冏派兵迎战。这时司马伦部孙辅、徐建所率军队夜间出现变乱，直接逃回洛阳请罪。说："齐王兵势强大，势不可当，张泓等人已全军覆没了！"赵王司马伦大为恐慌，对孙辅等所说的军情秘而不宣，急召他儿子司马虔及许超速回。这时张泓打败司马冏的战报到了，赵王伦一看大喜，才又重命司马虔与许超不要返回，应继续前进。而这时虔已退至庾仓，超已退至济河。将士们心内疑阻，锐气大挫。泓等这时才知诸军有意济颍王。这时司马冏乘乱打败了配合张泓主力行动的孙髦、司马谭，致使张泓大败，士卒散归洛阳，张泓等人收兵还营。

孙秀等知成都、河间、常山三军一日逼近一日，危急迫在眉睫，乃诈传已破冏营，捉住了冏，以诓惑其众，鼓舞士气。而士猗、伏胤、孙会皆不相信相从。

伦复授太子詹受刘琨节制，督河北将军，率步骑千人催诸军战。会等与义军战于激水，结果大败，退保河上，刘琨为阻三军烧断河桥。

成都王颖军赵骧与伦军大战于黄桥，为伦军士猗、许超所败，死者八千余人，士众震骇。

黄桥战败后，司马颖心生怯色，欲退保朝歌。卢志、王彦说："现在我军失利，敌人刚刚得志，心里轻视我们。我们如果退缩，士气势必沮丧受挫，而不能再用。再说打仗怎么能没有胜负？我们建议：另选精兵，星夜赶路，出敌不意，突然袭击。"司马颖采纳了这个建议。

司马伦部的士猗、许超与孙会，都握有发号施令的权力，相互不服，军令不统一；又因打了胜仗而轻视司马颖，军心涣散，毫无设防。司马颖使赵骧率众八万，与王彦俱进。于是金甲耀日，铁骑奔腾，在溴水向士猗与许超等突然发动猛攻。士猗与许超等猝不及防，惨遭大败，临阵丢下军队向南仓皇逃窜。司马颖乘胜长驱直入，渡过黄河。

自义军兵起，洛阳百官将士皆受鼓舞，都想诛杀伦、秀以谢天下。秀知众怒难犯，不敢出中书省。及闻河北军全败，忧懑不知所为。义阳王威劝孙秀至尚书省与八坐高官商议防守三王攻城之问题，决定使京城四品以下子弟，年十五以上的男儿，皆从伦出战。但内外诸军全欲劫杀孙秀，征兵受到阻碍。这时许超、士猗、孙会等人逃回，乃与秀谋：或欲收余卒出战；或欲焚烧宫室，诛杀不附己者，挟伦南就孙旂、孟观等；或欲乘船东走入海……计未决，王舆反！王舆率营兵七百余人自南掖门入，命令宫中兵各守诸门，三部司马为内应。舆率兵亲自攻秀，秀闭中书南门。舆放兵登墙烧屋，秀及超、猗匆忙走出，皆被左卫将军赵泉所斩。收孙会于右卫营，交付廷尉诛之。执前将军谢琰、黄门令骆休、司马督王潜，皆于殿中斩之。三部司马兵于宣化闼中斩孙弼等。时司马馥在秀坐，舆使将士囚之于散骑省，以大戟守省阁。召集朝廷八部高官皆入殿中。王舆屯云龙门，使伦为诏曰："吾为孙秀所误，以怒三王。今已诛秀，其迎太上皇复位，吾归老于农亩。"传诏以驺虞幡令将士解兵。文武官皆奔走，莫敢有居者。黄门带司马伦自华林东门出，及还汶阳里第。于是以甲士数千到金墉城迎天子回归。百姓都呼喊万岁，惠帝自端门入，进入宫殿，大臣们都跪拜叩头请罪。送伦等于金墉城。

初九，宣布大赦天下，改年号为永宁。诏赐臣民聚饮五天。分别派遣使者去慰劳司马颖等三个亲王。及司马颖入京，梁王肜上表奏曰："赵王司马伦父子凶暴叛逆，应当处死。"百官会议于朝堂，皆如肜表。

十三日，派遣尚书袁敞持符节赐司马伦死，饮于金屑苦酒。伦以巾覆面，大呼"孙秀误我！孙秀误我！"而死。拘捕他的儿子司马荂、司马馥、司马虔、司马翊，并全部处死。王舆因功免死。文武百官中凡为司马伦任用过的全部罢免，台、省、府、卫各部门留任的官员所剩无几。

十五日，河间王司马颙到达。司马颖派赵骧、石超到阳翟去帮助齐王司马冏讨伐张泓等人，张泓等人全部投降。

接着在东市杀张衡、闾和、孙髦。蔡璜自杀。五月，诛杀义阳王司马威。襄阳太守宗岱遵照司马尚的檄文杀孙，永饶县令空桐机斩杀孟观，都将首级送到洛阳，并夷孙、孟三族。

立襄阳王司马尚为皇太孙。

六月初二日，齐王冏率师入洛，顿军通章署，甲士数十万，威震京都洛阳。

自从战事爆发，六十多天，有近十万人在此战中丧命。

齐王冏、成都王颖、河间王颙三王（如连常山王，即为四王）齐至洛阳城。要知后事如何，请看下章。

第十六章 >>>

皇位好荣光　兄坐弟不让

惠帝回京后，改元永宁。永宁，永远安宁。想用这个名字给晋室消灾弭乱带来吉祥和永远安宁。但是晋室"八王之乱"按下葫芦浮起瓢，却不得安宁，而且越来越混乱。

这一次的军事行动主要是齐王冏首倡，成都王颖、常山王乂、河间王颙响应。战争结束，与其说天子论功行赏，不如说天子看脸色加封。因齐王冏率众入洛，浩浩荡荡，气势汹汹；甲士数十万，旌旗器械之盛，震于京都。天子看他入城的派头就拜他为大司马，加九锡。为他准备的物品典制策书，像过去宣帝、景帝、文帝、武帝辅佐曹魏时那样；拜成都王颖为大将军，都督中外诸军事、录尚书事，并给予天子使用的黄金钺，也加九锡，特许入朝时可穿鞋并携带佩剑，不必趋行；拜河间王颙为侍中、太尉，加弓矢、钺、圭瓒三锡；拜常山王乂为抚军大将，领左军，不久又改封为长沙王；封广陵公司马为王，并兼任尚书、加授侍中；封新野公司马歆为王，都督荆州诸军事，加授镇南大将军。

齐王、成都王、河间王三个王府，分别设置僚属四十人，有武号的属官森然排列，文官仅配充数而已。

这几个人中，成都王颖、长沙王乂和惠帝是亲兄弟，长沙王乂只比成都王颖长三岁，两人都是年龄相差不多的青年。齐王冏是献王攸之子，惠帝的堂房兄弟，时当中年。而河间王颙是安平献王孚孙，太原烈王瓌之子，则比惠帝和上述三王长一辈。他们都自认为立了"大功"，他们对权力地位的欲望原本就很高，现在在大功面前，也都随之膨胀起来，都想往皇位上攀登。如给齐王冏和成都王颖两人加了九锡的这种安排，休说其他二王眼红，心有不平，就是他们两个，为了谁能再高升一步，也非争到兵戎相见不可，想求永宁岂不痴人说梦！

　　这不，到了落实辅政问题时，问题就来了。新野王司马歆将要赴镇南大将军之任时，与齐王司马冏同车去拜谒皇陵，借机对司马冏说："成都王与惠帝关系最为亲近，又同您一起建立大功勋，现在应当把他留下来与您一起辅佐朝政。如果不能这样，应该剥夺他的兵权。"常山王司马义和成都王司马颖亲兄弟俩也一起去拜谒皇陵，兄司马义对弟司马颖说："今天的天下，是先帝的功业，你应当考虑主持朝政。"听到这话的人们无不感到忧虑恐惧。卢志对司马颖说："齐王冏军队虽然号称百万，但和张泓等人作战时却相持而不能决胜，您则一直前进渡过黄河，功劳无人能够与您相提并论。现在齐王却要同您共同辅佐朝政。我听说两雄不能并存，应当趁太妃有小病，请求回封国侍奉太妃，把大权让给齐王，这样来使天下人心都归附您，这是上策。"司马颖采纳了这个意见。

　　惠帝在东堂会见司马颖，慰问犒劳他。司马颖拜谢说："这是大司马司马冏的功劳，我并没有参与什么。"于是就上奏表称赞司马冏的功劳与美德，指出应当委以处理天下大事的重任；接着陈说母亲有病，请求回归封地。奏完随即告辞出宫，不再回住地，立刻拜谒太庙，从东阳城门出去，就回封地邺城了。派信使去同司马冏辞别，司马冏非常惊讶，急驰出城送司马颖，赶到七里涧，才追上他。司马颖停下话别，泪如雨下；只是说忧虑太妃的病，而没有说到时政。因此士人与百姓的赞誉都归向司马颖。

　　成都王司马颖到达邺城，朝廷诏令使者到邺城重申以前的任命，司马颖接受了大将军的职位，而辞让九赐这种特殊的礼仪。司马颖以前上奏表评价讨伐赵王过程中的功臣，都被封为公、侯。现在又上奏表称："大司马在阳翟时，曾与贼兵相持了很久，百姓因此困顿疲惫，请求准许运送所辖的黄河以北地区的邸阁米十五万斛，去赈济阳翟的灾民。"接着又打造了八千多副棺木，用自己的俸禄缝制衣服，装殓祭祀黄桥之战的死亡兵士，表彰他们的家属，使他们感到荣耀，抚恤也比平常战亡的提高二级。又命令温县地区掩埋赵王司马伦的死亡兵士一万四千多人。这些都是司马颖采纳卢志的计谋。司马颖相貌漂亮而阅历短浅，不通文书，但是性格敦厚，将事务都委托给卢志，所以能够成就美名。朝廷又下诏派使者通告司马颖入朝辅政，并让他接受九锡礼仪。司马颖的贴身宦官孟玖不想回洛阳，又加上程太妃眷恋喜欢邺都，所以司马颖始终推辞而不去接受任命。由此，他的声望远播，声名鹊起。

　　卢志，雄心不露，对主子忠贞不贰。他人生理想最高点，是做帝王师，位极人臣。退一步说，纵然不"得势"也要青史留名。

　　成都王颖回邺后，齐王冏即行如宣、景、文、武辅魏故事辅政，居司马攸故宫，置掾属四十人。

　　二十六日，任梁王司马肜为太宰，兼任司徒。

　　光禄大夫刘蕃的女儿是赵王长子司马的妻子，所以刘蕃和两个儿子散骑侍郎刘舆、冠军将军刘琨都是赵王司马伦委任的。大司马司马冏因为刘琨父子有才能及声望，特地宽宥了他们，任刘舆为中书郎，刘琨为尚书左丞。又让前司徒王戎任尚书令，任刘暾为御史中丞，王衍为河南尹。

　　征召新兴人刘殷担任军咨祭酒，洛阳令曹摅任记室督，尚书郎江统、阳平太守河内人荀任参军，吴国人张翰任东曹掾，孙惠为户曹掾，前廷尉正顾荣和顺阳人王豹任主簿。何勖为中领军。让董艾掌握枢密机要，又把有功的军事长官葛旟、路秀、卫毅、刘真、韩泰都封为县公，作为心腹臂膀依靠，号称"五公"。

当初，大司马司马冏怀疑中书郎陆机，为赵王司马伦撰写惠帝禅让帝位的诏书而拘捕了他，打算处死。大将军司马颖为陆机辩护说理，陆机得以免除死罪，司马颖又表奏陆机为平原内史，陆机的弟弟陆云为清河内史。陆机的朋友顾荣和广陵戴渊，因为中原多灾多难，就劝陆机回到吴地。陆机因为受了司马颖的恩德，再说司马颖当时深孚众望，以为可以为他做事立功，于是就留下没有离去。

七月，朝廷又封常山王乂为长沙王，升为有开置府署资格的骠骑将军。

东莱王司马蕤，凶暴酗酒，多次欺陵侮辱大司马司马冏。又向司马冏请求开府没有如愿而怨恨他，秘密表奏司马冏专擅权力，与左卫将军王舆密谋废黜司马冏。事情被发现，八月，诏令把司马蕤废黜为平民，诛杀王舆三族，发配司马蕤到上庸。上庸内史陈钟秉承司马冏的旨意把司马蕤秘密处死。

东武公司马澹因为不孝之罪被发配辽东。九月，征召他的弟弟东安王司马繇，恢复旧的爵位，任命为尚书左仆射。司马繇举荐东平王司马楙为都督徐州诸军事，镇守下邳。

机构设定，人事到岗，国家机器开始运转，司马冏不知应从何处抓起。国家百废待兴，有很多重要的事情要干，他却去大筑第馆。北取五谷市，南开诸署，毁坏庐舍以百计，使大匠营制，标准与西宫等。凿千秋门墙以通西阁，后方施钟悬，前厅舞八佾，因此在朝廷内外大失声望。

侍中嵇绍给惠帝上奏章说："存在而不忘失去，是《易经》很好的警戒。我希望陛下不要忘了在金墉城之困，大司马不要忘了颍上之失，大将军不要忘了黄桥之败。那么祸乱的发端就无从开始了。"嵇绍又给司马冏写信，认为："尧、舜茅屋不修剪，夏禹住低矮的宫室。现在大兴土木建造房舍和给三个亲王建造宅第，难道是今天所急于要做的事吗？"司马冏用谦逊客气的话来认错，但并不采纳。

在工作生活中沉溺于酒色，不入朝见。坐拜百官，符敕三台，选举不均，唯宠亲昵。以车骑将军何勖领中领军。封葛旟为牟平公，路秀为小黄公，卫毅为阴平公，刘真为安乡公，韩泰为封丘公，号曰"五公"，委于心膂。殿中御史桓豹奏事，因未经冏府，齐王冏大加追究。于是朝廷侧目，海内失望。乡民郑方待到冏辅政恣意妄为，方发愤步行到洛阳，自称荆楚逸民，献书于冏曰："现在您居安不思危，宴饮玩乐超过限度，是失误之一。皇族骨肉之间本不应当存有细小的芥蒂，现在则不是这样，是失误之二。四方蛮族、夷族并不宁静，您却说功业已经十分盛大，不把蛮夷事务放在心上，是失误之三。战乱之后，百姓贫穷疲困，却没有听说曾经赈济救援，是失误之四。您曾与讨伐司马伦的各路举义之师在神前盟誓约定：战争成功后，及时奖赏，但现在还有未曾被论功受赏的人，是失误之五。"司马冏感谢说："不是您，我就无法听到过失。"但就是不用。

有白头公入大司马府大呼，"有兵起，不出甲子旬！"冏当即将其杀害。

冏骄恣日甚，终无悔改之意。原曹属孙惠上书谏曰：

惠闻天下五难，四不可，而明公皆以居之矣。捐宗庙之主，忽千乘之重，躬贯甲胄，犯冒锋刃，此一难也。奋三百之卒，决全胜之策，集四方之众，为英豪之士，此二难也。舍殿堂之尊，居单幕之陋，安嚣尘之惨，同将士之劳，此三难也。驱乌合之众，当凶强之敌，任神武之略，无疑阻之惧，此四难也。橛六合之内，著盟信之誓，升幽宫之帝，复皇祚之业，此五难也。大名不可久荷，大功不可久任，大权不可久执，大威不可久居。未有行其五难，而不以为难；遗其不可而谓之为可。惠窃所不安也。

接着指出，自永熙以来（指武帝司马炎死，司马衷继位，公元290

年），十有一载，人不见德，惟戮是闻。公族构篡夺之祸，骨肉遭枭夷之刑，群王被囚槛之困，妃主有离绝之哀。历观前代，国家之祸，至亲之乱，未有今日之甚者也。良史书过，后嗣何观！天下所以不去于晋，符命长存于世者，主无严虐之暴，朝无酷烈之政，武帝余恩，献王遗爱，圣慈惠和，尚经人心。四海所系，实在于兹。

今明公建不世之义，而未为不世之让，天下惑之，思求所悟。长沙、成都、鲁卫之密，国之亲亲，与明公计功受赏，尚不自先。今公宜放桓文之勋，迈藏札之风，刍狗万物，不仁其化，崇亲推近，功遂身退，委万机于二王……

劝他早点下台。

司马冏不纳，亦不加罪。

齐王冏独专朝政，臣谏民请一概不听。他任用的天下有识之士都知道要发生变乱而借故脱身。

张翰字季鹰，吴郡吴人，他因秋风起，推说思菰菜、鲈鱼，辞了齐王冏，浩然南归。顾荣起念晚了一步，被司马冏羁绊，无法脱身，便天天喝酒装醉。

一年之后在一个小小的环节上出了一个小小的瑕疵，重又引起了大的祸患。

司马冏因为河间王司马颙原来依附过赵王司马伦，心里常常记恨司马颙。司马颙当然也对司马冏不怀好感。梁州刺史安定人皇甫商，对司马颙的长史李含不满。李含被征召担任司马冏翊军校尉，这时皇甫商任司马冏的参军事，皇甫商的哥哥也在司马冏府做事。李含心里很不自在安稳，又和司马冏的右司马赵骧不和，于是一个人骑马逃奔回长安司马颙那里，假称接受了秘密诏令。这秘密诏令是："成都王是皇上的近亲，又有大功，但推辞谦让返回封地，很得人心。而齐王冏越过比他更近的皇亲而独揽朝政，朝廷对他都带着嫉恨的目光。现在给长沙王乂发出檄文让他征讨齐王冏，齐王冏一定会诛杀长沙王，我们就把这当作齐王冏的罪行而征讨齐王冏，一定能够把他擒获。去掉齐王冏而拥立成都王，除去逼宫的人而立近亲，使国家社稷安定，是一项大功勋。"

李含因一点小事，编了这一套瞎话，司马颙因对司马冏不怀好感竟然采纳了这个意见。于是上奏表陈说司马冏的罪状，并且说："带领十万军队，要同成都王司马颖、新野王司马歆、范阳王司马虓共同在洛阳会师，请长沙王乂废黜司马冏让他回到封地府第去，让司马颖取代司马冏辅佐朝政。"

奏表发出，司马颙就点将发兵，让李含任都督，带领张方等急赴洛阳。又派使者邀集司马颖。

司马颖答应邀请。卢志劝阻，司马颖不听。

永宁二年（公元 302 年）十二月二十二日，司马颙的奏表到洛阳。司马冏非常惧怕，召集文武百官商议对策，说："我首先发起义兵，尽臣子的气节，信义显现于神明。现在两亲王听信谗言而发难，怎么对待呢？"

尚书令王戎说："您的功勋业绩的确很大。但是赏赐没有全部到达有功劳的人那里，所以使人怀有二心。现在两亲王兵力强盛，势不可当。如果让您隐退回家，而崇敬谦虚地把权交出，大概可以求得平安。"

司马冏的从事中郎葛旟生气地说："尚书所说，根本不顾惜齐王的事业。报功赏赐的停顿迟缓，责任不在齐王府。听信谗言发起叛乱，应当共同征讨。更何况凭空依据伪造书信，就让齐王回家，汉、魏以来，王侯隐退回家的，难道有能够保全妻儿的吗？提这个建议的人应当杀掉！"文武百官震骇惶恐脸色大变，王戎假装药力发作掉到厕坑，得以逃脱。

十二月二十二日，表到洛阳，城里就爆发了一场混战。长沙王乂带一百多人径直进宫攻冏。冏遣董艾陈兵宫西。乂又遣宋洪等放火烧诸观阁及千秋、神武门。冏令黄门令王湖悉盗驺虞幡，唱云："长沙王乂矫诏。"乂又称："大司马冏谋反，助者诛五族。"

是夕，城内大战，飞矢雨集，火光冲天，如同白昼。惠帝福大命大，幸上东门，箭一直落到他的身边，他却安然无恙。群臣救火，死者相枕。次日，冏败，乂擒冏至殿前，帝见，于心不忍，欲给冏一条活路，乂急叱左右赶快带走，冏回头还想求救于帝，乂一刀斩于阊阖门外，徇首六军，诸党属皆夷三族。

战争的结果并未如司马颙、李含所料司马冏杀死司马乂，而是司马乂杀死司马冏。冏是"八王混战"中死掉的第四个王。冏死后，长沙王乂代齐王冏执掌神器。长沙王乂能代多久？请看下章。

第十七章 >>>

鹬蚌两相争　弟伤兄亦亡

　　乂杀冏，又代冏主掌神器。这种结果是因河间王颙而起，但却出乎河间王颙的预料。

　　当初他以为乂的实力不如冏，叫乂先举事，是想乂必为冏所擒；乂被冏擒后，他则以乂被擒为辞，联合四方共同伐冏，然后立成都王为帝，由他来当宰相。（他当宰相以后呢？他没说……）其结果由于智力不足，预测出了完全相反的大偏差，不仅冏反被乂杀，乂还夺得了辅政大权。他当宰相之计泡汤。他死心了吗？没有。其智力不足，其毅力却不差。为实现他的如意算盘，又暗地里使侍中冯荪、河南尹李含、中书令卞粹等袭乂，但都被乂所杀。河间王颙再一次枉费心机。

　　长沙王司马乂在洛阳掌权后，起初还常派人到邺，征求弟弟成都王颖的意见，弟弟也不时到洛阳谒见兄长。可日子久了，兄弟间的关系经不起皇位的吸引而逐渐变坏起来，于是河间王颙乘机重演故技，声称要与成都王同伐京都。

　　成都王颖在上次河间王颙提出"要和成都王颖等共会洛阳"时，就准备再次出兵，但因事变解决得快，没有来得及出，他后悔得把肠子都悔青了。这次他想当皇上，心里痒得更厉害，因为这一次河间王颙公开

218

表态帮他抢皇位。将来成功了他当宰相，让他当皇上。这是多么好的机会！所以卢志劝他，不要因此而丧失已经博得的好声望；参军邵续也劝他不要与自己的兄长为敌。他都一概不听。太安二年八月，河间王颙派张方率兵七万，出函谷关向洛阳进攻。他则派陆机率王粹、牵秀、石超等将，统兵二十万余万，从邺南下进攻洛阳。

这是皇族兄弟大混战的第三阶段。

惠帝得报，下诏以长沙王乂为太尉、都督中外诸军事，领兵抵御。诏书说："吾当亲率六军以诛奸逆。"惠帝还真出洛阳城，巡视过几处营地。实际这都是长沙王乂为张大声势挟持天子所做的一种行动。

两军对峙时，长沙王乂想与兄弟成都王颖和解，曾深情地给他写过一封信：

吾弟英鉴：

当此酷暑消退，秋风送凉之际，料想你身心均健。在这同沐秋风，同感温暖宜人，同踏司马氏的土地，同顶司马氏神灵，你我却执锐两端，相向虎视！为什么，我的兄弟？我的兄弟，为什么？我们兄弟不是一般的兄弟，我们是一父所生的亲兄弟，我们血管内同流着一样的血，我们是纯而又纯的亲兄弟。

每当想起你我，我热血沸腾，泪如雨下！曾记否？你三次溺水，我三次皮鞭加身。

第一次，是春光明媚之日，那一日阳光灿烂，鸟语花香，我们带着三个仆人春游。那一年，你不到四岁，我不到七岁，我们春游的地点是乡下外婆之侄女的家。这亲戚隔得远，不是近亲，我们为什么走她呢？一因她们与我们走得勤；二因她们是乡下，风景好；三因，是更主要的，她们是你的老师（你的妈妈赏给你的贴身宦官孟玖）的至亲，所以我们就到那里去了。我记得我们从我们的亲戚家侧面，爬上一个高坡，上到屋后的山岗上。这山岗很长，是一条宽阔明亮的牛路。牛路像飘带，两边是林海，飘带就像在蓝色海洋上漂浮；飘带的尽头的那座山就像坐在那里的一位佛爷，高大雄浑而很有威严。孟玖说那是佛爷山，以前上面还有一座大庙，是汉武帝修的，刘秀还在上面烧过香，后来打仗，把它给毁了。佛爷山背后，还有两层高山。一眼望去，令人浮想联翩。我们顺着牛路向上行走，野山羊在两边深沟里吼叫，你有些害怕，依偎到我的腋下，我们兄弟俩相拥着在那山路上跟着孟玖往上爬。本来是想引我们上佛爷山山顶去看看的，见我们有些害怕，就改变主意，向右折下牛路，从佛爷山脚下一座黑水堰堰埂上走过去。那座堰很大，水很深很黑，周围都是密密的树林，也是很吓人的。孟玖却不怕，他下堰埂走到水边捧起水说："其实这水很清亮，并不是黑水，看起来黑，是因为这水里的地质是黑色的麻裸石。"我们走过堰埂，爬上山岗，这座山岗比牛路那条山岗既短且矮，但却很直，岗上的栎树林茂密，一条窄窄的小路从林中穿过，我们用手拨开树枝才能行走。我们顺着林中小路，往回的方向向下行走，两边是山冲、山堧；山冲和山堧里有许多田。我们走着走着遇到一座山包，孟玖说叫春堰包，春堰包右边有一条路，从这路走，越过一条垄就可到亲戚家。因为时间还早，孟玖引我们越过春堰包，来到春堰边。堰水黄黄的，可堰边像镶边的花环，开满各色的花。孟玖等几个侍从为了讨好我们就去采那些花，而你却向堰里扔石子玩。后来不知你是向堰里扔石子还是够花，竟一头栽倒到堰里了。半个身子淹在水里，头却搁在堰边坡上，这本来没有多大的事，却把大家都吓坏了；孟玖等侍从都吓跑了，我没跑，我怎么能跑？我的弟弟掉下去了，我要救我的弟弟！我跳下去，把你抱起来；我怕把你也吓住了，我把你的头紧紧地抱到我的怀里，接着我又扳起你的脸看你。红红的脸蛋，睁着大大的眼睛看着我；没哭，没有害怕的意思。我高兴，我叫着兄娃，我亲着你的脸蛋，你答应着叫哥哥。我从小都叫你兄娃，我叫你兄娃，每每都是从内心深处叫出，我是多么心爱我的兄娃你呀！

无独有偶，另有一次，也是在乡下，我们在堰埂上看人家用罾子捞鱼，那堰埂高且陡，那堰水浑而又深，我就怕你滚到堰里去了，虽然有孟玖等人跟着你，我却一直注视着你，没想到你拿一根小木棍想去试水，真的一下又滚下去了，我飞跑下去，一把拽住了你的衣角，把你从水中揪起。那次你可全身湿透，得亏是夏天，都吓坏了，可仍无大碍。大概又过了两年，仍然到乡下玩耍。看人家游泳，我就想教你游泳，我想世界上水多，三山六水一分田嘛，水那么多，人总会遇到水，不会游泳怎么行呢！别人在堰中间拍瓮子击水，我双手平端着你，在堰边水里让你学打凼凼。打了一会儿，哪晓得我脚下遇到了一个陡坎子，一下掉下去了，脚探不到底，我自己既要游，也要双手端着你，我在水里没带过人，哪晓得水里带人是那么的重，那样的难带，我当时想，不管怎么样，一定不让我弟弟出事，我喝了几口水，拼死命把你托着，把你带到水边，这次真正的太危险了！我没有隐瞒，三次我都如实地告诉了父母，我三次都挨了皮鞭，三次都是你帮助求情，你年纪小，长得漂亮，父母都特别心痛你，我是兄长，没有尽到责任，所以父亲就狠狠地责罚我。三次一次也没有卯过，事不过三，特别是第三次。那一次又遇到大雨，脱掉我的衣裳，让我跪到雨中，让暴雨淋，淋得我浑身发紫，身体直抖，你求父亲赦免，求不下来，就打雨伞，跪着替我遮雨，后来我们俩相互抱着在雨中痛哭，终于感化了父亲，把我们从雨中拉起来！

我亲爱的弟弟我不是表功，我是如实地叙述我们兄弟之情。《诗·小雅·常棣》："凡今之人，莫如兄弟。"郑玄笺："人之恩亲，无如兄弟之最厚。"元李直夫："兄弟如同手足，手足断了再难续。"《易·家人》："父父，子子，兄兄，弟弟，夫夫，妇妇，而家道正，正家而天下定矣。"

也有俗话说："兄弟一条心，黄土变成金。"你我手中都握着兵权，我们要防止一些人唯恐我们兄弟俩团结一心，合兵一处，于他们不利，他们则会千方百计让我们阋于墙，好让他引狼入室！

颖！我的好弟弟，在讨伐赵王司马伦后，你就做出了"三让"，值得哥哥我向你学习。当前我俩团结一致，平定天下后，我把我的兵权全部交给你，我支持你做皇帝！如果觉得好，我现在即可将兵权交给你，我做你的侍从！

祝秋安！静候弟弟佳音。

兄义

可惜啊！这封情深意切的信，司马颖没有收到，被孟玖截获销毁了。

孟玖一直沾司马颖的光。他觉得现在司马颖兵多将广势力大，肯定能战胜司马义夺得皇位。一旦司马颖夺得皇位，他就可以沾大光。如果两兄弟和好，其势力天下无敌，但胜利后，皇帝肯定是兄长司马义当，而不是弟弟他司马颖当，那他沾光，就沾的不是皇帝的大光，而仍然是一个臣子的小光，所以他不希望两兄弟和好而千方百计阻拦、破坏。

司马义没有收到弟弟的回信，即派使节，到司马颖营中向司马颖讨回信。这一使节，亦被孟玖悄悄杀害。并对司马颖建议派使节到司马义营中访问，直接向司马义兄致以问候。司马颖当即欣然同意，立即派出使节，可这一使节亦被孟玖悄悄杀掉。当司马颖问怎么没见派出的使节回来时，孟玖即进谗言说司马义野心大，想当皇上，一定是将我们的使节杀害了。司马颖一听，咬牙切齿地道："好狠毒啊！看来是想当皇帝想疯了。"

司马义没见到他派出的使节回来，想到其中必有不可告人的大事，为防止中间有人作梗，提出兄弟俩在洛阳城外单独见面。

司马义在约定之日，约定之地点，独自一人等司马颖足足等了两个多时辰，终于等来了司马颖。可是司马颖带了很多人来。当司马乂问司马颖：我们约定的是我们兄弟俩单独相会，为何带来这么多人时，孟玖未等司马颖说话，即先发难：“你说我们带人多，是什么意思？说我们没安好心是不是？我告诉你，这恰恰是你没安好心！会面的地点你安排到洛阳城外，为什么不安排到我们邺地城外？呵，这洛阳是你的地盘，叫你的弟弟单独到你的地盘会面，你安的是什么心？你是不是看他统率的人马多，力量比你强，你想擒贼先擒王，来个釜底抽薪?!”

司马颖本来没有这些想法，经他这一提，心里忽然咯噔一跳！

司马乂没去想孟玖的险恶用心，弟弟来了，心中高兴，上前去拉弟弟的手，抚着弟弟的肩，想把弟弟引到旁边单独谈谈，可是孟玖上来，将司马乂的手一拂，问：“你想干什么？”司马乂说：“我单独和我弟弟说说话，难道不行吗？”孟玖说：“有什么不可告人的秘密？在这里不可以说吗？”

司马乂以亲切温和的目光征询司马颖的意见。司马颖说：“就在这里说吧，这里没有外人。”司马乂说：“那好，没有别的，我给你写信，你没回，我就派人来找你，怎么连人也没回去呢？”一提起人，司马颖就沉不住气了：“你找我要人？你这是恶人先告状！你是怕我找你要人，你才先给我这一蹄子，想封住我的口！是吗？”司马乂反问：“你这是什么意思？”司马颖说：“我思念我的兄长，我派人来洛阳问候你，你却把他杀了，现在你却找我要人，我一直敬重你呀，你怎么变成这样！”

“我把他杀了！谁说的？”

司马乂用惊奇的目光询问弟弟司马颖，司马乂没有得到回答，却看到了从来没有看到过的弟弟那凶狠愤怒的眼神。司马乂想到，我的兄弟已经不是我的兄弟了，战争到这一步，谁也驾驭不住了。准备打吧！

这一回仗打大了，时间也打得长，从九月起，打到年底，竟还没有结束。成都王颖的兵力虽大，却在洛阳周围屡战屡败。十月建春门之战，长沙王又带上惠帝指挥作战，大破成都王颖的主力，斩大将十六人，尸骨塞满河道，被血染红的河水为之倒流，损兵不计其数。如此严重的损失震慑了成都王全军，上上下下怨声载道，哭声一片。首先慑的，慑得最狠的是成都王司马颖自己。

成都王司马颖，生得漂亮，自小即在一片喝彩声中长大。十五岁就当王，自那时起，即威风八面，骑着高头大马，前呼后拥，来去一阵风；从街上过一趟，人们称赞的美誉充满全城大街小巷。尤其是兴兵出战之后又接连两次受到高质量喝彩。

一次是兵陷刘琨口袋阵中他说："我进入他的口袋阵中那又怎么样？天下就没有挣得破的口袋？"后来果然挣破刘琨的口袋阵并获得了胜利。人们说他有逢凶化吉，金口玉言的帝王之兆。

二次是他采取卢志以退为进之计，退出诸王之争，回邺侍母，悼亡死难烈士。这次不仅声名倍增，而且人们给他的高帽子的含金量也越来越高。什么英才、帅才，英王、贤王之类的美誉纷至沓来。加之河间王颙经常捧他，更使他身价百倍。就连"将来的皇帝必然是他"的过誉之词也在他耳畔萦绕。在这种种美誉之下，到他手下当差的人即趋之若鹜，刚刚二十岁的人即拥兵数十万，文官武将济济满堂，不下百员。因此他踌躇满志，发兵二十万，想一举成功。没想到一下竟败得这么惨，不由得一下慑了头。这里面大有缘由：

第一，他虽然年轻漂亮，但读书少，文化低，更无经验，为将的智、信、仁、勇、严无一具备，是一个空皮囊；人们常说"不知人之短，不知人之长；不知人长中之短，不知人短中之长。则不可以用人"，他文官武将虽然济济满堂，但他一不知将，二不会用将。他的二十万大军大都是"北土旧人"，却用江东吴人陆机来统率。这南辕北辙，就造成将不知兵、不懂兵；兵不敬将、不尊将。兵将两张皮怎能不打败仗！

他用的陆机，字士衡，江东吴郡华亭（今上海松江）人，身高七尺，声如洪钟，年少时便有异才，文章冠绝当世，专长儒术，非礼不为。东吴名将陆逊的孙子。其父是晋初无人不晓的陆抗。

他的父亲陆抗与晋初羊祜各领重兵在荆州地区对峙。羊祜对吴人开诚布信，广招吴人归附，来降者想要离去，悉皆听便。羊祜在军中常穿便服，身不披甲胄，侍卫者不过十多人。

每当与吴国人交兵，羊祜从不采用阴谋诡计。一次部下从边境抓回两个小孩，一问是东吴边将之子，羊祜立即派人送回，两位吴将十分感激。后来吴国将领夏详、邵颉等来降，这两位吴将也率部来降。羊祜的军队路过吴境收割了吴国的谷子作军粮，过后按谷子多少以绢匹作抵偿。吴国将士射伤的野兽逃入晋地，为士兵所获，羊祜命士兵封好送回，于是吴人称羊祜为羊公。

不仅士兵对羊祜心悦诚服，就连陆抗也为之悦服。陆抗一次患病，羊祜赠药，陆抗毫无疑心把药服下，左右劝谏不可服，陆抗说："世间哪有毒人的羊叔子（羊祜的字）呢！"两国交兵的统帅结成友谊，被世人传为佳话。

父亲陆抗死后，他接领了父亲所带领的士兵。在他二十岁的时候，东吴为西晋所灭，陆机退居故里，闭门勤学整整十年，西晋太康末年，陆机与弟弟陆云因父亲有上述一段佳话，于是一起来到洛阳造访太常张华。张华与羊祜是情同手足的当朝重臣，通过羊祜他当然也了解陆抗，所以张华与他俩虽未谋面，却早知他俩，素来器重，对待他俩就像对待老朋友一样，说："伐吴之役的获利，是得到你们两位俊杰。"张华将两位推荐给洛阳的诸位公卿。当吴王司马晏出镇淮南时，即以陆机为郎中令，后来迁为尚书中兵郎，转为殿中郎。司马伦篡位的时候，封陆机为相国参军，曾参与诛灭贾谧，被赐爵为关内侯。司马伦被杀后，齐王司马冏因陆机在司马伦那里担任的职位机要，怀疑他也参与了司马伦叛乱，便捉拿了陆机等九人交付廷尉处理。幸好成都王司马颖、吴王司马晏均认为将陆机这样的将才杀了可惜而并力救助，陆机才没被判死刑，但还是被流放到边疆，直到遇到大赦，才得以返回。当时中原动荡多乱，顾荣、戴若思等人都劝陆机回到家乡吴郡去，而陆机却认为，既然自己有这样的才能和德望，就应该匡扶国家，拯救时难，于是坚持留在京师。

陆机嫌齐王司马冏为人骄矜，居功自大，便作了一篇《豪士赋》讽劝司马冏。而司马冏毫无悔悟，最终身败名裂。

剪除司马冏后，陆机看成都王司马颖推功不居，而且礼贤下士，又救过他的性命，在这样一个多事之秋，陆机认为司马颖可以中兴晋室，便决定为司马颖效命。司马颖于是封陆机为后将军、河北大都督，督北中郎将王粹、冠军牵秀等将领及士卒二十余万人。陆机认为一个家族中三代为将，是道家的大忌，况且他在东吴灭后入晋为官，现在又位居王粹等人之上，这些人不免生出怨心，因此固辞不受。陆机的同乡也劝陆机将都督之位让给王粹，但司马颖一时心热，执意不放他走。陆机不禁感叹："若将士们认为我为避贼而动摇不定，大祸会来得更快。"虽有许多疑虑，但还是接受了封任。

第二，临行前，司马颖勉励陆机说："如果能功成事定，你一定会爵封郡公，位至台司。"陆机则回答说："昔日齐桓公任用管仲而建立了九合诸侯的功勋；燕惠王猜疑乐毅，导致伐齐功亏一篑。决定今天事情成败的关键在于你，而不在于我。"司马颖的左长史卢志妒忌陆机所受的信任和重用，便乘机在司马颖面前诋毁陆机说："陆机自比管仲、乐毅，便是含沙射影地将你比喻为昏聩的君主，自古以来君主任命上将，但凡是臣子凌驾于君主之上的，没有成事的。"司马颖听后默然。司马颖未悟明陆机的话的真谛，倒是听明白了卢志因妒忌而下的药。这一点很关键，司马颖年轻，不老练，这剂药从内心深处动摇了司马颖对陆机的信任。卢志人不错，但在名、利方面仍未脱俗。这是卢志的人生败笔，懂卢志的人都为之叹惜。

第三，司马颖把大军交给陆机，却又不信任陆机，信任的却是孟玖。孟玖是自他儿时起就侍奉他的宦官。孟玖之弟孟超又在陆机手下为将，孟超仰仗孟玖常常不听陆机的号令。

当初，宦官孟玖受到大将军司马颖的宠信，孟玖想让他父亲担任邯郸县令，左长史卢志等人都不敢违背，只有右司马陆云坚持不同意，说："这个县，历来是有公府掾资格的人才能担任县令的，岂有让宦官的父亲担任的道理？"孟玖深深地怨恨着陆云。

孟玖弟孟超，是率领万人的军官，还没有战斗，就纵兵抢掠。陆机为严肃军纪将主犯拘捕，孟超带着全副武装的一百多骑兵冲到陆机的指挥将旗之下，夺走犯人，在马上回头对陆机说："貉奴，会当都督吗？"陆机的司马，吴郡人孙拯劝说陆机把他杀掉，陆机没有采纳。而孟超向大家宣告说："陆机打算叛变。"又给孟玖去信，说陆机怀有二心。

战前一般都是鼓舞士气，上下团结一心；如此一搅和，所以军队出现了隔膜，上下丧气败兴，分崩离析。孟超与陆机隔阂加深。

在这次建春门大战中，孟超不从大局出发，仍不听陆机的号令，擅自进兵，打乱了陆机的部署，造成这次大战的惨败，也导致他被敌所杀。

建春门一战太惨烈，笔者不忍心一笔略过，下面不妨将当时的来龙去脉详述一清：

陆机受命之后，立即整军聚众，召开军事会议。因各种原因固定在先，陆机不得不命令孟超："你率领所部从正面向敌营前进三十里，在跑马岗装作我军主力，高树帅字旗，大张旗鼓地安营扎寨，构筑防御工事。

如有间谍来刺探军情，你不仅要好吃好喝地招待他，还要巧妙地不露声色地让他参观你的防御工事。你做到这一步就算完成任务。你如果想立功，在间谍走后，你可乘黑夜秘密再向前推进三十里至饮马岗，不动声色地面向饮马河做好埋伏，等候战机。我带主力先东而北绕过饮马河，翻过虎骨峰，出其不意地直捣敌营后背死穴。这一仗的关键是：

在跑马岗装作我军主力在那里做防御工事一定要装得像；如要再向前推进，一定要秘密，一定要等我主力翻过虎骨峰，发起冲锋，敌人大乱溃逃时，你们做异军突起，向溃乱之敌发起冲锋，与我形成夹击之势，敌人必被全歼；在跑马岗装得不像，在饮马岗不秘密，就会露馅，一露馅就前功尽弃。不等我主力翻过虎骨峰，而你单兵进击，那更是送死！为我军的胜利生死，请你切记切记！"

陆机的队伍从朝歌出发，到河桥，鼓声大作，响彻数百里，其出师盛况，汉魏以来无出其右。谁知孟超不听陆机号令，当日夜里，他前进了两个三十里到饮马岗后，他见对面敌营死一般沉寂，觉得是偷袭立功的好机会，大骂一顿陆机蠢后，就催军渡过饮马河爬山仰攻敌营。渡过饮马河后，正当孟超想入非非，一声炮响，满山遍野灯亮，手持长矛利剑的敌兵呼着喊杀声，黑压压地排山倒海一般从上压下来，刚爬上岸的孟超的五万人马猝不及防，以为天塌地陷了，丧魂落魄，如鬼哭狼嚎一般地喊爹叫娘，下意识地向转跑，向河里扑！加之砍死的射死的受伤的自相践踏致死的和溺水而死的，一下塞满饮马河，河水为之不流。

这还不算，孟超被俘后将陆机的计划全盘供出。司马乂立即封锁消息，带领皇上司马衷动员全军，故技重演，面对虎骨峰，重新部署，一张更大的网，在第二天夜晚形成。

陆机带领主力翻过虎骨峰，观看司马乂营盘，营火点点，夜鸟喁啾；哨兵在门口打盹，老鼠在墙角觅食。陆机双手合十作揖："感谢感谢，敌人没有发觉！"三棒鼓一响，陆机挥军直赴司马乂营盘。千军万马冲呀杀呀，从虎骨峰呼啸而下！

陆机见敌营打盹的哨兵只有逃跑，没有呼喊，没有惊慌，正疑惑时，三声炮响，满山遍野的灯光犹如繁星落地，呐喊之声如暴雷震慑，地动山摇，随之箭如雨下，顿时他的士兵死伤大半！

陆机知道他的计划泄露，他立即命令剩余之兵向回返，企图聚集虎骨峰，组织力量再战。谁知虎骨峰已被司马乂大军所占领，未等他的残兵败将回头，虎骨峰上的司马乂大军犹如洪水般地冲杀下来，他的兵将只有回头向饮马河赴去；过河时，埋伏在饮马岗的敌兵又犹如泰山压顶般地掩杀下来。已经丧魂落魄的部下在两厢劲敌从上向下俯冲夹击下，相互冲撞践踏，他虽然被他的亲兵救出，他的将士塞河的尸体层层垫高，以前河水为之不流，现在被血染红的河水为之倒流！

这里显出了司马乂的三处高招：一、随机应变，善于抓住战机，抓住了战机，又能严密布阵；二、利用人们对天子敬畏心理，假借天子鼓舞士气；三、善于出其不意和善于利用地形。

残兵败将回到朝歌，司马颖一下蒙了。

胜败是兵家常事，这次大战的惨败，虽然损失大，但对司马颖的威名不会有太大的影响。对他有影响的，令他一落千丈、威名扫地的是他对战后的处理。

孟超的死，孟玖怀疑是陆机所害，便向成都王颖进谗言，说陆机有二心，勾结长沙王，导致这一次的兵败。

牵秀对孟玖一直阿谀谄媚，将军王阐、郝昌，帐下督阳平人公师藩等人又都是由孟玖引荐而得到任用的，这些人在一起帮孟玖作伪证。都说陆机有二心。

司马颖勃然大怒，派牵秀带兵拘捕陆机。参军事王彰劝谏说："今天这一仗本该稳操胜券，它之所以失败，并不是陆机有什么二心，只因为陆机是吴地人，殿下对他过于重用，才引起北方地区的旧将对他的嫉妒、怨恨罢了。"昏聩之中的司马颖没有理。

陆机听说牵秀来了，于是脱下军服，戴着低贱的便帽，与牵秀相见，又写信辞别司马颖。信写完，笔往案上一掷，慨叹道："故乡华亭的鹤声，再也听不到了！"牵秀随即将他杀了。

这还不算，司马颖又据孟玖之意拘捕了陆机的弟弟清河内史陆云、平东祭酒陆耽以及孙拯，都将他们投入牢狱。

记室江统、陈留人蔡克、颍川人枣高等上奏章，认为："陆机考虑不周而导致失败，处死是可以的。至于说他反叛，则大家都知道这不是事实。应当首先检查审核陆机谋反的情况，如果能够证实，那么再杀陆云等人也不晚。"

江统等人不断地恳切请求，司马颖拖延三天也不答复。蔡克进入王府，来到司马颖面前，叩头出血，说："陆云被孟玖怨恨，远近没有不知道的，现在如果陆云真被杀，我为您惋惜！"随蔡克进去的僚属有几十人，都流泪苦苦请求，司马颖听后也感到忧伤，面露宽宥原谅陆云之色。孟玖见之急扶司马颖进屋，同时回首挥手示意快动手！结果在司马颖犹犹豫豫之中杀掉了陆云、陆耽，夷灭陆机三族。

孙拯进狱时一直高喊陆机冤枉，狱吏拷打孙拯几百下，打得露出了踝骨，但孙拯仍不停地高喊陆机冤枉。狱吏知道孙拯正义而刚烈，对孙拯说："二陆的冤枉，谁不知道！您难道不珍惜自己的身体吗？"孙拯仰天长叹，说："陆机兄弟，是天下不同寻常的人士，我承蒙他们的知遇和厚爱，现在既然不能把他们从死亡中解救出来，怎么能忍心再诋毁他们呢？"

孟玖等人知道不能使孙拯屈服，就命令狱吏伪造孙拯的供词。司马颖杀了陆机后，心里常常感到后悔，等看见伪造的孙拯的供词后，非常高兴，对孟玖等人说："要不是你的忠诚，就不能够查清楚这反叛的情况。"于是夷灭孙拯三族。

孙拯的学生费慈、宰意两个人到狱中申明孙拯冤枉，孙拯开导并让他们离开，说："我从道义上不能辜负二陆，死是我现在所应该做的，你们为什么呢？"他们回答说："您既然不辜负二陆，我们又怎么能辜负您呢？"坚持说孙拯冤枉，孟玖又把他们杀了。

成都王颖用陆机是一错；听谗言杀陆机，是再错；进而杀陆云等，更是一错二错再三错。看他的行为，不仅不懂兵，而是傻得简直就像是孟玖操纵的三岁小孩，这种昏王如何能成大事！

成都、河间二王联合反长沙王乂。虽说是联合，却是各顾各，没有一个统一部署。其原因是都想当皇帝，都想争功。成都王司马颖被打败了，河间王司马颙的部将张方就接着上。

张方很能打仗，但也有胜有败，主要是他骨子里匪性太重。九月，他一度攻进京城，大肆抢掠后退出。这时他遵照司马颙意旨，又向洛阳进攻。

十月，长沙王乂仍旧带着惠帝，进行反击。皇帝是什么？是真龙，是天之子。这真龙天子，无论是精明，还是愚呀蠢，你都得尽忠效命。否则你就是违犯天条，不仅你自己是死路一条，还要灭你三族！他根本不用发言，他的车驾就是他的传声筒，就是他的威严。因此张方部下的将士老远望见车驾，就纷纷后退。张方从而打了个大败仗，退到城西十三里桥。这时部下还想往后撤，张方施行缓兵之计，下令道："停下造饭。吃饭以后，轻装再退！"

吃完饭、轻完装后，部队情绪稳定下来，张方发话了，说："皇帝并不可怕，何况他是一个白痴皇帝。我们为什么起兵？说到底，就是为了夺白痴的皇位。兵随将转草随风。大家要听我的命令，今后谁不听，定斩不饶！"说完即反其道而行之，发出了向回转，向城里前进的命令。乘敌人战胜后疏于防备的机会，在寂静的夜里迅速推进到离城七里的地方筑起几重壁垒。张方的兵多，这壁垒越筑越多，竟牢牢地把洛阳城围得水泄不通。

司马乂取胜后，认为张方不足为虑。听说张方在城外建成了堡垒，十一月，率领军队去进攻，因工事坚固，一无所获，只好退回，闭城坚守。

时间一长，洛阳城里人力物力都出现了问题。兵源缺乏，只得征发家奴上阵。十三岁以上的男孩都要服劳役，米价涨到了每石一万钱。晋初以击楫渡江闻名的祖逖，这时是长沙王乂的主簿，他献计派人到西北去，命雍州刺史刘沈起兵袭击河间王颙的后方，使他不得不召回张方，以解京城之危。这计是一条好计，然而很难生效。

永安元年（公元304年）正月二十五日，正当张方觉得打下去没有把握获胜，正考虑撤退的时候，洛阳城内发生了一场变故。这场变故不仅改变了人的命运，也改变了历史的走向。这场变故始作俑者本不是司马家族的什么王，但却是为逼司马家族里另一个王出场。这个王就是司马越。司马越究竟如何？请看下章。

第十八章 >>>

大战不言败　再杀回马枪

　　司马越非同寻常。他坠地时，体重竟达十斤。八岁身高超过母亲。十岁便力如成人。三岁随父习武，五岁随父骑马射猎。从那时起，他常常带着一群半大小子骑马，奔驰在大街上，闹得市民不敢在大街上摆摊，行人不敢在大街上行走。无奈，他父亲叫他母亲将他带到乡下爷爷家居住。

　　爷爷喜山乐水，常常遨游在外。他到乡下，没有小伙伴同他一起骑马，他就一人骑马；没人带他进山打猎，他就在村里"打猎"。他成天骑着马，张着弓，追杀村里的狗。闹得狗叫鸡飞，全村不安。狗杀完了，就射杀猪。人们把他也视同东吴周处一样，与山中猛虎、河中蛟龙并称为"三害"。

　　一天他"打猎"回来，见一位鹤发童颜，白须飘飘的老者坐在门前上马墩上，他气势汹汹地问：

　　"这是哪里的老家伙，坐到我的上马墩上？"

　　那老者笑盈盈地反问："你怎么叫我老家伙？"

　　"难道你不老吗？"

　　"我老。"

"难道你不是家伙？"

"我不是家伙。"

"那你是什么？"

"我是人。"

"是人就不是家伙吗？"

"那当然。"老者说着起来，拿起竖在门前的一把锹道，"这是家伙，你看！"说着将锹往地下一摔，道："你说人能这样吗？"

老者与他对话，一直笑容可掬，循循善诱，让他感到和蔼可亲。

"咦！你这老头怪好啊，你要是我的爷爷就好啦！"

"我就是你的爷爷呵！孙！你忘啦？"老者用手比画着说，"你这么长的时候，我一直抱着你；你这么高的时候，我一直牵着你。你好好看看！"爷爷车着身子，做出各种样子让他看。

"爷爷！"愣了半天，一声高叫扑了上来。撒完娇后，接着蔫蔫地道，"爷爷！我的箭用完了，弦也要断！"

"好！我们去买，我们去换。爷爷这有钱，"说着从腰间摸出许多钱，"不过我们先要办几件重要的事。走！"说着牵着孙孙去敲隔壁家的门。

隔壁家的人出来后，爷爷恭恭敬敬鞠躬道："你们好！我的孙孙不懂事，糟害了你们家的猪，我带着我的孙孙来，一是赔礼道歉，二是赔钱。"接着从袋中取出一些钱，道，"你们看这些钱够吗？"

隔壁家连连点头说："够，够！"

"那好。"接着拉过孙子道，"给人家道歉、叩头！"

孙孙不同意，直向后退。爷爷说："那好，爷爷代替你。"爷爷说着，拂去面前的尘，捋抻双臂的袖，一边作揖下跪，一边道："我对不起你们，我糟蹋了你们的猪，我错了，请你们原谅！"说着就要往地上下跪，隔壁家连忙拦住道："老爷老爷，这使不得，你折杀我们了！"

爷爷连连道："你们别！你们别！我这不仅仅是代替我的孙子赔不

是，更是为了教我的孙子做人。"说着又要下跪叩头。

"爷爷！"孙孙一声长嚎，一把抱住爷爷，一边转身向邻居叩头如捣蒜，一边连连说："我错了我错了，对不起对不起！"

隔壁家怨气消了，急忙扶起孙孙，爷爷也高兴地笑了。

以后到每家，爷爷把钱一付，他就主动地叩头赔礼道歉。家数太多了，袋里的钱用完了。爷爷把空袋亮给他看："孙子！事做错了，就要付出代价，你看，那么多钱没有了；你要的买不成了，该修的修不成了；我们家吃饭也吃不成好的了，只有等你父亲领薪水回来后，才能给你箭修弓。"

这时的司马越木着脸，看样子非常受触动。爷爷的言传身教；钱袋空了，买不成箭修不成弓的事实，搅动了他那犹如洪荒的脑子，他忽然问：

"爷爷！三害，是哪三害？"

"三害嘛，人家说你像一个人。"

"像谁？"

"像东吴周处。"

"周处是什么人？"

"周处是个大将军。小时候和你一样，爱骑马射猎，为害乡里。"于是他给他讲了周处的故事：

一次周处问一位老爷："现在年和岁丰，大家为什么愁眉苦脸，不快乐啊？"

那老爷叹道："哎，三害未除，哪有什么快乐呀！"

他问："哪三害呀？"

老爷说："南山里的白额猛虎，长桥下的蛟龙。"

周处说："这才两害呀，还有一害呢？"

老爷反问："你问这干啥？"

周处说："我能除呀！"

老爷惊讶："你能除？"

周处说："你不信？那你等着！"

说完他就进山射死了猛虎，接着又下河去擒蛟龙。

他在河里与蛟龙搏斗，或擒蛟龙的头，或揪住蛟龙的尾，最后他骑上蛟龙的背，扼住蛟龙的颈。或沉，或浮，或上下翻滚。河水搅成泥浆，河岸为之崩塌，行数十里，经三日三夜。周处得胜回来，他在路上听人们说：蛟龙和周处都死了，三害都除了，我们该敲锣打鼓好好地庆贺庆贺！周处猛省：原来第三害就是自己。他羞于见大家，就去找陆机、陆云。

陆机不在，他把他的苦恼对陆云述说了一遍，然后十分丧气地说："我的前途完了！"陆云对他说："古人最贵重是朝闻夕改，只要改了，同样前途光明远大。"陆云爱笑，最后笑着说："只怕志不立，何怕名不彰！"

于是周处发奋学习，终于成了一名很了不起的将军！

司马越听得入神。爷爷的故事讲完好半天，他才回过神道："爷爷我明白，您说我过去像周处一样为害乡里，今后也希望我向周处学习，成为一名有用的将军。"

这时一群学生从身边路上经过，有的喊"老爷爷！"有的叫："老爷爷好！"有的甚至走近向爷爷鞠躬。

爷爷对司马越说："孙子，你看人家多懂礼貌！"

司马越说："爷爷！这些我以前都不懂，没人教过我！"说着竟擦起泪来了。

孙孙的话说到这个份儿上，爷爷也感到万分的惭愧：自己游山玩水，把孙子也荒废了。决心再也不出去了，在家教孙子。他亲切地抚摸着孙孙的头说："好孙子！别伤心，一切都是爷爷的错，爷爷再也不出去玩了，爷爷来教。就按'修身、齐家、治国、平天下'的顺序教你。就是万一我要出去，也把你带上。"

爷爷说到做到，五年手把手地教，朝夕不离；又三年，晨授昏查，督以自立自强；再二年留题自作，以考其学，以试其能。在最后的考试中，爷爷在贾谊《新书》十卷中，挑出《过秦论》半篇文字让他先读后论，以考考他对秦始皇的看法。

爷爷将这半篇文字用楷书抄好，放到书房教案上。出门三天后回来时，司马越拉着爷爷的衣襟嘟囔道："爷爷！您出去这长时间，也不带我去，也不给我留作业！""书案上不是有半篇文章吗？""半篇？不是一篇吗？""啊，一篇。你看了吗？""没作业，我就反复看它。""怎么样？""这篇文章我很喜欢。""好。你先到书房去，我马上就来。"

爷爷本来可以跟孙孙一路进书房的，他没跟孙孙一路进，是他听孙孙说那篇文章他很喜欢，他很高兴。他想理理思绪，再好好地考问考问他。他在后花园转了半圈，进去问他："你说你很喜欢那篇文章，你谈谈你的喜欢。""我一喜欢它给人的雄心！爷爷，您听：'有席卷天下，包举宇内，囊括四海之意，并吞八荒之心！'爷爷您说，席卷天下！包举宇内！囊括四海！并吞八荒！这是多么大的雄心呀！二喜欢它的气势，爷爷，您再听：'惠文、武、昭，蒙故业，因遗策，南兼汉中，西举巴、蜀，东割膏腴之地，收要害之郡'……'奋六世之余烈，振长策而御宇内，吞二周而亡诸侯，履至尊而制六合，执敲扑而鞭笞天下，威振四海。南取百越之地，以为桂林、象郡，百越之君俯首系颈，委命下吏。乃使蒙恬北筑长城而守藩篱，却匈奴七百余里，胡人不敢南下而牧马，士不敢弯弓而报怨。于是废先王之道，焚百家之言，以愚黔首。隳名城，杀豪俊，收天下之兵聚之咸阳，销锋镝，铸以为金人十二，以弱黔首之民。然后践华为城，因河为池，据亿丈之城，临不测之渊以为固。良将劲弩守要害之处，信臣精卒陈利兵而谁何！'"爷爷明白了，孙孙的"骑马弄枪，猎狗杀猪"的本性没有改净，他下一步想增加他的阅读量，进一步用知识来提高自己的智慧与德操。爷爷愈感不适，"现在我只问你，你将来是从文还是从武？"孙孙说："从武。""好。盛时从文，乱时从武。现在朝廷乱了，你就从武吧。从武就要打仗。打仗主要'知己，知彼''以正合，以奇胜''攻其不备，出其不意。''兵者，诡道也。能而示之不能，用者示之不用，近而示之远，远而示之近。'……'兵者，以诈立，以利动，以分合、虚实、奇正、迂直为变。故疾如风，徐如林，不动如山，动如雷震。'……兵法我不懂，我这是随便说说；兵书很多，选重要的看，主要是灵活应用。但有一点要切记：先存仁善之念，再兴正义之师，玉壶冰心，生死无畏。"

爷爷的不适感加重，脸色苍白，立即叫来他的妈妈吩咐道："你明天将越儿带回洛阳，交给他爸爸；我没尽完责，但我已尽完力。"说着扶着墙壁离开书房，向宿舍走去。司马越叫道："爷爷！""你们去吧！不要管我！"

司马越到洛阳，初以世子为骑都尉，到永康初（公元300年）为中书令，徙侍中，迁司空，领中书监。

司空，是管工程道路的，门是道路之首，所以也管着门。门又是安全之首，洛阳门多，洛阳又是京城，所以握着皇宫禁卫军的兵权。

司马越任司空，兼戍守京城。但他一直秉承祖父的教导，行韬晦计，不露锋芒，不管谁来洛阳他都为谁把好洛阳城门。这次成都、河间二王联合反长沙王司马乂，他为司马乂把守城门，同样让司马乂赞不绝口。

永安元年（公元304年）正月二十五日，正当张方觉得打下去没有把握获胜，考虑撤退的时候，朝中诸将及三部司马疲于战守，在夜晚，密与左卫将军朱默一举将司马乂扣押。但他们传出去的消息却是：司空司马越发动兵变，扣押了司马乂。一时间司马乂几十万兵马大骚动，嗷嗷叫，矛头直指司马越。只是由于失去指挥灵魂，无人下命令；更是此事乍然而起，思想转不过弯来，更不知司马越在何方，攻打司马越的战火才暂时没有爆发。而司马越还蒙在鼓里，还在他的小院内悠闲地练拳。

"大哥！你把司马乂抓起来啦？"三弟跑进来大喊着问。

"没有呀！"

"你看外面！"司马越的三弟推开窗子，外面闹哄哄一片："司马越把司马乂抓起来啦！"的声音，清晰可见。

"不是我，我没抓，我没抓呀！"司马越摊开双手向窗外辩解道。

二弟从外面匆匆地进来说："现在已形成了'不是你也是你'的局面，你就当作是你赶快行动起来吧！"

"怎么行动？"

"这是逼你出马！怎么行动，你就当作是你发动的兵变，扣押了司马乂去考虑吧！"

司马越还不知所以。他的二弟在他眼前晃着拳头说："现在局势瞬息万变，再犹豫将不可收拾！"

这时司马越才认真考虑当前既成的事实。他一低头一抬头，主意就来了：他跑进殿内启奏惠帝罢免司马乂的官。当罢免司马乂的官的圣旨发出后，司马越即抓住司马乂，骑着高头大马奔驰而去；打开城门，把长沙王司马乂交给张方，迎接张方入城。一举结束了司马家的八王第三轮打了半年多的混战。这第三轮混战，从九月打到正月（中间有个闰年十二月），是时间最长，也是最惨烈的一次混战！

张方入城，第一桩事就是处决长沙王司马乂。张方这人不仅匪性十足，而又极其残忍，他把这次大战死伤人多的原因全归在长沙王司马乂身上，竟把长沙王乂放在火上烤，活活将其烤死。连张方部下的军士看了，也觉得太惨，竟流下了眼泪。

长沙王乂是"八王之乱"中死掉的第五个王。

张方进城，也就等于司马颖获胜。

朝廷公卿大臣都到邺城向司马颖认错道歉。

大将军司马颖进入京城，后又回到邺城镇守。惠帝诏令任司马颖为丞相；给东海王司马越加尚书令职。司马颖派奋武将军石超等人率军队五万人驻扎在洛阳的十二个城门，朝廷中有宿怨的官员，司马颖把他们全部杀了。皇宫禁卫军也全部用自己的军队代替。表奏卢志任中书监，留驻邺城，管理丞相府事务。

河间王司马颙在郑县停兵驻扎，作为东军的声援，听说刘沈的军队进攻，就回到渭城镇守，派督护虞夔在好县迎战刘沈。虞夔的军队失败，司马颙恐惧不安，退入长安，急忙召张方回来。张方在洛阳抢掠了官府私家的奴婢一万多人匆忙西归，军中缺乏粮食，把人杀了混在牛马肉中供给军士吃。

刘沈渡过渭水，与司马颙交战，司马颙连连失败。刘沈派安定太守衙博、功曹皇甫澹带五千精兵袭击长安，攻入长安城内，奋力战斗，直至司马颙的军帐前。

刘沈自己带的兵则未跟上，冯翊太守张辅发现衙博后继无援，带兵把这支精兵拦腰截击，杀了衙博和皇甫澹，这支精兵也就失败而退却了。

这时张方大队人马也赶到了。张方派他的部将敦伟趁夜攻打刘沈，刘沈的军队惊慌而溃散，刘沈与部下向南逃跑，被敦伟的兵追上而抓获。

刘沈对司马颙说："朋友知己之间的恩惠微小，君臣之间的恩义重大，我不能违反天子的诏令，衡量势力的强弱来苟全性命。我在挥袖行动的时候，就预料到性命一定保不住，因此剁成肉酱的酷刑，对我来说如同品尝荠菜一样甘甜。"

司马颙听后发怒，鞭笞刘沈后又将他腰斩。

新平太守江夏人张光多次为刘沈出谋划策，司马颙抓住他而诘问，张光说："雍州太守刘沈没有采纳我的计策，所以使得大王您得以有今天！"

司马颙认为他壮烈，带他一起参加盛宴，表奏他为右司马。

十一日，惠帝应河间王司马颙的奏表，下诏立司马颖为皇太弟，兼任都督中外诸军事，并保留丞相职。宣布大赦。皇太弟的车马及服饰用品都迁到邺城，制度就像魏武帝曹操那时一样。让司马颙担任太宰、大都督、雍州牧；前太傅刘担任太尉，刘声称年纪已老，坚决辞让不去就职。

司马颖当上皇太弟后，离龙位只一步之遥了，得意忘形，超越本分，奢侈一天比一天严重，所宠幸溺爱的小人执掌权力，令大家十分失望。司空东海王司马越胸中早有不平，这时忽然爆发，说："我栽树，他摘果子，那不行！"与右卫将军陈眕（zhěn）及长沙王司马乂过去的部将上官已等谋划讨伐司马颖。

秋季，七月初一，右卫将军陈眕率兵攻入云龙门，用皇帝诏书召集三公及群臣与三部众将领，征讨司马颖。

初三，宣布大赦，恢复皇后羊氏和皇太子司马覃的地位。

初四，司马越侍奉惠帝向北征伐，司马越担任大都督。征调前侍中嵇绍到惠帝身边任职。侍中秦准对嵇绍说："现在随行，安危难以预料，你有好马吗？"嵇绍神色严肃地说："臣子护卫皇帝御车，死与生都要忠于职守，要好马干什么？"

司马越发布檄文召集各地军队，奉诏赶来的队伍云集，行军到安阳，人数有十多万，邺城震惊惶恐。

司马颖召集幕僚参佐询问计策，东安王司马繇说："天子亲自征伐，应当放下武器身穿白色衣服出去迎接，并向天子请罪。"司马颖不同意。

折冲将军乔智明劝说司马颖尊奉迎接惠帝御驾，司马颖发怒说："你空有知晓事理的名声而投身到我身边做事。现在皇上被小人们逼迫，你为什么想让我捆绑住自己的手脚去接受刑罚呢？"

司马颖不甘心束手就擒，命大将石超率五万人马，赶奔回邺整军至荡阴东南迎敌。

司马越铁盔铁甲，铁人铁马，打得石超连连后退，司马越紧紧跟追。这天追到卫河流域荡阴西南一个叫母猪河的地方。司马越在马上观察地形，感到有些蹊跷。

卫河流到这里，形成一段峡谷，左边是母猪崖，这崖笔陡，高百尺，但崖边仍有五尺宽的石头路。卫河沿路往下流去五十来丈，遇一山嘴，而向右转弯，路也跟着右转擦山嘴而过。崖的对岸是一条条茅草丛生的起伏不一的小山埂。上游不远处，是一浅滩，对岸有一条小路，通向那些茅草小山埂。追石超已经追了三日，追到这里石超兵马影踪全无，忽然又有情报说：成都王司马颖带大军从右侧已插到身后，对他们已形成夹击之势。看来经验不足的司马越中了石超的拖刀计。当前唯一的办法是在后面的敌人未到达之前，赶快突破此关，摧毁当面之敌，才会有生路。

当前突围有两条路，一条走母猪崖；另一条，涉水过河翻越那些茅草小山埂。走母猪崖，崖前山嘴那边明显有埋伏；涉水过河走浅滩，浅滩的水倒不深，涉水很容易，但那一条条茅草小山埂，怎么看也看不明看不清。这到底走哪条路？没有别的路可选，没有时间犹豫，很清楚，母猪崖那条路太窄，大军不宜通过；涉水过河走茅草小山埂，茅草小山埂里纵然暗藏着杀机，但也适宜大军冲突。管不了那么多了，涉水，向茅草小山埂冲！

大军冲过第一个茅草小山埂没事，冲过第二个茅草小山埂没事，冲过第三个茅草小山埂也没事，到第四个茅草小山埂，那里小山埂，山埂高，沟也深，沟底布满磁石，司马越的铁人铁马，前面的被吸住，后面的被绊倒，磁石和铁产生巨大的磁场，铁人铁马越累越高。向后转，原来没发的三、二、一小山埂下的陷阱，经反复践踏，里面的机关现在也发了，无论是前进的还是后退到这里的都陷进去了。司马越看势不对，立即转向母猪崖突围。山嘴那边埋伏着许多弓箭手和路上吊着许多磁铁，司马越铁人铁马弓箭射不进，但磁铁阵却发挥了作用，幸亏司马越身壮力大，马高神勇。冲突磁铁阵时，司马越手扯掉许多吊着的磁铁；马拼命向前奔跑，挣断许多吊磁铁的铁链和绳索。司马越突出磁铁阵，人身上，马身上仍贴着大小不下十块磁铁。

混战时，可怜那个被挟持来挟持去的低能儿皇帝面部受伤，身中三箭，丢失六印，跌在乱草丛中，和琅琊王司马睿等朝官一起被俘，只有司马越侥幸逃走。

在这次战斗中，文官嵇绍（嵇康的儿子）身穿朝服，跨上御辇，意欲护卫皇帝，结果被石超的兵士斩杀，鲜血溅到惠帝的袍子上。惠帝虽然低能，却还有点良心，一直保存这件袍子，不准洗濯，以作为纪念。

战后惠帝被成都王颖迎到邺，把年号又改作建武。

八月三日，司马颖杀了劝他投降的司马繇。

司马繇是司马睿的叔父，司马睿恐受株连，决计趁黑夜逃走。谁知这天晚上，皓月当空，明如白昼，邺城守卫严密，难于出逃。司马睿急得如热锅里的蚂蚁团团转。忽然，云吞明月，雾罩天地，大雨倾盆，守卫懈怠，司马睿趁机冒雨潜出邺城。但司马颖已给各个关津隘口下了命令，不准放走权贵之人。司马睿逃到河阳，津吏见他行色匆匆，疑他为逃跑的朝官亲贵，将他拦住，欲加盘查。正在危险时刻，他的随从人员宋典从后面追来。一见司马睿立马就要落入虎口，灵机一动，举起马鞭，指着他笑道："舍长！官家禁止贵人通过，怎么连你也要禁止呀？"津吏一听，以为他真是一名小小的舍长，就放他过了关。司马睿如破网之鱼，匆匆逃到洛阳，接上太妃夏侯氏一起返回封国。

司空司马越逃奔下邳，徐州都督东平王司马楙（mào）不接纳，司马越就直接回到东海。

东海王越逃回封地东海（今山东郯城北），拒绝成都王颖提出和解的要求，联络各方，准备再起。

这时洛阳已落到张方手中。原来，河间王颙得到东海王越北征的消息，就令张方去攻洛阳，牵制他的后方。洛阳留守的兵力薄弱，张方得手后，河间王颙就命他镇守洛阳。

东海王越难敌成都、河间二王，幸得爷爷"广纳人才"的教诲，接纳了都督幽州诸军事的王浚加盟。

王浚地位虽然低下，但志大心雄，且深谋远虑。当年三王联合反赵王伦时，他看不准谁胜谁败，便禁止所部士民应三王招募，以坐观成败。他也想称霸割据，但苦于实力不足。经潜心研究各方势力，发现鲜卑人勇猛彪悍且善于骑射，便把一个女儿嫁给鲜卑段氏的首领段务勿尘，请朝廷封段务勿尘为辽西公；又把另一个女儿嫁给鲜卑宇文氏别部的首领素怒延。利用鲜卑部落的骑兵来参加内地的混战。他和成都王颖都有消灭对方的打算。这年七月，王浚联合鲜卑、乌桓的兵力，与东海王越的兄弟东嬴公司马腾合作，南下攻邺。

成都王颖派石超等北上抵御。八月，石超等连战皆败。邺中得讯，百官士卒纷纷逃走，全城陷入一片混乱。卢志劝成都王，拥惠帝退回洛阳，成都王答应了，卢志并连夜做好了准备。不料成都王的母亲程太妃不肯离开邺城，成都王不能当机立断，耽误了时间。将士们都想快逃，见出发号令迟延不发，便自行散去，原来一万五千人的队伍，一下子只剩几十个骑兵。成都王没奈何，只得带这几十个骑兵，与卢志护着惠帝坐的御用牛车，往洛阳而去。仓促之间，他们忘了带钱，只有一名宦官身上有三千文钱。流亡途中，要吃饭非用钱去买不可，这几十人艰难地挨过十数天的半饥半饱日子，直到渡过黄河，洛阳有兵来接，情况才有所改善。行进到洛阳，张方出城来迎。这时，皇帝、亲王、太妃等人，都有了一种脱难的感觉，然而他们高兴得太早了，张方看似救星，其实却包藏着祸心。

洛阳的事情，一切都由张方做主，成都王颖的话，没有人肯听。在洛阳住了几个月，张方与张方的士兵把城里的财富抢得差不多了，便都想回关中老家去。十一月初一，张方带兵上殿。惠帝见他来者不善，逃到后花园竹林中躲起来，仍被兵士拖出逼上牛车。惠帝无可奈何，只好要求安排车辆，以装载宫人、宝物。城里的财富抢得差不多了，但宫里本来并未遭劫，经惠帝这一要求，张方的兵士们趁机到后宫抢劫，污辱宫女，争夺瓜分宫中所藏的物品，割下丝织垂穗和帷帐作马鞍垫，宫中魏晋以来蓄积的宝物，一扫而空。张方还想放火烧毁宫室宗庙，幸而卢志劝他不要效法董卓的行为，百年以后还被人唾骂（董卓曾于汉献帝初平元年即公元190年，烧毁洛阳全城房屋），张方才打消这一念头。

惠帝到了长安，把河间王的征西将军府作为行宫。十二月，司马颙终于看透司马颖是一摊扶不上墙的稀泥，促请惠帝下诏罢免成都王颖的皇太弟身份，另立豫章王炽做皇太弟，以他河间王颙来都督中外诸军事，又改元永兴。连永安在内，这是本年改的第四个年号。

可局势仍不稳定。张方"劫迁车驾"之举很不得人心。东海王越抓住此点大做文章。永兴二年（公元305年）七月，东海王越又以"奉迎天子，还复旧都"为由，号召四方，纠集义旅，起兵征讨河间王颙和张方。王浚等响应者即推他为盟主。

这时成都王颖的旧将公师藩也以张方"劫迁车驾"为由，在河北起兵，攻城略地，声势不小。

河间王颙即命成都王颖都督河北诸军事，令其招抚公师藩。12月成都王颖到了洛阳，因兵力薄弱，无法渡河北上去招抚公师藩，只得停止前进。其时东海王越的军队已经进至阳武（今河南原阳东南），离洛阳不满三百里了。

永兴三年（公元306年）正月，河间王颙见形势险恶，便想与东海王越和解。张方知道自己罪大，恐怕和解以后，会追究他劫掠宫室车驾之罪，就竭力反对。

张方平素和长安豪富郅辅亲近要好，让他担任帐下督。司马颙的参军河间人毕垣，曾经受到张方的侮辱，于是劝司马颙说："张方在霸上驻兵很久了，听说崤山以东地区军队强盛，所以他徘徊不前，应该在他萌生反心之前做好防备。张方的亲信郅辅对他的谋划全部了解。"缪播、缪胤又对司马颙进行劝说，劝说的话更加直接："应当迅速杀了张方向天下谢罪。只要杀了张方，崤山以东地区不用兴兵就可以平定。"

司马颙惯用计策：这时派人召郅辅，让毕垣迎上前对郅辅说："张方想谋反，大家都说你知道这事，亲王如果问你，你将如何回答？"郅辅吃惊地说："的确没有听说张方谋反，这怎么办？"毕垣说："亲王如果问你，你只能这样说，不然的话，一定免不了灾祸。"

郅辅入府，司马颙问他，说："张方谋反，你知道吗？"郅辅说："是的。"司马颙说："派你去抓他，行吗？"郅辅又说："行。"司马颙于是派郅辅给张方送信，然后趁机杀掉张方。

郅辅与张方关系亲密，拿刀进去时，守门的兵士也不怀疑。张方在灯旁揭启信封，郅辅抽刀砍掉了他的头。

司马颙让郅辅任安定太守。把张方的头颅送到东海王越军前，请求和解。东海王越仍是不许，继续西进。

此时成都王颖在洛阳立足不住，狼狈西走，到了华阴，才知有河间王求和之事，但不敢往长安去与河间王颙会合，只得暂时停下，观望形势。

夏季，四月十三日，司空司马越率兵到温县驻扎。起初，太宰司马颙以为张方一死，东方的战事一定能够停止。不久，东方的军队听说张方死了，争相进入关中，司马颙感到后悔，就杀了郅辅，派弘农太守彭随、北地太守刁默带兵在关东湖县阻击司马越一方的祁弘等人。

五月初七，祁弘等人把彭随、刁默打得惨败，于是西进入关，又在霸水打败司马颙的部将马瞻、郭伟，司马颙单枪匹马逃入太白山。

祁弘等人进入长安城，所部鲜卑人大肆抢掠，以二万多人的人头宣泄他们长期对汉人的愤恨，大臣官员们跑散，逃入山中，捡拾栎树子当饭吃。

十四日，祁弘等人侍奉惠帝乘坐牛车东返。任太弟太保梁柳为镇西将军，据守关中。

六月初一，惠帝到洛阳。完成了东海王越"奉迎天子，还复旧都"的号召，恢复了羊皇后的地位。

十六日，宣布大赦，改年号为光熙。

马瞻等人又回到长安，杀了梁柳，与始平太守梁迈共同在南山迎接太宰司马颙，司马颙重掌一定数量的兵权。弘农太守裴廙（hào）、秦国内史贾龛、安定太守贾疋（雅）等人起兵攻打司马颙，杀了马瞻、梁迈等。贾疋是贾诩的曾孙。司空司马越派督护糜晃带兵攻打司马颙，到了郑县。司马颙派平北将军牵秀在冯翊驻扎。司马颙的长史杨腾，假称司马颙的命令，让牵秀停止军事行动，杨腾于是杀了牵秀，关中地区都归服司马越。司马颙仅仅保住长安城而已。

八月，朝廷任司空司马越为太傅，录尚书事；任范阳王司马虓（xiāo）为司空，镇守邺城；任平昌公司马模为镇东大将军，镇守许昌；任王浚为骠骑大将军、都督东夷、河北诸军事，兼任幽州刺史。

司马越任吏部郎庾为军咨祭酒，任前太弟中庶子胡母辅之为从事中郎，任黄门侍郎郭象为主簿，任鸿胪丞阮修为行参军，任谢鲲为掾。

祁弘进入关中，成都王司马颖从武关逃奔新野。正遇到新城元公刘弘去世，司马郭劢搞叛乱，想把司马颖迎接来做首领。刘弘的儿子把郭劢杀了。朝廷诏令南中郎将刘陶拘捕司马颖。司马颖北渡黄河，逃奔朝歌，收拢旧部将士，聚集了几百人，想去找公师藩，顿丘太守冯嵩将司马颖抓住，押送到邺城，范阳王司马虓不忍心杀司马颖，把他幽禁起来。公师藩从白马南渡黄河，兖州刺史苟晞（xī）讨伐并杀掉了公师藩。

冬季，十月，范阳王司马虓去世。长史刘舆因为过去邺城人一直归附司马颖，所以秘不发丧，派人假装朝廷使者传假诏："赐司马颖死"，夜里在赐司马颖死时，同时杀了他的两个儿子。司马颖的部属起先已全部逃散，只有卢志一直跟随，直至他死，还为他收尸安葬。太傅司马越宣召卢志为军咨祭酒。

司马越打算召用刘舆，有人说："刘舆这个人好比污垢，谁接近他就会沾上这污垢。"等到刘舆来了，司马越就疏远他。刘舆暗地查阅国家的军事簿籍资料以及仓库、牛马、器械、地理的情况，都默默记下来。当时军务国政事情繁多，每次讨论，从长史潘滔以下，谁也不知怎么办，而刘舆便按照情况分析策划，司马越虚心接受采纳，就让刘舆担任左长史，军务国政的事务，全部都交给刘舆。刘舆劝说司马越派他弟弟刘琨镇守并州，以增强北方的防务，司马越就表奏刘琨为并州刺史，以东燕王司马腾任车骑将军，都督邺城诸军事，镇守邺城。

十一月十七日，夜间，惠帝吃麦饼中毒，十八日在显阳殿驾崩。羊皇后自以为是太弟司马炽的嫂子，担心当不成太后，打算拥立清河王司马覃。侍中华混劝谏说："太弟在东宫已经很久了，在百姓中的声望一直是确定的，今天难道还能改变吗？"随即用不封口的公文迅速宣召太傅司马越、皇太弟司马炽入宫。皇后也已宣召司马覃到尚书阁，司马覃怀疑会有变故，就称病回去了。

二十一日，皇太弟司马炽即位，是为晋怀帝。宣布大赦，尊奉皇后为惠皇后，安排在弘训宫。追尊母亲王才人为皇太后。册立妃梁氏为皇后。

怀帝司马炽开始遵奉旧制，在东堂听政。每到朝廷会集群臣宴会时，就与大臣官员们商讨各种政务，探讨经典的内容。黄门侍郎傅宣感叹道："今天又看到了武帝的时代了。"

十二月初一，太傅司马越用诏书征召河间王司马颙为司徒，司马颙就前去接受征召。南阳王司马模派部将梁臣，在新安拦住司马颙，在车上把他掐死，并杀了他的三个儿子。司马颖、司马颙二王是"八王之乱"中死去的第六、第七个王。

二十八日东海王司马越把惠帝安葬在太阳陵后，即以太傅身份录尚书事，操纵怀帝，掌握朝政。

东海王越当政后任命范阳王司马虓代替刘乔为幽州刺史。刘乔起兵反抗，刘琨奉命率精锐骑兵救援司马虓，尚未到达，司马虓即大败而逃。刘琨即与司马虓一起奔赴河北，父母却陷刘乔之手。司马虓领冀州后，派刘琨往幽州，向王浚借兵，渡河击败刘乔，接回父母。紧接着一鼓作气，大败司马颖残部，斩杀大将石超，东海王越从而稳操大权，成为延绵十六年的八王混战的最后胜利者。

此时洛阳城内蒿草丛生，长安城内野兔安家；农田荒芜，大道无人行走。

东海王司马越，扶持怀帝司马炽，能把晋朝这条千疮百孔，快要沉没的船开出烂泥湾，驶向光明的港口吗？能把司马懿点燃的司马氏帝业这盏灯通过这风雨飘摇的夜晚传承到曙光再现的黎明吗？那要看他和刘渊的对决！

第十九章 >>>

还来叮上蝉　家国被雀亡

　　刘渊斯人，在本书前面已扼要地提过，他本是匈奴人，而后随祖父入汉。他不仅敬汉，而且爱汉，也忠于汉。如果他留"在汉朝"里，一定为"汉朝"建立许多功业。是那些神经过敏的聪明人把他从营垒里推到敌对方面而成为自己的敌人。

　　晋初，边廷多乱，当时戍边的人选就是刘渊。因他是匈奴人而不任用。为了安慰他，封了他许多徒具虚名的官职，使他实际成为一个闲散的豪杰之士。后来在卢志的推荐下，成为成都王颖幕府中的一名食客。

　　"八王之乱"造成的混乱局面，使边廷异族乘机而起，造成中国更加混乱的"五胡之乱"。尤其是匈奴贵族更是一马当先。

　　匈奴从呼韩邪降汉以后，其部众入居山西并州，二十一传，传至呼厨泉改姓刘。魏武帝因其部众强盛，把他留之于邺，而分其部众为五；每部设立部帅，又选汉人做他部里的司马，用以监督他。五部中，左部最强，呼厨泉的侄子刘豹为其部帅。到晋初司马炎又将其部分为两部。虽然如此严密监督，这个部落总是日渐繁盛。于是平阳、西河、太原、新兴诸郡都布满了匈奴人。

　　刘渊的叔祖、原北部都尉刘宣，一直对匈奴贵族落入平民地位愤愤不平。认为司马氏为争夺皇位，骨肉相残，是匈奴人兴邦立业的大好时机。他们秘密商定，推举刘渊为大单于，并随即派人到邺，向刘渊汇报。其时成都王颖把刘渊留在邺中，要他为自己效力，刘渊一时无法脱身；只得打发使者返回，要刘宣再多纠合一些胡人，诈称响应成都王，实则为起事做准备。

晋永安元年（公元304年），王浚与东嬴公司马腾起兵反成都王颖。成都王颖难于应付。刘渊抓住这个机会，自告奋勇向成都王请命，愿发匈奴五部之众相助。当时成都王求援不得，病急乱投医，于是就让他回匈奴发兵来助。

刘渊一回到匈奴左部住地左国城（今山西离石东北），刘宣等人立即拥护他做了大单于，建都离石。二十天工夫便聚众五万。随即派五千骑兵，象征性地去支援成都王颖，不久即借故撤了回来。

刘宣等人一心想恢复呼韩邪之业。而刘渊却说："呼韩邪何足效哉！我们要做的是上承汉高祖之业，下不失为魏氏。"接着他劝告大家："我们如果亮出匈奴旗号，晋人必然一同反对我们，我们就会受到孤立，难于成事。"

刘渊将都城迁到左国城。胡人、晋朝人归附他的更加多了。刘渊对臣下们说："过去汉能长久地拥有天下，是因为用恩德维系百姓。我作为汉朝刘氏的外甥，相约为兄弟，哥哥亡故而弟弟继承，不也可以吗？"

304年十月，刘渊在左国城建国，国号称汉。刘宣等人请求给刘渊上一个尊号，刘渊说："现在四方各地都没有平定，暂且按照汉高祖那样称汉王。"于是登上汉王王位，宣布大赦，改年号为元熙。追尊安乐公刘禅为孝怀皇帝，制作汉高祖、世祖、昭烈皇帝三祖和汉太宗、世宗、中宗、显宗、肃宗五宗的神主来祭祀他们。立他的妻子呼延氏为王后。让右贤王刘宣担任丞相，崔游任御史大夫，左於陆王刘宏担任太尉，范隆担任大鸿胪，朱纪任太常，上党人崔懿之、匈奴后部人陈元达都担任黄门郎，同族侄子刘曜担任建武将军。崔游坚决辞让不去就任。

建国后，他还以汉朝臣属口吻发表文告，从"我太祖高皇帝（刘邦）"说起，历叙两汉盛衰，决心"绍隆（继承发扬）三祖（刘邦、刘秀、刘备）之业。"刘渊这一举动，不仅团结了匈奴族人，而且也团结了汉族人，这是多么高的一着！

昔，高人周公，使海内豪俊奔走而归之；今世人见刘渊棋高一着，也争相来投。其中即有石勒、王弥、刘灵等人。

石勒，是羯人，居晋上党武乡。年轻时很苦。太安年间（公元302—303年），并州饥荒，东嬴公腾为筹措军费，抓胡人卖钱，三十岁的石勒也在被抓之列。他与人合戴一枷，被押到茌平（今山东东阿西北），卖给师懽做奴隶。不久，他结识了牧马场牧马的头儿汲桑。汲桑又招集桃豹、逯明等一同落草，其时共八人，名曰"八骑"，后又增加十人，改称"十八骑"。

永兴二年（公元305年），成都王颖的旧将公师藩起兵，石勒和汲桑纠和数百人，带上牧马场的马，前去投奔。公师藩后被兖州刺史苟晞打败杀死。石勒和汲桑流亡逃窜，再次落草。不久他们又纠合众多亡命之徒，自己组建了一支部队。永嘉元年（公元307年），他们竟打开邺城，杀死新蔡王腾，但很快又被苟晞打败。他们收拾残部慕名去投奔刘渊，但途中却被晋军打散。此后，汲桑被"乞活"（流窜求食的难民武装）诸将所杀，石勒独自投到刘渊麾下。

王弥与石勒不同，他是东莱（今山东莱州）人，其祖与父都曾官至太守。他既有谋略，也膂力过人，但在官宦之家，却是个不肖子弟。惠帝末年，他率领家童，跟着"妖贼"刘伯根造反。刘伯根失败后，他上长广山落草，在青州一带，号称飞豹。他曾纠合数万之众，在今山东、河南境内流窜劫掠，一旦被打散，便潜伏下来，再收亡命之徒，以期卷土重来。

刘灵是山东阳平人，出身贫苦，勇猛过人，力能制服奔牛，跑可与快马争先。公秉藩起兵后，他纠合一批人马，自称将军，在河北以劫掠为生。晋永嘉元年（公元 307 年），刘灵与王弥两支人马被官兵打败后，两人沆瀣一气，决心投靠刘渊。经联系落实后，刘灵当即去了刘渊那里，王弥则回中原重整部伍。

有了石勒、王弥、刘灵率部来投，刘渊实力增加，但战绩仍没有多大的发展，加上离石饥荒，处境极为困难。他的侍中刘殷、王育两人认为：危难之时，应大举进兵。攻下晋阳，消灭刺史刘琨，再南向占领河东，建立帝号；渡过黄河后，即取长安为都，再以关中之众，东进直取洛阳。

刘渊听后认为可行，即于 308 年初兵分两路：派次子刘聪等人南据太行；派石勒等人东下赵、魏（即河北方面），两面夹击东海王越政权。

但半年过去后，两路人马仍没有什么战绩。倒是王弥在中原整顿恢复后，打得有声有色，攻略青、徐、兖、豫四州，破城杀官，让有"屠伯"之称的青州刺史苟晞闻之胆寒。五月，王弥打到洛阳城外，在被晋朝援军打败后，逃走前还火烧建春门，又与追兵恶战一场，才撤到黄河以北，往晋南去和刘渊会合。

刘渊南进策略，到七月中才有所获。即攻克了平阳郡的治所平阳（今山西临汾西南）。九月石勒与王弥联合行动进至邺，晋朝守邺的征北将军和郁弃城而逃。以后石勒又与刘灵合作，攻略魏郡、汲郡、顿丘三郡。刘渊随即迁都蒲子（今山西隰县），于十月中即位称帝。次年（公元 309 年）正月，又迁都平阳，改元为河瑞元年。

就在这一年，刘渊得到降将朱诞的报告，知道洛阳空虚，很想尽快攻下洛阳。但他仔细一研究，上党必须先拿下。因为上党像一只虎卧在平阳之侧，那里仍受晋并州刺史刘琨管辖。所以刘渊必须首先攻占这一地区，才能保证平阳的安全。这年上半年，他即派刘聪、王弥攻上党。

刘琨处境困难，不敢轻离重地，但也派兵去救。洛阳的东海王越也派王旷率万人之众，渡河北上救援，均被刘聪、王弥打败。接着刘聪、王弥又攻克屯留、长子，逼得上党太守庞淳献出壶关投降。

可进攻洛阳就没有这样顺利了。

早在攻上党前，刘渊就有过一次尝试。他任刘景为灭晋大将军、大都督，用降将朱诞做前锋，要他们先在洛阳以东几百里的黎阳（今河南浚县东）突破黄河，再寻南下之机。刘景领命之后，一举攻克黎阳，又占领黄河的重要渡口延津（在今河南延津县西北。）可是他在这里犯了一个很大的错误，竟把三万多男女百姓赶到河里淹死。刘渊得讯，大为光火，说："我要铲除的是司马氏，百姓有什么罪！"他立即把刘景降职，战役也就此终止了。

八月，刘聪向洛阳进军。开始打得很顺利，很快就打到宜阳。九月初因刘聪轻敌，中了东海王司马越的诈降之计而失败。

九月中旬，接着二打洛阳。这次攻打洛阳，刘聪、王弥、刘曜、刘景等一起上阵，很快就打到了洛阳城下。眼看大功即将告成时，不幸呼延翼、呼延颢、呼延朗三将接连被东海王越的弓箭手射杀，刘渊又卧病不起，加之道路狭窄和东海王越拼命阻击，陕县后方粮车无法前进。刘聪无奈，只得发令退兵。

刘渊攻洛阳，两仗均未成功。看来司马越实力真还不小。

刘渊攻打洛阳心切。但刘渊未等到胜利之日，于河瑞二年初（晋永嘉四年，公元310年）病逝，享年六十岁，太子刘和嗣位。

刘和没有带过兵打过仗，兄弟刘聪却久握兵权。刘和受司马氏兄弟相残的影响，他怕刘聪仗势夺他的皇位，刘渊尸骨未寒，就想趁早解决刘聪。但力不从心，反被刘聪所杀。

刘和、刘聪争夺帝位时，进攻洛阳的战争仍未停。洛阳因受东、南两面合击，加之粮食匮乏，人心浮动，已经成了一座危城。

永嘉四年（公元 310 年）春天，王弥的部将曹嶷从大梁东进，打破东平，进攻琅琊；石勒在白马津渡河而南，与王弥会师后，又攻略徐、豫、兖三州辖境，先破鄄城，后杀兖州刺史袁孚，再渡河而北，攻略冀州各郡；同时洛阳之南又发生流民暴动，这时的洛阳已是四面受敌。至十月，汉刘粲、刘曜、王弥、石勒联军攻晋，洛阳更是淹没在狼烟之中。至此，东海王越困于洛阳。而洛阳城内已是商贾绝迹，茅草丛生，道路无人行走，野兔在灶内安家。他，已到了山穷水尽，无法生存，无法坚持的地步。十一月他不得不丢弃洛阳，率兵四万逃至项城。至项城后，又雪上加霜，因他大权独揽，擅杀怀帝亲信，怀帝怀恨在心，密诏青州刺史苟晞讨伐他。当他看到苟晞的檄文，又见石勒重兵日益逼近，因而惧、恨成病。这个司马氏家族中兄弟叔侄为争权夺利，酿成的"八王之乱"的最后的一个王，终于在永嘉五年（公元 311 年）三月十九日一命呜呼！

襄阳王司马范为大将军，统其众准备将司马越还葬于东海。洛阳的王妃、世子及将领何伦等，也都要随行同往。城中居民大起恐慌，纷纷跟着逃难。石勒追至苦县宁平城，将军钱端出兵拒勒战死，从而军溃。石勒命焚司马越柩曰："此人乱天下，吾为天下报之！"故烧其骨以告天地。

于是数十万众，勒以骑围而射之，相践如山。王公士庶死者十余万。

天下大乱，归罪于八王；八王之咎，又结于越。怀帝发诏贬越为县王。

何伦、李恽闻越之死，秘不发丧，奉妃裴氏及毗出自京邑，从者倾城。至洧仓，又为勒所败，毗及宗室三十六王俱死于石勒之手。李恽杀妻子奔广宗，何伦走下邳。裴妃为人所掠，卖于吴氏，太兴中，得渡江，欲招魂葬越，帝不许。裴妃不奉诏，遂葬越于广陵。太兴末，墓毁，改葬丹徒。

司马越死后，刘渊的各路兵马纷纷进抵洛阳。洛阳沦陷，怀帝想逃也没逃脱，做了汉军的俘虏。军队把宫里的珍宝、宫女抢得一干二净。刘曜霸占了低能儿皇帝的第二任皇后羊氏后，又一把火烧掉洛阳宫室。西晋几乎灭亡，但仍在苟延残喘。

怀帝没逃脱，但是他的侄子，一个十二岁的秦王司马业，却逃了出来。这时长安被晋军收复，秦王司马业辗转来到长安，被晋平西将军贾疋（雅）奉为太子，永嘉七年（公元 313 年）四月，怀帝在平阳遇害，二十七日皇太子司马邺即皇帝位，改元建兴，是为愍帝。

公元 316 年，刘曜最后一次进攻长安，从八月一直攻打到十一月，城内斗米竟值黄金二两，以致出现了人吃人的现象。愍帝见晋廷已到了穷途末路，即表示："当忍辱出降，以活士民。"此时愍帝依照传统的国君投降仪式，乘羊车，肉袒（去袖，露出左臂）、衔璧、舆榇（车子上装着棺木）出城投降。刘聪也照传统做法，焚棺受璧，准予投降。西晋至此灭亡。

愍帝君臣被解到平阳。刘聪封愍帝为怀安侯。一次，刘聪出外打猎，令愍帝穿上戎装，执戟前导。百姓见了，都指点说："这是原来的长安天子！"有些老人竟流下泪来。汉太子刘粲主张把他杀掉以除后患。刘聪没有马上接受，还想再羞辱他一回。汉麟嘉元年（公元 316 年）十二月，刘聪重演当年折辱怀帝的场面，大宴群臣，使愍帝着青衣行酒，洗酒杯。过了片刻，他起身离座，又使愍帝执盖随从。在座的不少晋朝旧臣都流泪涕泣，有的还哭出声来。尚书郎辛宾甚至抢步上前，抱住愍帝大哭。刘聪命将辛宾拖出去，立即斩首。几天之后，愍帝也终于遇害，时年仅十八岁。

西晋历经五十二年，是历史上最短命的朝代之一。

第二十章 >>>

浪女天东晋

　　司马懿在死时又做了三件事，前面已说了两件，现在是说第三件事的时候了。

　　司马懿处心积虑，千辛万苦，为其家族挣得的帝业，就此完了吗？是完了，但还有话说。不是还有一个司马睿的吗？琅邪王司马睿从司马颖手中逃回封地琅琊。琅琊是司马越封地东海的近邻，司马睿又是司马越的党羽。司马越最后战胜司马颖，一度掌握国政，即叫司马睿镇守他的后方下邳。不久司马睿在王导的建议下，又由下邳移镇建业。西晋亡后，司马睿即在建业即位称晋王，改元建武元年，东晋开始。建武二年愍帝遇害，司马睿这才改称皇帝，是为东晋元帝——这不司马懿所建的帝业后继有人了吗？莫急，请往下看。

　　司马懿为其家族创造帝业，为了永世永代传下去，像清道夫一样把一切阻碍都铲除推倒，清扫得干干净净，直到他人生最后，看到一谶书——玄石图上有"牛继马后"的话，心想，自己费尽心机，或许子孙能得到天下。这"牛继马后"？难道说我们司马氏夺得天下，接着就要被姓牛的夺走吗？他决心寻出并趁早铲除这一最后隐患！他寻去寻来，发现手下有一将领姓牛名金，引起他疑忌和不安，于是他施毒计将其毒死。

为子孙做完这最后一件事后，他就心安理得地阖眼去了。

他死后一代接一代传到司马觐。司马觐袭封琅琊王，其妃夏侯氏浪荡成性，竟与小吏牛氏野合生下司马睿。司马睿在建业建立东晋，东晋的天下，归属司马睿。可是司马睿其实不姓司马，是姓牛。司马氏的西晋灭亡了，东晋又不姓司马，是浪妇夏侯氏葬送给姓牛的了。司马懿苦心经营的司马氏天下终于消亡殆尽！

真是：司马家族自相残杀，再加两个娼妇推波助澜，毁掉了司马氏的家！灭掉了司马氏的帝业！噫嘻，岂不悲哉！

曹操疑惑三马啃槽，真的三马啃掉了曹；司马懿疑惑"牛继马后"，真有牛继马后吗？有史虽如此说，那也未必真！但其用意是再明白不过的！